Oscar narrativa

Carlo
Castellaneta
**Passione
d'amore**

Introduzione
di Luigi Surdich

Arnoldo
Mondadori
Editore

© 1987 Arnoldo Mondadori Editore S.p.A., Milano

I edizione Scrittori italiani e stranieri ottobre 1987
I edizione Oscar narrativa giugno 1990

ISBN 88-04-33442-8

Questo volume è stato stampato
presso Arnoldo Mondadori Editore S.p.A.
Stabilimento Nuova Stampa - Cles (TN)
Stampato in Italia - Printed in Italy

Introduzione

A voler documentare attraverso un solo testimone il mondo di un narratore, *Passione d'amore* si presta perfettamente al ruolo di prova esemplare per Castellaneta: e non tanto perché l'intero universo tematico dello scrittore si trovi qui esaurito, quanto perché in questo romanzo l'articolata pluralità di temi, motivi, situazioni (la città, l'ambientazione storica, il realismo psicologico, ecc.) converge in modo come non altrove così compatto e persuasivo a sostenere il nucleo capitale dell'interesse narrativo di Castellaneta che riguarda l'eros, la cui fenomenologia è inquadrata dall'ampio spettro che ingloba manifestazioni, comportamenti, reazioni psichiche, risposte sessuali.

Se per un verso *Passione d'amore* fa riaffluire nel suo alveo romanzesco alcuni momenti topici della narrativa di Castellaneta, quelli che caratterizzano la singolarità della sua assidua e costante presenza nel panorama della nostra letteratura da ormai un trentennio (sarà sufficiente richiamare alla memoria il prepotente dirompere di un materiale erotico entro il tessuto social-politico di alcune opere tra le più memorabili dello scrittore, come *Villa di delizia*, *La paloma*, *Notti e nebbie*); oppure si punterà l'attenzione, proprio in vista del recupero nella presente circostanza del nesso amore-passione al prospettarsi di tale congiunzione negli ormai remoti *Gli incantesimi*, del 1968), per un altro verso ciò che separa e distingue il recente romanzo (*Passione d'amore* è del 1987) dai legami di affinità intrattenuti con alcuni dei testi precedenti è lo scatto di risoluzione della dialettica tra persistenza e originalità esibito dalla dimensione di "oltranza" di cui è investita l'esperienza erotica posta al centro della narrazione. E si è detto "esperienza", piuttosto che analisi o investigazione (ma il libro è anche analisi e investigazione sull'eros), perché il termine assorbe, in forte valenza, il significato di un'avventura che, prima di trasformarsi in avventura narrativa, è avventura individuale, poiché le situazioni del racconto e la condizione di deflagrante tensione in cui sono calati i due personaggi (Diego e Leonetta) hanno per loro diretto referente una fase recente dell'autobiografia di Castellaneta.

In appendice a *Rapporti confidenziali*, una raccolta di racconti pubblicata nel maggio 1989, Castellaneta aggiunge alcune pagine intitolate *Come nascono i miei personaggi* che, nel mentre generosamente aprono le porte al laboratorio dello scrittore, costituiscono una sobria, ma utilissima messa a fuoco di alcuni punti nodali della sua poetica. Tra queste pagine si legge anche:

"Certo, nel caso di *Passione d'amore* ero sorretto da una storia che avevo vissuto in prima persona, sulla mia pelle, sperimentando io stesso gli effetti devastanti di quei patimenti e le gioie di quelle speranze. Ma era giusto che una vicenda privata dovesse diventare pubblica attraverso le pagine di un romanzo?

Questa è la ragione per cui, senza tradire la realtà vissuta, ho scelto di prendere le distanze da essa collocandola in un tempo immaginario, cioè negli Anni Venti, quasi per camuffarmi sotto altre sembianze. Dunque rappresentando senza omissioni la passione di Diego per Leonetta, parlavo di me ma per bocca di un altro, in terza persona, come se Diego fosse un mio doppio".

Una dichiarazione esplicita, da recuperare in tutta la sua integralità e sincerità per meglio comprendere la genesi di *Passione d'amore* e gli espedienti di formalizzazione del materiale narrativo messi in opera. Veniamo dunque ad apprendere che della sostanza bruciante di cui si innerva il fondamento della storia narrata si è scottato in prima persona l'autore stesso: il vissuto, insomma, è materia e nutrimento della trama narrativa, offrendo ad essa la plausibile autenticità dei protagonisti, primo fra tutti quello maschile, Diego, assoluto *alter ego* di Castellaneta di cui riflette *status* professionale (è uno scrittore), idealità politiche, contegni personali. Ma un'altra informazione, rilevante per la collocazione prospettica del romanzo, ci viene data e riguarda la scelta di una distanza storica rispetto all'attualità. Certo, va accettata la motivazione di pudore addotta da Castellaneta; ma c'è anche qualcosa d'altro, qualcosa di diverso al fondo di tale opzione. C'è, ed è da rimarcare, un'indovinata trovata, frutto di competenza storiografica e di intuizione creativa, per cui lo scenario più appropriato di una vicenda impastata di meschinità e grandiosità, nel gioco erotico di scambio e ribaltamento tra possesso e passività, risulta essere quello scorcio degli Anni Venti in cui l'affermazione del fascismo, attraverso tappe di arbitrio e di ferocia, realizza, come dire?, una sorta di suo "squallido sublime". Ed entro questa cornice, in cui i ruoli e le posizioni tra oppressori e oppressi, dominanti e dominati, detentori del potere e succubi si fanno sempre più stretti e precisi, meglio trovano la loro connotazione i protagonisti della narrazione (con quanto li accomuna e li avvicina sul piano dei rapporti interpersonali; con quanto li separa ideologicamente, sociologicamente e politicamente) che non in tempi a noi contemporanei, che sono tempi di appiattimento e di omologazione. Anche a un'avveduta scelta di gusto risponde dunque la retrocessione storica, rispetto all'attualità del loro succedere, degli accadimenti raccontati.

· Ma la spinta primaria alla distanziazione temporale trova il suo movente propulsivo nella volontà di un ritrovato oggettivo adatto a proiettare fuori di sé (in terza persona e in altro tempo) un'esperienza estremamente personale e di immanente coinvolgimento. Al rischio dell'autobiografismo, con le insidie connesse — letterariamente improduttive se non addirittura dannose — dell'espansione incontrollata del proprio io, si pone riparo mediante l'antidoto dell'oggettività, adatto a risucchiare l'egotismo e a commutare la parzialità di un'autoanalisi in dimensione di vita con la quale tutti sono indotti a confrontarsi.

L'operazione è di estrema delicatezza e comporta, per una sua piena realizzazione, l'interazione di tre piani: quello del vissuto (Castellaneta che negli anni '80 ha una "passione d'amore"), quello critico-diagnostico (Castellaneta che proietta la propria storia negli Anni Venti per esaminarla e valutarla attraverso la relazione Diego-Leonetta), quello letterario (Castellaneta che scrive un romanzo che ha per protagonista un romanziere che è immerso in una trascinante avventura dei sensi). Per tale via, una via fondata su di una strategia costruttiva assai complessa e affidata alla modellizzazione di una scrittura che occulta nel flusso della narratività le nervature distinte dei livelli d'indagine (esistenza, storia, metanarrazione) Castellaneta promuove al valore universale dell'autenticità la propria relativa e personale verità, riconnettendo nel vivo di un'avventura letteraria d'eccezione istanza autobiografica e istanza conoscitiva.

Ma non è traguardo facile, soprattutto perché la strada lungo la quale lo scrittore cammina è quella che accompagna il viaggio verso la riservatissima sfera dell'intimo e il metodo non è quello dell'aggiramento ma dell'impatto diretto: perfettamente in linea, tale metodo che si affida non alla prudente cautela ma alla disinibita e invasiva aggressività, con l'oggetto centrale del discorso, quell'attenzione all'amore come "oltranza" di cui si diceva all'inizio e su cui converrà ora tornare per definirne lo statuto.

Le indicazioni più proficue per colmare di un significato la "passione d'amore" che occupa il libro (oltre a dare ad esso il titolo) vengono dall'individuazione delle componenti che contraddistinguono i due protagonisti. Di lei, Leonetta, non appena compare sulla scena immersa in un'aura d'irresistibile fascino ("spettacolo di rara grazia") e si offre come folgorante immagine a Diego ("Fu un lampo"), si percepisce la qualità di eccezionale *femme fatale*. La prima, immediata impressione che suscita Leonetta (e che il romanzo, nel suo sviluppo, confermerà) è quella di una prepotente figura femminile che s'impossessa da dominatrice di uno "spazio": ha la statura, il passo, il corpo ("Il portamento di una granduchessa e le gambe di Mistinguett") di quelle primattrici la cui sola presenza crea la suggestione che tutto lo spazio del palcoscenico sia occupato. Stella polare dell'universo erotico, quanto accade nella sua orbita ha le stigmate della più assoluta necessità ("Le due volte in cui l'avevo posseduta, senza minimamente prevederlo, era accaduto sotto il segno della necessità"). Suo progetto e suo fine è l'assolutezza ("Io voglio il meglio in ogni cosa. Sempre"), soprattutto in quel regno dell'assoluto umano (assoluto come congiunzione di psiche e corpo) che è il regno dei sensi, in cui impera quale "regina dissoluta", forte di un dominio derivatole dall'aver travasato nella pienezza di femminilità che la invade un senso "maschio" dell'eros. Sembra, insomma, appartenere "a quella rara specie di femmine capaci, in amore, di comportarsi con la spregiudicatezza di un uomo": "una donna che sapeva praticare la voluttà con la stessa sfrontatezza di un maschio".

Il cimento erotico è per Leonetta istinto e vocazione da realizzare sempre e comunque: "una donna che viveva unicamente per l'amore, per piacere e per essere adorata, e che aveva rinunciato ad avere figli per dedicarsi esclusivamente a ciò che per lei era qualcosa di simile a una vocazione". È l'impositiva forza della carne a imporre la sua legge inderogabile e a riflettersi nelle forme e nei modi di una passione d'amore che sta a significare sfondamento di ogni limite, abbattimento di tutte le barriere, annullamento di qualsiasi spessore di resistenza. L'eros costruisce un mondo di autosufficienza, i cui "valori" rendono indifferente ogni altro bene possibile: e tali "valori" non si iscrivono entro paradigmi di disciplina, regolamentazione, norma, ma travalicano verso la smodatezza, l'eccesso, l'arbitrio. La realizzazione di "un'intesa fisica così perfetta", di "una felicità carnale così prepotente" qual è quella che Diego raggiunge non può prescindere dal rapporto con una donna "così esigente, così ingorda, così eccessiva in tutto" come è Leonetta, che si offre alla voracità del suo *partner* con tale prepotente forza di provocazione da suscitare nei sensi avvertiti e prensili di lui una prodigiosa metamorfosi: "Le sue pupille, nella tensione, diventavano bocche, occhi voraci protesi ad assimilare le forme del suo corpo, come se volessero inghiottirle e insieme imprimerle nella mente una volta per tutte, mandare a memoria ogni piega, ogni cavità, ogni minuscolo rilievo, ogni riflesso della sua pelle, ogni ombreggiatura nella penombra creata dalle imposte chiuse".

Una simile creatura ("una donna così antica nel suo essere femmina") costituisce il richiamo della "primitività" ("La passione affonda le sue radici in qualcosa di barbaro che sta dentro di noi, nel pozzo buio degli istinti dove la ragione non arriva"), rappresenta la seducente sirena della liberazione da storia civiltà cultura e società per un personaggio come Diego tutto immerso in storia civiltà cultura e società (e la figura dell'amico musicista, il maestro Nerio Novaresi, nella sua calibrata misura di riservata sobrietà costituisce il *pendent* dell'appello ai "doveri" contro la resa disarmata alla "passione" di Diego).

Il *plot* canonico del *ménage a trois* (di rilievo, pur nella sua necessaria marginalità, la figura di Edoardo, il marito di Leonetta) è sottoposto a una reinvenzione originale dei suoi snodi in rapporto alla dinamica eversiva e non stabilizzante della nozione di eros che trascina i protagonisti; tant'è che l'approdo conclusivo cui giunge Diego è la consapevolezza che una scelta di risoluzione, nello sciogliere la condizione di crisi, svuoterebbe la vitale contraddizione su cui si sostiene il suo legame con Leonetta (e anche, per via transitiva, il contrasto con Edoardo): "L'apparizione di Leonetta aveva stravolto ogni schema collaudato, e indicato senza volerlo altri orizzonti. Diego si rendeva conto della contraddizione: si era innamorato di una creatura infedele ma ora la voleva tutta per sé, trasformata all'occorrenza in una sposa esemplare. Non sarebbe stato più saggio, invece, che gli istinti e le bugie di Leonetta continuassero ad esercitarsi al livello di amante?".

La perdita di Leonetta starebbe a significare perdita di "un equilibrio mai raggiunto tra sfera sessuale e sfera intellettuale, tra carnalità ed etica". Equilibrio paradossalmente conquistato per progressivi "squilibri" ed "eccessi" sulla via del piacere: ma "anche quella del piacere può essere una via di perfezione". Si tocca qui un punto sottilmente delicato, che si sottrae a categoriche determinazioni; ma è certo che l'avvertenza di una sorta di "sacralità" dell'eros (il pathos di un misticismo che affonda le sue radici nel mistero dei sensi) circola tra le pagine del romanzo e giunge da ultimo a fissarsi nella seguente perentoria definizione: "Ciò che distingue una passione da un comune sentimento amoroso è la sua inestinguibile carica distruttiva".

Amore-passione, amore-distruzione; insomma: amore-morte. Non però nel senso romantico, ma in quello moderno, filtrato attraverso Bataille ("dell'erotismo si può dire innanzitutto che esso è l'approvazione della vita fin dentro la morte"); un senso per cui legittimamente si può riconoscere come nell'amore, nell'atto erotico, è concessa, in un istante, l'avvertenza dell'assolutezza dell'eternità.

Una particolare altezza, una sorta di "sublime" è raggiungibile per un cammino dei sensi, attraverso un'esperienza integralmente corporale. L'identità specifica della "passione d'amore" di cui narrativamente discorre Castellaneta può essere inquadrata, nella sua dimensione totalizzante, più che per affermazioni o formule di definizione, per via di negazione. Non è, il suo, l'amore sublimante che raffina e purifica attraverso le esperienze della frustrazione o dell'assenza, perché è amore che punta esclusivamente al possesso, all'appagamento, alla presenza. Ma non è nemmeno un amore-perversione che si affidi ad artificiosi sostitutivi delle pulsioni sensuali e che realizzi la *libido* nelle forme del *voyerismo*, del feticismo e simili (forme che, certamente, non sono assenti, ma che costituiscono solo un'occasionale e secondaria componente dell'incontro amoroso). E a confermare quanto si è or ora annotato si ritaglierà dal *corpus* del romanzo una scena assai rappresentativa, quella in cui Diego regala a Leonetta un anello ("un anello di fidanzamento") e, dopo averglielo sfilato dal dito, lo colloca tra i riccioli del pube: "Leonetta guardò, insuperbita a quel ritratto di odalisca che lo specchio rimandava. Poi, dimentica di ogni residuo pudore, spinse il pube in avanti, affinché il brillante risaltasse ancora di più in quel primo piano lubrico". Ebbene, in questa sovreccitata messinscena è dato di percepire perfettamente come il valore metonimico pertinente all'oggetto (la perla è universalmente indicativa del sesso della donna) venga annullato dalla assoluta coincidenza di simbolo e realtà: il feticcio (il brillante) nel venire oscenamente a coincidere con quanto simbolicamente esso rappresenta (il sesso femminile) perde il suo valore di elemento sostitutivo della realtà, ma carica di nuove potenzialità espressionistiche la rappresentazione della realtà stessa, inventando un immaginario erotico allineato, nella sua assoluta originalità, al mondo nuovo dell'eros che viene pionieristicamente esplorato.

Ha scritto C.S. Lewis nel suo bellissimo libro *L'allegoria d'amore* che chi è innamorato "è facile che si renda conto di esser giunto in un luogo dove già altri sono stati in precedenza, un luogo con leggi sue proprie, già vigenti prima del suo arrivo, in cui troverà a eseguire azioni e a soffrire pene di cui già era a conoscenza attraverso la letteratura e la tradizione". È vero; ma è vero fino a quando l'esperienza amorosa si gioca entro i confini che convenzioni, regole, stereotipi comportamentali le hanno assegnato, sì che, in caso di discostamento dalle norme si può parlare di provocatoria battaglia contro ogni interdetto, di trasgressione. Ma nello specifico della storia narrata da Castellaneta sarebbe improprio ricorrere al termine "trasgressione", dal momento in cui l'avventura dell'eros sconfina al di là degli orizzonti conosciuti: è come un viaggio entro un universo in espansione. Le consolidate e rassicuranti "competenze" non funzionano più, così come la destinazione "conoscitiva" della pratica letteraria sembra essere messa in scacco dall'eccezionalità dell'esperienza.

Le due "passioni" (amore e scrittura) del protagonista-scrittore (e, insieme, del protagonista e dello scrittore, cioè di Diego e di Castellaneta) sono sottoposte alle contrastanti pressioni dell'immersione irrazionale dell'eros e della analisi critica dell'esperienza: "il suo compiacimento di innamorato si alternava allo sconcerto di uno studioso che osservava un fenomeno imprevisto". L'urto di queste due forze in opposizione genera i contrappunti metanarrativi ("Erano domande ancora poco definite nella sua mente, che a tratti si affacciavano come ipotesi narrative, capitoli di una storia confusa di cui egli fosse testimone più che protagonista"; "Queste domande, che Diego si poneva da amante, trovavano nel romanziere un'eco immediata"; "Per una strana deformazione la vita appare a uno scrittore, nel bene come nel male, qualcosa da raccontare più che da vivere"; "una pienezza che forse mai sarebbe riuscito a descrivere in un libro"; "Come in un romanzo, avrebbero detto [...]") e fornisce la chiave per far risultare infine vincente il paradosso di rendere narrabile e quindi oggettivo e quindi conoscibile un vissuto così visceralmente soggettivo e ancora non rimosso.

Il caldo dell'esperienza e la volontà interpretativa dei fatti si incrociano, consegnati agli espedienti di oggettività di cui già si è detto (la retrodatazione cronologica, l'impiego della terza persona). Ma singolare e significativo è che, a rincalzo ultimo e a definitiva sottolineatura della "fatalità" della passione che travolge i due personaggi, sia la passione stessa a essere oggettivata, come reificata: "Dunque non poteva fingere di non vedere quali fossero le componenti di questa passione, di cui a volte aveva l'impressione che fosse persino palpabile, qualcosa di materiale che loro stessi producevano, una terza cosa che esisteva tra loro due, che li univa e insieme li rendeva nemici". Lo spessore e la consistenza di "cosa" di tale passione si sostanzia di un materiale psichico in cui si trovano miscelati violenza e tenerezza, battaglia e tregua, guerra e pace ("Amarsi e combattersi stava diventando la regola"), sincerità e sospetto, remissività e sfida ("la condanna di due amanti a doversi sempre misurare, affrontare come nemici, il dover tacitare le tenerezze per non apparire deboli agli occhi dell'altro, il costringersi a una sfida perenne, quasi che l'abbandonarsi alla piena di un sentimento fosse la peggiore delle fragilità"), volontà di dominio e voluttà di dipendenza ("quella dipendenza fatta di sogno e di bisogno"), abbandono e sopraffazione: "Leonetta era stata per lui, nel continuo scambio di ruoli che l'eros impone, ora di vittima ora di carnefice, una volta succuba una volta trionfatore, l'incontro più straordinario ma anche il più pericoloso, una miniera inesauribile di rischiose eccitazioni, poiché tenerezza e aggressività vi erano distribuite in egual misura". Il vertice è nell'estrema, vertiginosa ebbrezza che congiunge, in un ossimoro esistenziale, identità e sdoppiamento: "Ogni volta, possedendola, si era sentito posseduto, e con una ricchezza di significati contrastanti da mettere in crisi tutte le sue certezze".

L'alienazione amorosa, esperita nelle sue estreme e abissali potenzialità, è davvero anche allegoria di un esistere a livello profondo, nel suo certificare e autenticare l'io proprio nel momento in cui l'io si spossessa di se stesso. Una intensa nozione di densità speculativa è il senso ultimo che si ricava dalle pagine del romanzo di Castellaneta. Si giunge a toccare questo nucleo accompagnati non dal procedimento sistematico del pensatore, ma dal passo del narratore: il che significa che i pensieri sono immagini, l'astrattezza si scioglie in situazioni concrete, i termini della riflessione si visualizzano in sequenze, i problemi si articolano in trama, personaggi, dialoghi, secondo quelle regole della narratività di cui Castellaneta sembra essere rimasto oggi uno dei più gelosi custodi e che gli garantiscono il fascino ormai sempre più raro della leggibilità.

Luigi Surdich

Opere di Carlo Castellaneta

Romanzi

Viaggio col padre, Milano, Mondadori, 1958; *Una lunga rabbia*, Milano, Feltrinelli, 1961; *Villa di delizia*, Milano, Rizzoli, 1965; *Gli incantesimi*, ivi, 1968; *La dolce compagna*, ivi, 1970; *La Paloma*, ivi, 1972; *Notti e nebbie*, ivi, 1975; *Progetti di allegria*, ivi, 1978; *Anni beati*, ivi, 1979; *Ombre*, ivi, 1982; *Vita di Raffaele Gallo*, ivi, 1985; *Passione d'amore*, Milano, Mondadori, 1987.

Racconti

Tante storie, Milano, Rizzoli, 1973; *Da un capo all'altro della città*, ivi, 1977; *Questa primavera*, ivi, 1984; *Rapporti confidenziali*, Milano, Mondadori, 1989.

Ha scritto anche una *Storia di Milano*, Milano, Rizzoli, 1975; *Dizionario dei sentimenti*, ivi, 1980; *Una città per due*, ivi, 1981; *Questioni di cuore*, ivi, 1983; *La mia Milano*, Milano, Mondadori, 1988.

Passione d'amore

a Loretta

Parte prima

I

La targa diceva

"Accademia di Danza"

E sotto, più in piccolo, la scritta:

"CHARLESTON, TANGO, FOX-TROT"

Diego esitava, lo sguardo fisso a quella placca d'ottone, posta nell'atrio di un portone pretenzioso, dove era improvvisamente sparita la donna che camminava davanti a lui.

Non era mai stato un coureur de femmes, come poteva esserlo un uomo ridotto a vivere da solo dopo una serie di fallimenti, ma l'apparizione di quella figura femminile incrociata in corso Monforte alle 11,15 di un mattino di tiepido sole gli aveva suscitato qualcosa di diverso da una invincibile curiosità: un vero e proprio richiamo. Prima ancora di rendersene conto, era ritornato sui suoi passi per osservare a distanza quel cappellino bianco di squisita fattura, che appariva e spariva in mezzo ai passanti, fra altre cloches di signore uscite per commissioni, garzoni di negozio, fattorini che popolavano a quell'ora il marciapiede.

Sono attimi simili, assolutamente insignificanti, che possono decidere una svolta, se si è disponibili a prestarvi l'orecchio, soprattutto quando non si è consapevoli della loro importanza. In questo caso Diego non si era fatto domande, non aveva invertito la sua strada per sapere dove si recasse la bella sconosciuta. Era semplicemente riluttante a privarsi di uno spettacolo di rara grazia, dunque così estasiante a vedersi, come l'incedere di quella signora.

Finalmente si staccò dal portone e riguadagnò la strada, in preda a un infantile senso di delusione. Il carro di una lavanderia, trainato da due cavalli, avanzava al piccolo trotto. Le note di un violino si udivano a cento passi di distanza, sull'angolo dove un sedicente cieco imbracciava il suo strumento.

Fu allora che il suo sguardo incontrò, per un secondo che nella memoria sarebbe sembrato a entrambi lunghissimo, quello di lei che usciva dal portone, come se vi fosse entrata solo per sistemarsi una calza, e non c'era da parte di lei alcuno stupore di trovare un uomo in attesa, quanto l'attenzione a non attribuirvi il minimo interesse.

Fu un lampo, perché lei distolse subito gli occhi, due occhi bruni penetranti, per offrire a Diego la vista dei corti riccioli biondi che le coprivano la nuca, e poi del cappellino che di nuovo si allontanava.

Quasi assecondasse un tacito invito, Diego si mosse dietro di lei tenendosi a un'opportuna distanza. Per due volte la donna si fermò alle vetrine, per due volte egli fu costretto a rallentare il passo, aspettando che lei riprendesse il cammino. La sua andatura aveva qualcosa di languido e insieme di altero. Incedeva sicura, senza incertezze sulla direzione da prendere, benché fosse chiaro che non aveva nessuna fretta di arrivare in qualche luogo.

L'abito che indossava faceva intuire, più che rivelasse, una figura slanciata da cui emanava una specie di forza trattenuta, e della propria avvenenza ella sembrava così orgogliosa da verificarla con rapide occhiate verso le vetrine, come fossero lo specchio ininterrotto alla sua passeggiata.

All'incrocio della chiesa di San Babila, piegò a sinistra verso il corso Vittorio Emanuele. Percorse un centinaio di metri ed entrò in un negozio. Diego non resistette alla tentazione e si avvicinò per osservarla attraverso il cristallo. Di profilo, mentre lei si rivolgeva alla commessa della profumeria, gli sembrò anche più alta e sottile. Ma la sua contemplazione fu bruscamente interrotta poiché la signora uscì quasi immediatamente: lo vide, e questa volta inarcò un sopracciglio, l'espressione di chi, usa a simili inseguimenti, chiede soltanto di esser lasciata in pace.

In un altro momento, apostrofato con quell'occhiata eloquente, Diego si sarebbe ritirato. Ora invece si sentiva stimolato da una giocosa eccitazione. Guardò l'orologio e decise che non avrebbe dedicato più di dieci minuti, del tempo che gli restava, a quell'inutile rincorsa.

Invece, dieci minuti più tardi, mentre le campane di San Carlo annunciavano il mezzogiorno, Diego varcava dietro di lei, a metà dei Portici, l'ingresso dei Grandi Magazzini. Appena entrato, nell'immenso salone a piano terreno, si accorse di averla perduta. Da quando pochi anni prima il nuovo emporio era stato ricostruito con il nome La Rinascente, Diego vi aveva messo piede una sola volta, e quel brillìo di luci e di specchi lo disorientò.

Vagò per qualche minuto tra gli avventori assiepati intorno ai banchi di vendita, guardò in alto verso i piani superiori, poi si decise a salire la scalea che si apriva con due ampie sinuose volute al centro del salone. Al termine della passatoia di velluto si imbatté al primo piano in una coppia di manichini, in posa ciascuno con la sua bicicletta dal telaio luccicante, isolati su un ring da un cordone di velluto rosso. Cartelli appesi sopra i banchi, alla maniera di una stazione ferroviaria, recavano la scritta: "Cappelli Ragazzi", oppure "Abiti Fantasia" o "Articoli da viaggi". Ogni cosa, dalle merci all'arredamento spirava un rassicurante senso di solidità e di lindore, e così le sfolgoranti balaustre di ottone, i globi delle lampade, i capitelli corinzi delle colonnine, gli armadi di mogano in cui una quantità di abiti era stipata sottovetro.

Pioveva dal lucernario una morbida luce che il sole del mattino rendeva dorata, e fu in questa cornice che Diego rivide la figura che cercava, proprio quando ormai disperava di ritrovarla. La donna aveva allentato il renard che portava sulle spalle, ed era intenta ad esaminare qualcosa, forse delle matite per labbra, che la commessa in grembiule le stava mostrando. Nel chinarsi, la collana di perle oscillava pendula, e i tratti del viso al riverbero della lampada apparivano ora più intensi.

Non si avvide dell'uomo finché non ebbe rialzato la testa, ma questa volta lo sguardo che gli rivolse fu diverso. Un lampo di compiacimento e di sfida brillò nei suoi occhi. Diego fu indotto a un sorriso, fece l'atto di portare la mano al cappello. Un gesto galante che lei ignorò del tutto, oltrepassò una serie di combinaison in voile inglese con sottogonne in alpagas e moire, non degnò di un'occhiata un modello in crêpe de chine color bois de rose che due signore stavano ammirando, e si diresse con sicurezza verso un altro reparto.

Ora non era più il caso che Diego si avvicinasse. Si limitò a osservarla da lontano armeggiare con dei guanti che gli parvero da uomo, infilarne uno lei stessa e valutarlo allontanando la mano: foderati di agnellino, signora, disse la commessa, oppure questi in castoro con un bottone, anche questi sono adatti per la guida...

Un lungo trillo di campanello annunciò la chiusura. La signora ritirò il suo unico acquisto e discese in fretta la scala, quasi che solo allora si fosse resa conto di aver fatto tardi.

Quando Diego uscì sotto i Portici notò un gruppo di passanti fermi ad ammirare una vetrina dove cascate di stoffe simulavano le onde del mare. Lei era già oltre, attraversava spedita i binari del tram di fianco al Duomo.

Un'auto privata era ferma al marciapiede. L'autista aprì lo sportello, lei montò, e scomparve.

II

Le note del pianoforte si udivano già sul pianerottolo dell'ultimo piano, ancora prima di imboccare la ripida scala che portava allo studio di Nerio Novaresi, nella mansarda di quel vecchio stabile dove il maestro abitava.

Salendo a piedi fino al quinto piano, costeggiando l'intonaco raschiato dalle biciclette portate a spalla, Diego ogni volta ritrovava suoni, voci e odori a lui familiari, che provenivano dagli usci di altri inquilini: i colpi del ferro da stiro di una stiratrice, le imprecazioni di un marito sempre ubriaco, il sentore del lesso sulla rampa del terzo piano.

Aveva preso l'abitudine di venirci, anche senza preavviso, come se fosse una seconda casa, poiché Nerio lo si trovava quasi sempre, seduto al pianoforte a impartire lezioni, o a comporre melodie per qualche editore di canzonette, oppure a mettere insieme accompagnamenti musicali da eseguire sotto il telone di un cinema e salendo i gradini di quell'umile scala Diego sapeva che li avrebbe ridiscesi poi con animo più leggero, se era venuto a confidare un affanno, o più aperto alla speranza se lo aveva spinto il bisogno di confidare un progetto, confortato dalla certezza che la sua visita sarebbe stata comunque ben accolta.

Invece si meravigliò, quel pomeriggio, di non udire il

suono del pianoforte, e poi del lungo intervallo che seguì al trillo del campanello, prima che Nerio apparisse in vestaglia e pigiama, come si fosse appena alzato dal letto.

«Oh, sei tu» sospirò di sollievo. «Ho avuto una brutta notte.»

Si passò le dita tra i capelli brizzolati, l'altra mano premuta alle reni, perché gli è tornato un attacco, a due sole settimane di distanza, quella maledetta renella che non passa mai, però questa volta la colica è stata più dolorosa, delle fitte da torcersi nel letto, no grazie, non mi serve niente, le medicine le ho in casa, dice coricandosi con precauzione sul canapé, non mi dire che sei venuto a portarmi il testo della canzone...

«No, non mi è ancora venuta l'ispirazione» Diego sorrise, con un'ironia che l'amico cercò di interpretare.

«La Giusi si è fatta viva?»

«No.»

«E tu ci soffri sempre?» Nerio domandò cambiando posizione con la schiena.

«Secondo i giorni.»

L'altro annuì, l'aria comprensiva di chi conosce anche quel male, disse che era stata un'imprudenza alla sua età innamorarsi di una ragazza da marito, anche se bella come la Giusi, ma che questa, di soffrire per amore, era la condizione ideale per comporre dei versi.

«Ma io scrivo romanzi, non poesie.»

«Lo so. Vuoi che ti faccia sentire di nuovo la musica?»

«Senti, ho troppo rispetto per la tua musica per buttar giù dei versi lacrimevoli. Ne farò un racconto, un giorno o l'altro. Forse.»

Nerio prese un altro cuscino e se lo accomodò sotto le reni.

«Devo guarire per la settimana prossima.» Fece una pausa e aggiunse: «Mi hanno assunto per una grande festa. Gente, importante, non posso mancare. Conosci i Venosta? Ho suonato già altre volte a casa loro.»

«No, non li conosco.»

«Ti farò invitare. Uno scrittore è sempre ben accetto.»

«Comincio a essere stufo di mondanità.»

Si alzò dalla poltrona per versarsi un dito di Porto, andò al pianoforte e curiosò tra gli spartiti che vi stavano ammucchiati: romanze di Tosti, album di danze, canzoni e serenate, melodie e ballabili.

«Peccato» fu il commento di Nerio. «Ci troveresti delle bellissime signore.»

Dalla tasca interna della giacca Diego tolse l'astuccio d'argento e sfilò una sigaretta. Non ci aveva più pensato, ma quell'ultima frase gli richiamò alla memoria l'incontro dei giorni scorsi, e in maniera così nitida che si abbandonò a raccontare all'amico in tutti i particolari la sua insolita esperienza. Anzi, parlandone, riviveva il sottile piacere con cui aveva seguito i passi di quella donna sconosciuta, il piacere con cui si riferisce a un altro intenditore l'emozione provata a una mostra di pittura o a una corsa di cavalli, e insieme il sollievo di sentire, per qualche minuto, allontanato da sé il pensiero fisso di quell'altra ragazza.

«Se lo dici tu doveva essere proprio eccezionale» fu il commento di Nerio, mentre un accenno di sorriso gli spianava i lineamenti affaticati dalla sofferenza.

Diego soffiò il fumo dell'ultima boccata, prima di concludere tornando a sedere nella poltrona.

«Il portamento di una granduchessa e le gambe di Mistinguett...»

L'altro restò un attimo in silenzio, come colpito da quell'immagine.

«E te la sei lasciata sfuggire?» aggiunse ironico.

«Non mi era mai successo, di seguire per strada una

29

signora, ma l'ho fatto come un gioco. A parte il fatto che non tocco una donna da più di un mese...»

«Vedrai che la Giusi torna» disse Nerio, questa volta con affetto.

Sapeva anche lui che non sarebbe accaduto, ma il ruolo di un'amicizia sta a volte nel pronunciare le cose che l'amico vuol sentirsi dire, anche se ingannevoli — come nella canzone di Armando Gill "C'eravamo tanto amati", ma la storia di Diego con Giusi, di un uomo maturo e malinconico abbandonato da una biondina insolente, aveva tutti i connotati per diventare un altro successo — e poi cambiare discorso con noncuranza, commenti ai fatti del giorno, come il carosello dei tram che vogliono abolire in piazza del Duomo, pare che sia Mussolini il propugnatore dell'idea, in questo almeno i due amici concordavano sempre, cioè nel dileggio dei camerati fascisti, sì, disse Diego, adesso Mussolini vuole conquistarsi la borghesia, far vedere che sistemerà lui le cose che non vanno, compreso i problemi del traffico stradale, e invece sarebbe il momento di fargli paura mentre la gente è ancora scossa dalla fine di Matteotti, tutta colpa della monarchia, lamentò Nerio mescolando le fitte dei suoi disturbi alle delusioni della politica, e di quel Re cagasotto che abbiamo; la verità è che il fascismo sta bene a troppa gente, credi a me, concluse Diego.

Cominciava a sentirsi meglio, a provare i benefici effetti che la compagnia del musicista gli procurava. Ora poteva anche alzarsi e tornare a casa, tentare di mettersi al lavoro scacciando dalla mente il fantasma della Giusi, perché per la fine del mese avrebbe una conferenza da preparare per il Circolo di Letteratura, dopotutto le conferenze sono pagate molto meglio degli articoli.

«E all'Apollo cosa c'è di nuovo?» Nerio domandò.

«È un pezzo che non ci metto piede. Basta con l'operetta.»

Senza muoversi dal canapé, Nerio guardò l'amico avviarsi all'uscio.

«Insomma quella donna ti ha colpito.»

«Già.»

«Ma allora queste pene d'amore?»

«Dalle pene d'amore bisogna guarire» fece Diego raccogliendo il cappello.

III

Nell'affidare a un domestico di casa Venosta il suo mantello, Leonetta D'Ors aveva nello sguardo l'irrequietezza
che l'accompagnava ad ogni ballo, anche se ben dissimu-
lata da un atteggiamento volutamente distaccato. Arrivare per ultima a un ricevimento era per lei un punto d'onore, quanto l'esibirsi nel più chic degli abiti da sera. Prima
di fare la sua apparizione nella grande sala già gremita
di invitati, si fermò davanti a una specchiera: l'aigrette
che spiccava sulla sua fronte era ben salda sul nastro di
velluto, gli orecchini lampeggiavano al pari dei suoi occhi, e i riccioli biondi erano perfettamente composti nella
pettinatura fresca di parrucchiere. Ma di essere in gran
forma ebbe subito conferma dalla quantità di giovani
donne che, al suo ingresso a fianco del marito, le voltaro-
no la schiena, e dagli sguardi d'ammirazione dei loro ca-
valieri.

Avevano atteso entrambi in anticamera per qualche
secondo, per dar modo all'orchestra di terminare, affinché la loro entrata non rischiasse di passare inosservata,
in mezzo al volteggiare delle coppie. Ora potevano andare incontro ai padroni di casa, Leonetta offrire la mano
a un baciamano irreprensibile, mentre Edoardo si giusti-
ficava per il ritardo di cui era il solo responsabile.

«È tornato a casa tardissimo» aggiunse lei con un sorriso che diceva nello stesso tempo tutta la sua allegria di esserci, perché le bastava un'occhiata per rendersi conto della qualità di una festa e del divertimento che si prospettava, del livello degli intervenuti e dell'impegno da dedicarvi.

«Per farmi perdonare farò con te il primo ballo» propose Leonetta alle note dell'one-step che il pianista stava attaccando.

Stefano Venosta rispose lusingato con un inchino, e subito mosse con lei nella danza, mentre a Edoardo non restò che ricambiare invitando a sua volta la signora. C'era in tutti quella sera un'eccitazione particolare, quasi una smania di baldoria, la voglia di ritrovare nell'atmosfera del ballo il piacere di vivere, di mostrarsi, di dimenticare attraverso la musica di una jazz-band problemi e ansie che del resto quella società non aveva mai conosciuto ma soltanto sfiorato, nei giorni delle violenze di piazza.

Ora il ritmo del contrabbasso e della batteria parevano incitare a seppellire quei ricordi sgradevoli, ad abbandonarsi senza riserve all'euforia, come Leonetta, muovendosi con movenze perfette, dimostrava dall'espressione svagata del viso.

Quando si sciolse dal suo cavaliere per prender posto a un tavolo, sentì due mani calare sugli occhi, costringendola a fermarsi, mentre una voce bisbigliava alle sue spalle.

«Sei sempre la più bella...»

Leonetta identificò immediatamente la voce ma finse di non riconoscerla finché l'altro non le tolse le mani dal viso, secondo il principio di non gratificare mai i suoi spasimanti, anche se Duccio Danesi era al momento tra i suoi favoriti, eravamo in pensiero che tu non venissi, disse lui, posso prenotarmi per un tango? d'accordo, rispose lei benignamente, pur contrariata all'idea che la sua toilette si sarebbe subito stropicciata, e lo piantò in asso dirigendosi verso il banco dei rinfreschi dove Edoardo l'aspettava con una coppa di champagne preparata per lei.

«Avrai già il carnet al completo» sorrise questi amabilmente rivolgendo un'occhiata eloquente agli smoking che affollavano la sala, maturi signori in monocolo, giovanotti di buona famiglia e viveurs in carriera, accomunati dalla stessa aria di ostentata indifferenza, appena la fine di un ballo liberava dai loro inguini la dama che si erano tenuti tra le braccia.

L'attacco frenetico di un charleston richiamò in pista anche gli invitati che si erano concessi una tregua: questo è nostro, fece Edoardo attirando per mano Leonetta.

Era un ottimo ballerino, e portava lo smoking come se ci fosse nato dentro, ma soprattutto appariva fiero di esibire in pubblico una moglie tanto concupita, come se quegli espliciti sguardi maschili al corpo flessuoso di Leonetta non fossero che dovuti omaggi al suo personale privilegio, e questo raddoppiava l'entusiasmo che metteva nei passi, sgambettando all'unisono con lei fino ad avere, al gong finale del batterista, il fiato grosso di chi ha compiuto una corsa.

«Aspettami al tavolo» disse lei, altrettanto estenuata.

Aveva bisogno di rimettersi in ordine, ravviarsi i capelli, raddrizzare il suo pennacchio di airone, ravvivare il rossetto. Quando uscì dal bagno vide un uomo andarle incontro, senza fretta, tagliandole di proposito la strada, e appena lei fu costretta a fermarsi, l'altro si presentò con nome e cognome.

«Questa è una serata fortunata» disse con gravità.

Lei non riuscì a nascondere il suo moto di sorpresa, poi aggiunse come se non avesse ben capito.

«Lo scrittore?»

«Sì» disse Diego. «Ma noi ci siamo già visti. Una settimana fa, ai magazzini della Rinascente...»

A Leonetta si accesero di colpo le guance, annullando l'effetto della cipria appena cosparsa, e aggiunse un "Oh!" di compiaciuto stupore, a cui fece seguito una doverosa presentazione.

«Mi chiamo Leonetta D'Ors.»

«Me l'hanno detto.»

Gli rispose un "Oh!" ancora più compiaciuto, mentre Diego ne approfittava per chiedere l'onore di un tango.

«Il prossimo l'ho già impegnato. Facciamo il secondo?»

«Bene.»

«Se ne suoneranno ancora» commentò lei maliziosa.

«Lo suoneranno» affermò Diego con un leggero inchino. «Lo suoneranno per noi» aggiunse allontanandosi.

Il tempo che trascorse fino a quel momento – mentre Leonetta si abbandonava tra le braccia di Duccio in un tango irruente, e Diego, seduto a un tavolo presso l'orchestra contemplava con distacco le giravolte dei ballerini – quel tempo parve a entrambi interminabile. Nell'intervallo della musica Diego indicò a Novaresi la donna di cui gli aveva raccontato: quella, sì, la più alta, la bionda con l'aigrette circondata da un crocchio di signori; adesso capisco, commentò Nerio divertito, ma fai attenzione perché quella è una tigre; tu che ne sai? rispose Diego; così dicono, concluse l'amico, comunque ti ho scelto un tango superlativo, va bene "A media luz"?

Leonetta stava seduta in quel momento a un tavolo di conoscenti che l'avevano catturata, ma le sue gambe di cicogna erano bene in vista, offerte all'ammirazione generale senza che lei avesse l'aria di rendersene conto. Aveva acceso una sigaretta e aspirava con espressione intensa, quasi volesse isolarsi dalle chiacchiere altrui, reggendo tra due dita un lungo bocchino come avrebbe fatto con lo stelo di un fiore.

Si può toccare, rendere tangibile la magia che una visione può suscitare? Con questa inespressa domanda Diego si diresse verso di lei quando, mezz'ora più tardi, l'onda dei violini echeggiò irresistibile. Leonetta lasciò il suo tavolo e aprì gli avambracci disponendosi al ballo, i gomiti leggermente serrati alla vita come per difendersi dal venire troppo impetuosamente agguantata, in una partenza inaspettatamente dolce che subito calamitò gli sguardi sulla coppia.

Diego vi colse una sorda ostilità, come fosse uno straniero venuto a rapire una zingara dal suo clan, ma non se ne curò più di un secondo poiché tutta la sua persona era protesa a non perdere uno solo di quegli attimi, nel respiro una lieve ansia che immediatamente, alle prime giravolte del tango, contagiò la donna mentre il passo assecondava la melodia, interpretava le accensioni e gli stop, si inarcava e strisciava, esitava e ripartiva quasi volesse lasciare sul pavimento la traccia materiale di un passaggio, la scrittura di un'emozione, ma senza premere più del necessario contro di sé quel ventre piccolo e piatto, affidando invece ai polpastrelli della sinistra il compito di trasmettere alla mano destra di lei un ambiguo messaggio di tenerezza e inquietudine, che Leonetta recepì con un turbamento crescente.

Allora lo guardò negli occhi: se gli avesse detto che Rodolfo Valentino non avrebbe saputo fare di meglio, la sua espressione non sarebbe stata più eloquente, ma priva della sua abituale ironia, e anche le labbra, appena dischiuse nella tensione della danza, dicevano quanto fosse consapevole della propria eccitazione ora che Diego, nel caschè, la teneva piegata una volta, due volte, tre volte sotto di sé, ne assaporava sotto il palmo l'esilità delle reni, la incitava a darsi e a ritrarsi, con una sapienza che non era soltanto professionale, ma piuttosto il frutto di uno stato d'animo.

L'onda dei violini divenne una marea montante, e in quell'alta marea Leonetta chiuse gli occhi, come stordita.

Quando bruscamente la melodia si chiuse, Diego e Leonetta non si erano detti una sola parola.

IV

Ai pochi curiosi che quel mattino stavano affacciati alla tribunetta di legno dell'autodromo, l'Isotta Fraschini bianca apparve da lontano con un luccichio di sole sul parabrezza; poi, superata la grande curva, imboccò il rettilineo d'arrivo con un rombo crescente.

Leonetta teneva le mani serrate al volante, lo sguardo fisso sul radiatore e sulla pista asfaltata che le veniva incontro, lasciando che il vento della velocità facesse sventolare sulla spalla la sciarpa che aveva al collo. Seduto accanto a lei, l'autista cercava di evitare ogni raccomandazione che non fosse necessaria, come quella di premere a fondo il pedale con forza durante i cambi di marcia, poiché la signora se ne innervosiva, finiva per grattare gli ingranaggi, impuntandosi ancora di più col suo istruttore, come sta facendo adesso, mentre le pompe di benzina poste sotto la tribuna si stanno avvicinando in modo pauroso, e il freno sembra quasi inesistente, tanto è lento ad entrare in funzione.

«Non si spaventi, signora, adesso frena» fece Giacomo impassibile. «Ecco, ha visto che si è fermata?»

Se Leonetta se ne fosse accorta in tempo, avrebbe invece proseguito per un altro giro Appoggiato a una delle colonnine di ferro del portico un uomo era in attesa, braccia incrociate. Un coupé bicolore, che lei riconobbe subito, era in sosta a poca distanza dalla pista.

Lei si tolse in un solo gesto la cuffia di lana, il respiro ancora ansimante come se a correre fosse stata lei con le sue gambe, guidare coi tacchi alti era davvero una scommessa, e aspettò che l'uomo si avvicinasse alla vettura prima di decidersi a scendere.

«Adesso per vederti devo inseguirti fino a Monza?»

Conosceva bene quel tono, e ignorò la domanda. Preferì muovere verso la buvette, anche per mettere tra loro e Giacomo una prudente distanza.

«Ti ho mandato due telegrammi» aggiunse l'uomo appena le fu accanto.

«Li ho ricevuti.»

«E perché non hai risposto? Sai quanto sono in ansia per quella cosa...»

«Quella cosa è risolta» proseguì Leonetta senza guardarlo. «Non era niente. Un semplice ritardo.»

Al banco della buvette ordinò un cordiale; due, corresse l'uomo; e aggiunse che non ci credeva, non poteva credere a una donna che gli aveva sempre mentito, senza immaginare quanto alle orecchie di lei suonassero vuote quelle accuse già troppe volte formulate, compreso l'essersi separato per lei, alcuni mesi prima, da una moglie che non avrebbe mai pensato di lasciare...

«Non ti avevo chiesto di farlo» rispose lei sorseggiando la bibita. «E sei sempre in tempo a tornare.»

Durava nell'aria l'odore acre dei gas di scarico, come se la pista dell'autodromo se ne fosse imbevuta al passaggio di ogni macchina. Ma non era questo a imprimerle sul viso quell'espressione di vago disgusto, quanto piuttosto la natura dei discorsi a cui si sentiva sottoposta, e che necessitava un chiarimento, sebbene lei rifuggisse dall'essere sgarbata.

«Mettiti in testa che è finita, Corrado.»

Posò il bicchiere, calzò di nuovo sopra i riccioli biondi

la sua cuffia di lana, e fece dietrofront, lasciando che l'altro si beasse per qualche secondo del suo incedere superbo e poi, raggiunta la sua automobile, del luccicare di calze che offrì nel montare a bordo, mentre la portiera era spalancata.

«Ma chi credi di essere?» l'apostrofò l'uomo con rabbia, mentre Giacomo, piegato davanti al cofano, avviava il motore con la manovella.

Leonetta non si curò di rispondere. Era quasi mezzogiorno, e la sua ora di scuola guida poteva ben dirsi conclusa. Mentre l'autista pilotava verso Milano, accomodata a gambe accavallate sull'ampio sedile posteriore, guardava sfilare i campi e le officine ai due lati di una strada ormai sempre meno verde di alberi e sempre più polverosa di cantieri, sobbalzando a ogni buca del terreno. Sebbene la ricomparsa di Corrado, del tutto inattesa, l'avesse contrariata, resisteva tuttavia dentro di lei un'ombra di lusinga per essere stata inseguita a quel modo, costringendo un uomo d'affari come Corrado Bini a sacrificare mezza giornata di lavoro nella sola speranza di vederla e parlarle. Sapeva anche che lui, dopo l'esito deludente di quella corsa a Monza, non si sarebbe facilmente arreso, e anzi avrebbe raddoppiato gli sforzi per riconquistarla, in nome di una passione clandestina che era durata comunque quasi due anni, eppure non si sentiva impensierita da una simile ipotesi, come avvertendo dentro di sé che la fatalità di quella decisione – la fine decretata di un amore – era mescolata all'inizio di qualcos'altro, ancora oscuro e inespresso, ma già attivo nella fantasia.

Così, quando Giacomo varcò il portone di corso Italia e fermò la Isotta Fraschini in mezzo al cortile, Leonetta salì in ascensore con lo spirito di chi si attende qualche eccitante novità.

Edoardo era appena rincasato, e nella sua poltrona in

sala da pranzo sfogliava i giornali e la posta, com'era solito fare ogni giorno prima di mettersi a tavola.

«Una cena dai Fabbri per sabato?» ripeté Leonetta vagamente delusa, sforzandosi di apparire incuriosita. «Faccio il bagno e arrivo.»

Ricomparve in un abito stirato di fresco, e affamatissima, dichiarò prendendo posto di fronte al marito. Mentre la cameriera serviva i piatti, Edoardo volle conoscere, con affettuosa ironia, le impressioni di lei sul circuito di Monza; sì, ci sono andata, rispose controvoglia. Non amava raccontare in dettaglio le sue giornate, ma semmai diffondersi su un unico argomento, come questo del suo apprendistato automobilistico: quella macchina è durissima, c'è da spezzarsi le braccia per girare il volante quando le ruote sono ferme; te l'avevo detto, obiettò il marito, per imparare è più adatta un'auto leggera... te ne cerco una domani... A proposito, i guanti che mi hai preso, sono davvero magnifici... E la scuola di danza, hai combinato?

Così va bene, quando è lui a intrattenerla, qualunque sia l'argomento di conversazione, in modo da lasciarla libera di seguire i suoi pensieri, fino al momento in cui, ritornato Edoardo in ufficio, lei potrà coricarsi per il suo abituale sonnellino.

Aveva appena chiuso gli occhi quando Marianna bussò con due dita all'uscio della camera.

«Signora, una telefonata per lei!»

Leonetta si levò di scatto, preparandosi a rispondere a tono ad un'eventuale chiamata di Corrado. Raggiunse il corridoio, a metà del quale l'apparecchio era stato collocato, sollevò la cornetta che pendeva dal filo, e avvicinò la bocca al microfono.

«Pronto, chi parla?»

«Sono Diego» rispose la voce. «Quando posso vederla?»

V

Aspettare una donna, seduto di pomeriggio al tavolino di una sala da tè, era sempre stato per Diego uno dei supplizi più dolci che un uomo potesse assaporare, specialmente quando, come nel caso di Leonetta D'Ors, la certezza della sua venuta non era per nulla garantita. Le esperienze e la progressiva conoscenza di sé a cui il mestiere di scrittore lo conduceva, avevano affinato con gli anni l'arte dell'attesa fino a renderla spasmodica, caricandola di impazienza e di fatalismo, di illusione e di rassegnazione, sentimenti contraddittori che si alternavano col passare dei minuti — ormai erano quasi venti — e che avevano comunque l'effetto di allontanare ogni altro pensiero o preoccupazione, concentrandosi nel materializzare con la fantasia il momento reale dell'incontro, variandolo con mille varianti, nei modi che l'immaginazione, dopo quella breve conversazione al telefono, gli andava suggerendo da due giorni.

Lo sguardo andava dalla porta d'ingresso alla pagina del giornale che egli teneva aperto davanti a sé, ma scivolando sui titoli senza impigliarvisi: la novità che il primo semaforo luminoso verrebbe installato per regolare la circolazione al crocevia tra Orefici e via Torino attirò la sua attenzione solo per pochi secondi, e ancor meno la notizia che in Cina Ciang Kai Scek era succeduto a Sun Yat

Sen a capo della rivoluzione, proclamandosi generalissimo, dal momento che non si verificava l'unico evento di portata storica, quale sarebbe adesso l'irrompere di Leonetta, sorridente e concitata per il ritardo.

Bene, si disse, si è presa gioco di me. Anche questo faceva parte del rischio a cui ci si esponeva corteggiando una signora di quel tipo, del resto non si era ripromesso assolutamente nulla da quell'incontro, e dunque – poteva concludere la voce dell'orgoglio – non aveva perso granché, era semplicemente un appuntamento andato a vuoto, magari per un contrattempo all'ultimo istante, per un malessere sopravvenuto, e già egli si attardava a ricercare le cause che potevano averla trattenuta, insomma a scusarla dentro di sé, anziché chiedersi che cosa ci stesse facendo lui, dopo mezz'ora di inutile attesa, in quella pasticceria alla moda che Leonetta gli aveva indicato.

Al tavolino di fronte, due ufficiali di cavalleria erano impegnati nel racconto delle loro conquiste. Nel lasciare la sala il conte Negroni lo riconobbe e si toccò il cappello.

«Verrò alla sua conferenza» disse a mo' di saluto.

«Grazie» sorrise Diego, e si rammaricò che lei non fosse presente a soddisfare le sue vanità.

Forse era rimasta nascosta, al suo ingresso, da un cameriere che portava un grande vassoio: se la trovò davanti così, con naturalezza, come se fosse sbucata dal pavimento, e per prima cosa pensò che era più alta di quanto la ricordasse.

«Stavo per andarmene» ebbe la debolezza di dire.

«Mi dispiace» rispose Leonetta alludendo al proprio ritardo, ma senza credergli minimamente. Sedette, e pizzicando il guanto con la punta delle dita cominciò a sfilarlo con grazia, prima di aggiungere: «Cosa posso fare per essere perdonata?».

Dal modo come lo disse, con una punta di infantile

civetteria, Diego avvertì che qualcosa, dentro di lui, si era messo in moto, e rispondeva a quell'innocente invito con la stessa ambiguità, come allo spettacolo delle dita affusolate che lei aveva esposto ora alla sua ammirazione. E insieme capì che Leonetta si trovava di fronte a lui come per una sfida, forse con se stessa, poiché entrambi si fissavano per la prima volta negli occhi, discorrendo di cose comuni e di inevitabili informazioni – automobili, ella disse, mio marito vende automobili – come due esperti giocatori chiamati a tenersi testa, studiandosi a vicenda con apparente noncuranza.

«Davvero?» rise lei, scoprendo una fila di piccoli denti sotto il rossetto.

E poiché non appariva affatto interessata alla sua biografia Diego si sentì in dovere di darle qualche notizia della sua vita privata e del suo lavoro, come si farebbe con un nuovo socio alla costituzione di un'impresa, mettendovi un po' del suo sperimentato mestiere di narratore, con un'autoironia che divertiva molto la sua interlocutrice.

«Confesso di aver letto solo due dei suoi romanzi» fece lei amabilmente. «Ma ora che la conosco riparerò...»

Sapeva di potersi esporre, dato che era in grado di riprendersi quando voleva, allo stesso modo in cui ignorava senza sforzo le occhiate indagatrici che i due ufficiali le rivolgevano dal tavolo accanto. Le piaceva che quell'uomo, pur svelandosi con sincerità, conservasse una certa distanza da lei, anche fisica, mentre la osservava con distacco appoggiato alla spalliera del divanetto, lasciando cadere senza malizia grandi verità dentro piccole frasi di uso quotidiano che potevano sembrare esche – e certamente lo erano – per considerazioni molto più profonde, istruzioni sull'uso dell'amore che ogni uomo di mondo era sempre pronto ad offrirle, dette però con una semplicità che disarmava Leonetta, intimamente più sospettosa di quanto desse a vedere.

In un'ora, due persone che scoprono di stare piacevolmente insieme possono dirsi tutto e niente, anche perché le pause che a tratti calavano nel corso della conversazione erano così piene di sottintesi, o meglio di pensieri inespressi, da farli sentire alla fine quasi a disagio, in quella sala tintinnante di chicchere e cucchiaini.

«Vuole che facciamo due passi?» egli propose alla fine di uno di questi silenzi, mentre osservava le sue unghie laccate alla perfezione.

Lei assentì con un moto impercettibile delle labbra, e terminò il tè che era rimasto nella tazza. Uscendo, Diego notò che questa volta non c'era una macchina ad aspettare la signora. Presero a caso in direzione di via Manzoni, di nuovo discorrendo di futilità, del tempo e del clima freddo di questa primavera in ritardo, accordando il passo alla medesima andatura, la scarpa bicolore di lui e la scarpina scollata di Leonetta fissata al piede da un sottile cinturino, finché Diego non si arrestò, come per caso, all'altezza di un posteggio di tassì.

«Venga, voglio che lei veda dove abito.»

Lo sguardo con cui Leonetta rispose lasciava intuire il suo apprezzamento per la franchezza, facendo intendere nel contempo che non sarebbe andata oltre.

Quando smontarono, davanti a un portone di Porta Magenta, Leonetta salì accanto a lui la scala di un palazzo che aveva conosciuto tempi migliori, divertendosi come una bambina a sbuffare di fatica sull'ultimo pianerottolo.

Vedendola varcare la soglia di casa sua, Diego provò soltanto allora emozione per ciò che stava accadendo, pur essendo già soddisfatto di quello che era accaduto, pregustando il racconto che ne avrebbe fatto a Nerio alla sua prossima visita. Leonetta invece entrò in quelle stanze con la naturalezza di sempre, appena sovreccitata dal trovarsi in una situazione così poco ortodossa per una signora del suo rango. Chiese da bere, ottenne un bicchierino di Porto, e accettò la sigaretta che Diego aveva offerto spalancando il suo astuccio d'argento.

«Non sembra la casa di un uomo solo» disse alla fine, con l'aria di chi è venuta a fare una stima.

Stava sprofondata nel sofà di fronte al tavolo ingombro di libri e manoscritti, dove troneggiava una lampada tiffany, incurante dell'abito che le era salito oltre le ginocchia, mentre le caviglie erano intrecciate come a rendere esplicita l'eventualità di un'estrema difesa.

Diego dovette distogliere lo sguardo, perché quelle gambe esigevano ben altra attenzione. Andò al fonografo, ne sollevò il coperchio, armeggiò con la puntina e mise un disco. Poi, impugnata con rapidità la manovella, guardò con aperta intenzione la donna, mentre dalla tromba cominciavano a echeggiare le note di un tango.

Allora lei si alzò, depose nel portacenere la sigaretta e rimase ferma al centro della stanza, nella penombra del tardo pomeriggio come Diego l'avrebbe poi ricordata, nella luce opaca della lampada da tavolo, aspettando che lui le andasse incontro, calma e insieme trattenuta, lo sguardo vagamente obliquo, aspettando che la cingesse, dapprima dolcemente e poi subito con forza dopo i primi passi appena accennati.

Le sue anche sottili risposero con un lungo fremito alla esplosione che stavano provocando. Le bocche si incontrarono prima che essi l'avessero deciso, con quella fatalità che il tango sottolineava e che soltanto una passione nascente sa suscitare.

«Vieni» le disse.

La porta della camera da letto fu rinchiusa dietro di loro, mentre la puntina frusciava ancora sul disco.

Come succede in questi casi, né lui né Leonetta ebbero la percezione, congedandosi all'ora di cena con un bacio sul pianerottolo, di aver messo la mano dentro un ingranaggio. Molto presto, invece, quell'ingranaggio li avrebbe stritolati.

VI

Nel pubblico che stava arrivando, più numeroso di quanto avesse previsto, Diego riconobbe molte facce – di persone che avevano letto suoi libri e che lo avevano avvicinato in occasione di altre conferenze – ricevendone una rassicurante sensazione di calore.

Si sentiva nervoso, cosa che non gli accadeva di frequente, forse perché da qualche giorno erano svaniti i benefici effetti dell'incontro con Leonetta. Il primo di essi era stato sicuramente l'aver allontanato il pensiero ricorrente della Giusi; quindi di aver riacquistato in se stesso una fiducia che l'amore per quella ragazza aveva scosso; infine di essere stato lusingato che una signora tanto corteggiata gli avesse concesso così rapidamente i suoi favori.

L'uomo in questo è più vanitoso della donna: poiché è disposto a credere di essere stato irresistibile, se una donna sa farglielo credere, anziché favorito da una serie di coincidenze. È la prima volta che mi capita, aveva bisbigliato Leonetta sciogliendosi dalle sue braccia, non mi era mai successa una cosa del genere. Ma poi, in capo a pochi giorni, perdurando il silenzio di lei, Diego aveva cominciato a dubitarne. E se invece fosse il contrario? Se Leonetta glielo avesse fatto credere per gratificarlo, oppure per giustificare una passeggera debolezza? Quantunque sapesse per esperienza che una donna può mentire per mille ragioni, eccetto che per una plausibile, Diego era rimasto alquanto stupito che a un pomeriggio di quella intensità fosse seguito un simile vuoto, come se lei fosse sparita nel nulla. Per due volte aveva provato a telefonarle, e per due volte lei non si era fatta trovare, benché egli avesse dichiarato alla cameriera il proprio nome.

Così, al primitivo senso di trionfo con cui si era addormentato la stessa sera, era subentrata pian piano la mortificazione, il sospetto di essere stato usato, inconsapevole strumento di un capriccio, e comunque nella migliore delle ipotesi di non aver lasciato quel segno che ogni maschio vorrebbe lasciare.

«La sala è piena. Tra cinque minuti possiamo cominciare» lo avvertì il direttore del Circolo Letterario.

Più probabile, invece, che Leonetta appartenesse a quella rara specie di femmine capaci, in amore, di comportarsi con la spregiudicatezza di un uomo. Non c'era stato in lei nessun infingimento, nessun pudore recitato nel lasciarsi denudare sopra il suo letto, e poi nel darsi con tanta passione, ma la perizia di amante che gli aveva dimostrato, così esaltante in quegli attimi, era divenuta un tossico che gli avvelenava in qualche modo il ricordo.

Al suo ingresso nella sala fu salutato dal consueto applauso di benvenuto. Prese posto al tavolo disposto sopra una pedana, ascoltò il direttore presentarlo come uno degli scrittori più noti al pubblico e stimati dalla critica, mentre osservava alcune sedie rimaste vuote nella prima fila della platea.

Une femme à hommes, dicevano i francesi di simili creature. Personaggi da romanzo — del resto era questo il tema della serata — che Diego aveva sempre detestato. E fin qui niente di male. Semmai lo infastidiva che un episodio destinato a rimanere tale gli durasse nella mente più del necessario. Bastava persuadersi di non essere stato il primo, e probabilmente neppure l'ultimo, per una donna che amava togliersi i suoi estri, esattamente come lui stesso aveva fatto per molti anni.

«Quando io leggo un romanzo...»

Iniziando a parlare, con la consueta pacatezza che usava per attrarre meglio l'attenzione, riconobbe tra il pubblico Yvonne. Stava seduta in una fila di mezzo accanto al fidanzato, e lo commosse che una ragazza del popolo fosse venuta a mescolarsi tra i borghesi che lo ascoltavano.

Gli sorrise, e fece a Diego un piccolo cenno con la mano. Lui ne fu soddisfatto, parendogli a quel modo di sdebitarsi dei saltuari favori che le richiedeva, perché era nell'ufficio di Yvonne che Diego capitava per telefonare, cioè nel cortile dello stabile di casa sua dove aveva sede la ditta di uno spedizioniere.

«Dobbiamo chiederci semmai perché lo Scrittore, attraverso lo stile letterario...»

Aveva preso l'abitudine, parlando in pubblico, di guardare lontano, verso il fondo, per non dover fissare nessun volto in particolare. Dunque gli fu agevole notare, nel silenzio attento della platea, rotto da qualche colpo di tosse, che una coppia di ritardatari era apparsa nel riquadro della porta. Una coppia molto elegante che stava avanzando, vagamente esitante, in cerca di un posto. Diego ebbe un tuffo al cuore quando riconobbe entrambi, appena Leonetta e suo marito ebbero preso posto nelle sedie libere della prima fila.

Se egli si fosse interrogato, e non soltanto compiaciuto, per l'esultanza che improvvisamente lo pervase, avrebbe potuto preoccuparsene, perché la donna che fino a pochi istanti prima aveva così severamente giudicata, ora gli appariva poco meno che angelica per il solo fatto di trovarsi lì, davanti a lui, e di sorridergli con gli occhi, quelle vivide pupille brune che cercavano di afferrare il suo sguardo, fin quasi a distoglierlo dal flusso della sua eloquenza.

Per un attimo infatti Diego perse il filo del discorso, confuso come se stesse sostenendo un esame, ma si riprese immediatamente, anzi sentì che desiderava imprimere alle sue parole una forza ancora maggiore di persuasione, quasi fosse a lei sola che ora si rivolgeva, o meglio che lei sola potesse intenderlo a fondo, valutare gli effetti e apprezzare i chiaroscuri della sua voce, con in corpo un'euforia che da tempo non avvertiva così prepotente, anche se Edoardo ha posato la sua mano sopra quella di lei, quasi a ribadire ostentatamente una sua personale proprietà.

Quel gesto lo infastidì, e insieme gli provocò uno strano compiacimento, come chi osserva un avversario ignaro del pericolo che lo sovrasta, solo avrebbe voluto che Leonetta, davanti a lui, sottraesse a un certo punto la mano, si liberasse di quell'affettata imposizione di cui al contrario poteva apparire compiaciuta, e magari lo era, così almeno parve a Diego per tutta la durata della conferenza, quasi che Leonetta ed Edoardo D'Ors fossero venuti non ad ascoltare uno scrittore ma semplicemente ad esibire la loro devozione coniugale. È una donna pericolosa, gli aveva detto Nerio Novaresi dopo averla vista ballare con lui, circolano molte voci sul suo conto, sono contento per te ma devi fare attenzione... Sebbene sembrasse ridicolo raccomandare a un uomo, e a un uomo come Diego, di "stare attento" nei confronti di una signora – in un'epoca in cui la donna era considerata più che mai una preda, un oggetto da prendere e usare – Diego era rimasto colpito dalla frase.

Ora poteva ripensarvi osservando, senza darlo a vedere, il modo in cui Leonetta rimaneva beatamente succube di quella mano possessiva, anche quando cambiò posizione sulla sedia, sicché l'inerzia che dimostrava finiva per sollecitare in Diego una voglia di competizione di cui non si sarebbe creduto capace: quella di gareggiare con Edoardo, la sua voce contro la forza del tatto, le sue parole contro l'ostinazione di lui, o meglio la sfacciata condiscendenza di lei, sperando quasi di liberarle la mano in virtù di una più grande emozione, sentendo acuirsi dentro di sé una ridicola smania di supremazia, e certo nessuno dei presenti avrebbe potuto sospettare che l'aumentato impegno del conferenziere fosse dovuto a un così trascurabile particolare.

«Non si scrive un romanzo per raccontare una storia, ma per cercare attraverso una storia di catturare, di imprigionare nella pagina...»

Anch'egli adesso stava cercando di catturare, insieme all'attenzione di Leonetta, quella mano così odiosamente abbandonata alla carezza del marito.

«Imprigionare dentro la scrittura un sapore, un colore, un'atmosfera, l'emozione di un momento... Ma è proprio questo che, ogni volta, sembra essere rimasto fuori dal libro!»

Un applauso caloroso sigillò la fine della conferenza. Diego non aveva mai parlato così a lungo né con tanto persuasivo calore: è stato magnifico, disse Yvonne congratulandosi per prima, mentre il pubblico sciamava verso il buffet dov'era stato improvvisato un rinfresco, posso presentarle il mio fidanzato? aggiunse la ragazza, con una civetteria che Diego non colse perché stava seguendo con lo sguardo i passi di Leonetta verso l'uscita, una conferenza coi fiocchi! lo fermò a sua volta il conte Negroni, chiara nei concetti e efficace nello stile, così devono essere...

Diego assentì, strinse varie mani che desideravano

congratularsi, riuscì a raggiungere Leonetta mentre stava guadagnando il guardaroba.

«Grazie di essere venuti» disse, sforzandosi di apparire molto formale. «Non vi fermate per un bicchiere?»

«Grazie, ma abbiamo un impegno» spiegò Edoardo. «Comunque è stato molto interessante...»

«Perché non viene sabato sera con noi? Andiamo al tabarin. Edoardo, cosa ne dici?» intervenne Leonetta con allegria.

«Ma certo» commentò lui a denti stretti.

VII

Per due giorni era stato in dubbio se rispondere all'invito. Che senso poteva avere dividere col marito e altri suoi amici una serata accanto a Leonetta? Poi alla fine aveva prevalso il desiderio di stare comunque con lei, di accettare un gioco a cui si sentiva sfidato, e che prometteva di diventare eccitante. E fu con questo spirito, appena inquinato da un inconfessabile turbamento, che Diego varcò la soglia del Trianon, dopo aver lasciato trascorrere una mezz'ora oltre l'orario fissato, affinché la compagnia potesse prendere posto.

Al tavolo dei D'Ors trovò altre due coppie e un signore solo, presentatosi come Corrado Bini, che sembrò non gradire molto l'arrivo di Diego.

«Anche lei champagne?» s'informò amabilmente Edoardo.

Pareva molto a suo agio, lo sguardo più brillante del solito, mentre Leonetta era distratta, vagamente assorta nel seguire le coppie che già avevano invaso la pista da ballo, al fondo della quale l'orchestra eseguiva il suo repertorio sopra una specie di loggiato. Seduto di fronte a lei, Diego poteva studiare la linea perfetta del naso di cui Leonetta mostrava orgogliosamente il profilo, sotto la fascia di seta bianca che portava sulla fronte, ma senza avergli ancora indirizzato un'occhiata, quasi che Diego fosse un conoscente aggiuntosi per caso al loro tavolo. Indossava un abito da sera molto scollato, che lasciava intravedere il suo piccolo seno, e le fasciava talmente le reni che pareva cucito addosso. C'era tuttavia qualcosa – lo capì subito – che contrariava per qualche verso Leonetta, ma di cui egli non poteva immaginare la causa.

Il locale era affollatissimo, e nello sfavillìo degli specchi e delle abat-jours i brindisi e le risate parevano moltiplicarsi all'infinito, cullati dalla musica inquietante di un fox-trot, che Corrado si affrettò a danzare portandosi via Leonetta, immediatamente imitato dalle altre due coppie, di modo che Diego ed Edoardo si ritrovarono a tu per tu in un forzato colloquio di circostanza che sembrò a tutti e due interminabile.

Era per questo che era stato invitato? poteva chiedersi Diego, osservando da lontano il modo in cui Corrado Bini aveva attirato Leonetta contro di sé, parlandole quasi sulla bocca con eccessiva familiarità. Era sempre stato un convinto assertore della clandestinità in amore, droga insostituibile dell'eros, ma ora avrebbe voluto dichiararlo pubblicamente, ciò che sentiva per quella donna, o meglio che fosse lei stessa a farsi capire con un gesto che rivelasse la loro complicità. Non dovette attendere molto: quando lei tornò al tavolo finalmente sembrò accorgersi della sua presenza, e cambiò di posto andando a sedersi al suo fianco. L'orchestra aveva intonato una giava, e Diego ne approfittò per chiedere, allusivo.

«Come sta la mia gigolette?»

«Benissimo» sorrise lei. «E il mio scettico blu?»

Non erano necessarie risposte, perché i loro sguardi esprimevano, pur nella brevità di pochi istanti, anche quello che le labbra non avrebbero saputo dire: la passione e il desiderio mascherati sotto le sembianze del gioco e della frivolezza, così in carattere con quel luogo popola-

to di signori assetati di mondanità e di capricciose gar-
çonnes, così estraneo al resto del mondo, così lontano
dai problemi della gente comune, quasi che la vita fosse
davvero quella descritta nei versi di una canzone, la lussu-
ria passa come un vento turbinante, questa è "Creola"
stava dicendo Edoardo, ti va di ballarla?

Ghermì Leonetta per un polso e la trasse dietro di
sé. Quando tornarono, lo champagne era al punto giusto nel secchiello del ghiaccio, e Diego si sforzava di
apparire disinvolto, nonostante le occhiate impudenti
che Corrado continua a rivolgere alle gambe di Leonetta, e a dispetto del braccio che Edoardo le ha passato
intorno alle spalle, ma dentro di sé aveva deciso di andarsene subito dopo lo spettacolo. Ci fu un lungo intervallo, e poi di colpo si spensero le luci. Quando un riflet-
tore illuminò il centro della pista, un battimani entusiasta salutò Gino Franzi, apparso in frac e cilindro.

Il cantante aspettò che il silenzio in sala fosse completo, poi sussurrò: «In omaggio alla nostra grande Anna
Fougez...».

Gli applausi impedirono di distinguere il titolo, che
Diego aveva già intuito, e che non seppe trattenersi dal
pronunciare.

«Vipera» disse.

Leonetta si girò a fissarlo, come se fosse stata chiamata, e quando la voce calda e vibrante di Franzi risuonò
modulata e piena di effetti, nei suoi occhi passò finalmente il lampo che Diego aspettava dal principio della
serata. Ma fu, appunto, un lampo che scomparve subito
dopo, non appena lei, rivolto nuovamente lo sguardo
alla scena, sembrò raggomitolarsi nell'abbraccio protet-
tivo del marito.

Diego tolse dal taschino l'orologio. Era l'una passata.
Aspettò che il recital si concludesse tra chiamate e bis

invocati a gran voce, e infine, riaccese le luci sulla pista da ballo, si alzò per primo per congedarsi.

«So che è contrario alle regole del tabarin, ma io vorrei ritirarmi...»

«Oh no!» protestò Leonetta. «Noi due non abbiamo ancora ballato!»

Gli prese la mano costringendolo a seguirla, ma invece di andare verso la pista si allontanò trascinandolo sempre per mano verso le toilettes.

«Puoi aspettarmi qui?»

Forse voleva rinfrescarsi la pettinatura, oppure rifarsi le labbra, o sistemare la fascia di seta bianca che le bendava la fronte, ma il passare dei minuti indusse Diego a una tentazione troppo forte, spingendolo a osare ciò che ai gentiluomini era assolutamente vietato. Penetrò nella toilette, e la sorprese infatti all'impiedi davanti a una specchiera.

Leonetta lo vide, riflesso nello specchio, ma non mostrò la minima sorpresa, come se lo aspettasse, né si girò quando lui di spalle si avvicinò per abbracciarla, le posò una mano sull'inguine premendo con forza sul tessuto.

«Adesso basta» egli disse.

La porta di uno stanzino da bagno fu spalancata con un calcio, ed entrambi vi irruppero, prima che la ragione avesse il sopravvento su un desiderio che non poteva più essere rimandato: l'abito scintillante di lei rincalzato brutalmente fino alla vita, intorno a quelle reni che il suo sguardo aveva accarezzato per tutta la sera, le giarrettiere messe a nudo, poi le culottes di raso abbassate sulle ginocchia, le belle mani da signora incollate alle piastrelle di maiolica; così, disse lei, così.

VIII

Si era affacciato, appena sveglio, alla finestra della camera da letto, e non se n'era più staccato, attratto dal tepore di un sole finalmente primaverile, lasciando che svaporassero i fantasmi ostili del sonno, con l'animo di un convalescente che, in pigiama e vestaglia, i gomiti appoggiati al davanzale, si ristora a quella grande luce dai postumi di una malattia.

Di quale natura fosse, la sua malattia, Diego non poteva nascanderselo. Vivere da solo, come aveva scelto di fare dopo la separazione da Delfina, gli procurava sempre più di frequente giornate di inguaribile malinconia. Dopotutto, innamorarsi della Giusi, dei suoi occhi celesti e del suo corpo fragrante, era stato uno di quegli espedienti che il cuore sa fabbricare per nascondere altre carenze. Eppure ci aveva creduto, in quell'amore, con l'ingenuità di un ventenne, fin quando l'incontro con Leonetta non lo aveva messo brutalmente di fronte alla irrealtà del proprio sogno, dimostrandogli che la sua ferita di innamorato non era poi così profonda come forse aveva creduto.

Ci sono momenti in cui il sentire con chiarezza quanto sia insondabile la propria fragilità è la scoperta più dolorosa che un uomo, giunto all'età di Diego, possa fare; specie se egli si credeva, al contrario, forte e padrone di sé. Allora tutto si mescola – il bene e il male, il passato e il presente – lasciandosi dietro una serie di interrogativi senza risposta, un futuro senza contorni, e un'opprimente amarezza.

Dall'altra parte della strada, nel cortile della caserma di cavalleria, uno stalliere era intento a strigliare un sauro dal mantello sfolgorante. Ma Diego guardava senza vedere, la mente come sfocata, perché stavano uscendo fuori, come succede qualche volta alla fine o all'inizio di una giornata, altre immagini che la occupavano per intero. Da oltre due mesi non aveva notizie di Delfina, e sebbene ottemperasse con puntualità ai suoi obblighi di marito diviso, lasciando lui stesso in portineria il mensile stabilito di comune accordo, provava a tratti un sentimento colpevole che era proporzionato al silenzio di lei, alla esemplare dignità con cui aveva accettato la sua decisione, dopo un'unione durata quasi dieci anni.

Se egli si interrogava sulle ragioni che lo avevano indotto a sposare Delfina, dopo una vita alquanto turbolenta, doveva ammettere che era stato per la bellezza del suo viso, per avere accanto a sé quei lineamenti di classica perfezione che non aveva mai cessato di ammirare, e attraverso di essi mettere ordine nelle sue giornate, dedicarsi a scrivere con maggiore impegno. Ma se si chiedeva perché poi se ne fosse stancato, al punto da voler riprendersi la propria libertà, Diego non trovava altra risposta che in una verità paradossale: per le troppe virtù – lealtà, fedeltà, coraggio – che lei aveva sempre dimostrato.

La bellezza femminile, le grazie di una donna gli erano parse in passato come il più bel dono del creato. Ora da qualche tempo sentiva invece insinuarsi in lui il sospetto che fossero una maledizione, la causa dei suoi molti errori, una perpetua condanna a soffrire e a far soffrire, quasi che la bellezza contenesse in sé una simile dannazione.

Questo dubbio gli si era affacciato per la prima volta durante la relazione con la Giusi, da lei interrotta in favore di un vero fidanzato, ma ora stava tornando a proporsi con evidenza ancora maggiore attraverso la figura di Leonetta. C'erano cento volti di lei che poteva evocare: quello radioso con la piuma di aigrette alla sera del ballo; quello intenso e accalorato sopra la coperta del suo letto; quello capriccioso dell'ultima notte; ma soprattutto quello altero del mattino in cui, obbedendo a chissà quale impulso, l'aveva seguita fino ai Grandi Magazzini.

Alla fine, ne aveva ricavato la conclusione che ci fosse, dentro di lui, un guasto, una nevrosi, un'imperfezione nei meccanismi del sentimento, che forse poteva giustificare quella eterna scontentezza. Era una diagnosi che non gli piaceva, ma che aveva finito per assumere a malincuore come la spiegazione di tanti fallimenti. Del resto egli sapeva benissimo di non essere l'unico maschio pronto a invaghirsi di una chimera, cioè di una femmina che non potesse mai essere conquistata del tutto. Eppure anche questa verità gli pareva riduttiva, incompleta, appena si faceva strada dentro di lui un'altra certezza, e trapelava come una lama di luce sotto la fessura di una porta chiusa, l'intuizione (o l'illusione) di una donna definitiva, di un amore duraturo che riscattasse tutti gli altri.

Un tram passò coi suoi colori gialli, scampanellando a un triciclo. Il sole adesso scottava la pelle, comunicava calore persino ai pensieri scacciando un po' per volta quelli molesti e incutendo fiducia.

Ho bisogno di rimettermi a scrivere, pensò. Un libro, un grande romanzo. Ma la passione sfortunata per la Giusi non gli pareva più così degna di essere raccontata, se non ripercorrendo a ritroso le tappe di quella sofferenza, sterile come tutte le sofferenze d'amore. Ce ne fossero state altre, di feconde, come la passione politica del suo ardente socialismo giovanile, Diego vi si sarebbe dedicato. O quanto meno avrebbe neutralizzato con l'ideologia e la partecipazione i rovelli a cui si era esposto nella vita sentimentale.

Com'era solito fare in questi casi, cercò di vedere se stesso dal di fuori, come se fosse il protagonista di una storia, immaginandolo agire e muoversi nella nuova situazione che Leonetta aveva contribuito a creare. Intanto doveva prendere atto che raramente, a dispetto delle numerose esperienze, gli era capitato di trovare una così sconvolgente sintonia, una tale potenza di desiderio, una simile perfezione carnale. Leonetta gli si era offerta come l'incarnazione del godimento, ma tale doveva restare. In altre parole, egli si sarebbe servito di quella insperata avventura per seppellire definitivamente il ricordo della Giusi e la pena che si era portato dietro per troppo tempo, anche perché, nel peggiore dei casi, un nuovo aguzzino è sempre preferibile al vecchio...

Alla luce di questa immagine sentì le labbra stirarsi in un sorriso, quasi avesse intravisto una via di salvezza, ma fu un attimo, subito cancellato da un'altra considerazione. Tutta quella carica di femminilità, quell'eccesso di fascino che razionalmente gli ripugnavano, al pari della condizione sociale e dell'ambiente a cui Leonetta apparteneva, gli suscitavano viceversa emozioni e spinte che non ricordava di aver mai vissuto con la stessa violenza. Le due volte in cui l'aveva posseduta, senza minimamente prevederlo, era accaduto sotto il segno della necessità. E anche questa scoperta non era fatta per rassicurarlo, sebbene egli sentisse, quel mattino, il timone ancora saldamente nelle proprie mani.

A tal punto si era perso nei pensieri, che sobbalzò a un nuovo squillo del campanello. Aprì e si trovò davanti Yvonne.

«Scusi se sono salita io, ma aveva detto che era urgente...»

Gli riconsegnò i fogli manoscritti dell'articolo, e quelli da lei ricopiati con la macchina da scrivere.

«Sei un angelo, Yvonne. Cosa farei senza di te?»

E nel formulare l'invito non si accorse che era quasi ora di colazione: «Siediti, hai già preso il caffè?»

Lei fece cenno di sì, ma rabbuiata in viso per qualcosa che doveva aggiungere.

«È arrivata anche una telefonata, per lei. Una signora ha detto di riferirle che verrà domani.»

«Quale signora?»

«Ha detto solo: dica Leonetta.»

IX

Comodamente sistemato al fianco di Leonetta sui sedili odorosi di cuoio dell'Isotta Fraschini, la testa che sfiorava il mantice abbassato per godere meglio la vista, le gambe accavallate con agio nell'ampio spazio degli strapuntini, Diego assaporava quel mattino una felicità fisica che solo la presenza di Giacomo, impegnato nella guida, gli impediva di esternare come avrebbe voluto, cioè circondando le spalle di lei, anziché limitarsi a carezzarle la mano sul bracciolo.

Certo non si sarebbe mai aspettato che Leonetta avesse l'ardire di passare a prenderlo con l'autista, e poi di portarselo in campagna come se fosse la cosa più naturale del mondo. Dunque ora il suo compiacimento di innamorato si alternava allo sconcerto di uno studioso che osserva un fenomeno imprevisto, e di questo stupore Leonetta era sicuramente consapevole. Stava ad occhi chiusi abbandonata alla spalliera, lasciando che i riccioli sotto la cuffia si agitassero al vento, e rispondendo alla mano di Diego con piccoli richiami dei polpastrelli all'interno del palmo, più eloquenti di qualsiasi frase.

«Oggi non scriverai un bel niente» sillabarono le sue labbra con infantile divertimento. Non era una domanda e neppure una constatazione, ma piuttosto un ordine, dato per gioco ma da eseguire sul serio, che Diego si guardò bene dal contestare.

La lancetta del tachimetro segnava gli ottanta, il motore rombava possente dentro quel cofano color latte, e tutto, dalle cromature ai fanali, fino ai raggi della ruota di scorta alloggiata nel parafango, sfolgorava nel sole, prometteva sicurezza, comunicava allegria. Una scampagnata! aveva annunciato Leonetta facendo irruzione da lui alle dieci del mattino mentre Diego si stava ancora radendo, vestirsi vestirsi! eccitata dal suo programma di correre a Monluè e cercare in paese una trattoria dove mangiare le rane fritte, correre si fa per dire perché i pneumatici hanno finito di frusciare sul macadàm, infatti Giacomo è costretto a rallentare appena imboccata la strada in terra battuta che porta a Monluè, sia per i sassi che sparano sotto le gomme sia per la nuvola di polvere che si alza dietro di loro.

Ai colpi di tromba dell'automobile un ciclista che costeggiava una roggia rischiò di rovesciarsi, qualche bimbo si affacciava dall'aia di una cascina, galline starnazzavano spaurite fino a tentare il volo, qualche cane randagio si gettava abbaiando a inseguire la vettura. Leonetta ne rideva, con quella risata piena, sonora, da donna grande, che aveva colpito Diego fin dal primo colloquio alla pasticceria, perché contrastava con quel naso impertinente e certe espressioni infantili che le piaceva assumere.

E poiché nessuno dei due poteva immaginare che quella letizia non sarebbe durata a lungo, nei giorni che li attendevano, al punto da far sembrare loro indimenticabile quella gita improvvisata, Diego e Leonetta si abbandonarono per tutto il tragitto al semplice piacere di guardarsi negli occhi tenendosi la mano, come fossero a bordo di una berlina nuziale.

«Sapete dov'è l'Osteria dei Cacciatori?» lei domandò

a un gruppo di lavandaie chine su un ruscello, appena l'auto si arrestò davanti al campanile della chiesetta.

Il pergolato non era ancora agibile per pranzare all'aperto, ma l'oste si fece in quattro per assecondare Leonetta che, all'interno del locale, chiese ed ottenne che fosse acceso il camino, e che un tavolo vi fosse apparecchiato dirimpetto.

«Sei sempre stata così capricciosa?» volle sapere Diego mitigando il rimprovero con un sorriso.

«Perché capricciosa? Io voglio il meglio in ogni cosa. Sempre.»

Era una dichiarazione che non lasciava dubbi, un programma di vita da cui Diego si sentiva insieme sedotto e allarmato, soprattutto quando lei, improvvisamente, ordinò a Giacomo di tornare a prenderli nel pomeriggio.

Le rane erano croccanti e il vino schietto. Fissandola, Diego si smarriva in cento pensieri diversi mentre il risotto si raffreddava nel piatto, tormentando con le sue le lunghe dita della mano libera di lei, cercando di trattenersi dal domandare tutto quello che avrebbe voluto sapere, ogni volta godendo di quella risata così fisica e solare, come se Leonetta ridesse con tutto il corpo, le spalle che sussultavano e la gola rovesciata.

«Quel giorno, mentre prendevamo il tè, lo sai cosa avevo voglia di dirti?»

Diego si chinò sulla tavola per bisbigliarlo al suo orecchio non osando di pronunciarlo in faccia, e lei avvampò. Fu un attimo, perché si riprese subito, lo sguardo divenuto improvvisamente grave.

«Dovevi dirlo» rispose semplicemente.

Mai una donna lo aveva sfidato a quel modo.

«Adesso vorrei che fossimo a casa mia.»

«Lo so.»

Chiuse gli occhi per un secondo, prima di aggiungere: «Ho licenziato la macchina, non hai visto?»

«Già» egli ammise.

Si sentiva impacciato come uno studente.

«Forse qui hanno delle camere» suggerì lei con un sorriso.

Diego la guardò, a lungo, e lesse nei suoi occhi e sulla sua bocca tutte le promesse e tutti i pericoli che esprimevano.

«Bene» disse alzandosi. «Era questo che volevi?»

«Non sei molto perspicace, ma hai indovinato.»

Salirono per una scala buia fino al piano di sopra. C'era un grande letto di ferro dalla testata dipinta, un treppiede con lo specchio e il catino, due salviette ripiegate sopra una seggiola sgangherata.

Senza togliersi le scarpe, Leonetta si lasciò cadere pesantemente sul materasso.

«Ho mangiato proprio bene» sospirò soddisfatta.

Diego era rimasto in piedi a contemplarla. Si appoggiò coi gomiti alla sponda del letto e ammirò quelle lunghe gambe sovrapposte, così estranee a quella rozza coperta, poi la suola delle sue scarpe nuove, il cuoio intatto nella insellatura tra il tacco e la punta.

Quando si avvicinò per baciarla, sedendo sul bordo del materasso, Leonetta distolse la bocca.

«Non ho voglia di fare l'amore. Sto bene così. Magari apri le persiane.»

Era possibile non obbedirle? Diego spalancò gli scuri. C'era odore di stalla nell'aria, o forse di liquami portati dai canali di scolo delle fognature, e anche questo contrastava violentemente col profumo raffinato che Leonetta aveva addosso. C'erano filari di pioppi, in lontananza, e comignoli fumanti di cascine nella luce accecante del primo pomeriggio.

«Diego.»

Era la prima volta che lo chiamava per nome, e trasalì nel girarsi.

Leonetta si era sollevata la sottana di seta fino agli inguini, e lo guardava implorante.

X

Smontò dal tram due fermate prima perché le carrozze davanti erano bloccate da qualcosa che era accaduto sui binari. Dicevano a causa di una donna gettatasi poco prima sotto una vettura, come faceva pensare l'automezzo rosso dei pompieri che Diego distinse in fondo alla strada. Ma non se la sentì di seguire i curiosi che accorrevano sul luogo dell'incidente. Prese il giornale all'edicola, e cominciando a scorrere i titoli della prima pagina si avviò lentamente sul marciapiede. Se di un suicidio si trattava, lo avrebbe letto l'indomani nella cronaca cittadina, poche righe senza commento, dato che il Governo non amava che la stampa desse spazio a notizie del genere. Piuttosto, quell'episodio poteva essere lo spunto che cercava per un buon racconto, ora che "La Tribuna" gliene aveva fatto richiesta, la storia di una donna disperata che a un certo punto, una domenica mattina decide...

Appena formulata, l'idea gli sembrò di dubbio gusto. C'era sempre, nel suo mestiere, da fare i conti con l'autobiografia, con i sentimenti e la suscettibilità degli altri, e certamente Delfina non avrebbe gradito di essere presa a prestito per una novella, il giorno stesso in cui lo riceveva a colazione, anche se aveva imparato, vivendo con lui, che uno scrittore saccheggia dove càpita, senza rispetto per nessuno.

A mezzogiorno la confetteria era affollata di gente uscita dalla Messa, in gara per tornare a casa con il pacchetto delle paste. Diego acquistò una scatola di cioccolatini, ma poiché aveva ancora del tempo a disposizione decise di attuare il sopralluogo che aveva sempre rimandato, tanto più che in dieci minuti, con una piccola deviazione, sarebbe stato sul posto. Ricordava la via e il numero civico che aveva memorizzato quando Leonetta gli aveva detto dove abitava. Tuttavia, se egli si interrogava a fondo, la ragione di questa gratuita perlustrazione non era dettata da semplice curiosità, semmai dal desiderio di stabilire in qualche modo un legame, di mettersi fisicamente in rapporto con lei, in un'altra domenica che essi trascorrevano senza potersi incontrare.

Il palazzo, posto sull'angolo di corso Italia con piazza Missori, aveva l'aspetto di una costruzione recente, e spirava con i suoi cornicioni scolpiti, la sua facciata liberty e il tetto a cupola lo stesso senso di opulenza e solidità della Isotta Fraschini su cui, probabilmente, a quell'ora Leonetta stava andando a spasso a fianco del marito. Adesso gli sarebbe piaciuto incontrarla, come per caso, davanti al portone, un atrio lussuosamente decorato, e togliersi il cappello in deferente omaggio. Non rimase però a lungo sul posto, temendo che lei potesse scorgerlo da una finestra. Con lei, lo aveva capito subito, era bene evitare ogni dimostrazione di debolezza.

Era davvero fuori di casa o di nuovo non aveva voluto farsi trovare, quando il giorno successivo alla gita in automobile lui aveva cercato di parlarle al telefono? E quale strano rapporto aveva con Edoardo, se poteva permettersi di passare un pomeriggio con lui sotto gli occhi dell'autista?

Erano domande ancora poco definite nella sua mente, che a tratti si affacciavano come ipotesi narrative, capitoli di una storia confusa di cui egli fosse testimone più che protagonista. Si era fatto all'inizio la convinzione che Leonetta non fosse diversa da altre adultere del pomeriggio, soddisfatte di avere un amante che riempisse le loro giornate, ma questa definizione non bastava più, la sentiva lui stesso sbrigativa, ora che il passare dei giorni rendeva la sua mancanza sempre meno accettabile, e un desiderio bruciante di riaverla si scontrava con l'opportunità di non lasciarlo trapelare, di tenerlo per sé come una delle tante fantasie romanzesche, forse perché il giorno festivo rendeva più remota la sua presenza, ne allontanava il fantasma, lo induceva a chiedersi come Leonetta passasse le sue domeniche di moglie infedele. Sicuramente adempiendo ai suoi doveri coniugali, ma poi? Fu felice di scoprire che questa immagine non lo disturbava, anzi gli procurava una ragione in più di eccitamento, ma smise di pensarvi quando, giunto al crocicchio delle Cinque Vie, imboccò il portone e salì la scala dell'ultima abitazione di Delfina.

Ci era venuto una sola volta, da quando lei vi si era stabilita a vivere da sola, e ne avrebbe fatto volentieri a meno, se Delfina non glielo avesse chiesto per iscritto, con una lettera inviata nei giorni precedenti, al fine – lei aveva scritto – "di conservare almeno l'amicizia".

Provava un certo impaccio nell'abbracciarla, pur facendo appello alla voce dell'affetto, come sta facendo adesso appena lei apre l'uscio, ringrazia per la scatola dei dolci, lo fa sedere subito alla tavola apparecchiata perché il risotto è quasi pronto, il risotto con lo zafferano come piaceva a lui e anche l'arrosto, non chiedevo tanto! egli disse, ma tu stai benissimo! perché il viso di Delfina, anche se è ingrassata, è rimasto inalterato, limpido e scultoreo nonostante le rughe inevitabili.

«Allora, cosa mi dici?»

«Mi fa un po' effetto essere qui» sorrise Diego staccando il bicchiere dalle labbra.

«E il nuovo romanzo? Hai cominciato?»

Lui scosse il capo, come infastidito dalla domanda, a sua volta volle sapere di lei, come andava la scuola, ora che si è rimessa ad insegnare.

«Sì, sono contenta. Stare coi ragazzi mi ha aiutato molto.»

«Bene» egli disse sollevato.

«E tu, quella storia che avevi, con quella ragazza, so che è finita, vero?»

«Come lo sai?»

«Ho incontrato Nerio, me l'ha detto lui. E adesso, cosa farai della tua vita?»

Uscendo dal municipio in San Fedele, con lei al braccio, le manciate di riso gli erano volate fin nei capelli. Ora fissava il risotto rimasto nel piatto, masticando adagio.

«Non lo so, Delfina.»

Lei prese fiato a lungo, lo sguardo abbassato, di colpo incupita.

«Certi giorni» parlò con fatica «mi chiedo che senso ha avuto dividerci...»

Si alzò da tavola e andò alla finestra restando voltata. Voleva nascondergli la faccia, ma un singhiozzo la tradì, e poi un pianto non più trattenuto.

«Non è vero che sono contenta» aggiunse tra le lacrime.

«Delfina, non fare così.»

Non è bello vedere una donna che si è amata, una donna matura, piangere senza ritegno. E chissà Leonetta dov'era: forse in uno dei suoi locali eleganti, a pranzo col marito e qualche altro corteggiatore, forse in quel momento stava ridendo con la sua risata piena, mentre lui assisteva al pianto di Delfina.

«Ti odio» lei bisbigliò sottovoce. «Ti odio, lo capisci?»

74

XI

Leonetta era ancora addormentata quando il vassoio della colazione, portato a due mani da Marianna, fu posato sopra il tavolino da toilette. Rimase com'era, coricata su un fianco, finché la cameriera non ebbe aperto le imposte, e la luce scialba di un giorno di pioggia non le fece aprire gli occhi sulle mantovane azzurre e i tendaggi bianchi che, come il resto della camera, erano i colori del suo risveglio.

«Sono quasi le dieci, signora.»

Lei emerse dalle spume della sua camicia da notte, si sollevò a sedere sul letto, emise un lungo sospiro voluttuoso, si informò se il signore era partito in orario, allargò le braccia per ricevere in grembo il vassoio, e finalmente sorrise ai suoi crostini imburrati.

«Preparo il bagno, signora?»

Sarebbe proprio ora di cambiarla, quella tappezzeria a fiori celesti, e anche quei mobili laccati di bianco, tra il modernista e lo stile Biedermeier, in favore di un arredamento più attuale che Edoardo sollecita da tempo, e che Leonetta sistematicamente rimanda, sentendo ogni giorno di più affievolirsi il suo interesse per la casa.

«Il vestito l'hanno consegnato poco fa.»

Questa era una notizia già più interessante: un abito nuovo era sempre un incentivo ad alzarsi e ad affrontare una giornata piovigginosa, nella stessa ora in cui le gocce imperlavano il vetro del finestrino, sul direttissimo che trasportava Edoardo a Torino, un viaggio insperato all'inizio della settimana, che lui le aveva annunciato, com'era solito fare da qualche tempo, solo all'ultimo istante. Prima di entrare nella vasca, Leonetta girò il mento sopra la spalla per osservarsi nel grande specchio del bagno. Era un gesto istintivo soddisfare il suo narcisismo con la contemplazione delle proprie terga: la schiena asciutta, i glutei prominenti, i polpacci torniti, quali apparivano a chi l'ammirasse da dietro, ma soprattutto orgogliosa di quella vita esile, di quei fianchi infantili così rispondenti ai dettami della moda, delle reni che tante carezze amorose parevano aver modellato, e che altre mani maschili avrebbero scavato o cercato di ghermire, poiché quel richiamo traspariva anche da sotto le vesti.

Peccato che il cattivo tempo impedisse di indossare l'abito nuovo. Talvolta, al momento di vestirsi, davanti alla quantità di capi allineati nel guardaroba, Leonetta avvertiva un vago senso di scontentezza per non trovarvi ciò che avrebbe voluto, cioè l'unico modello che ancora non aveva comperato. Sensazione spesso dissipata dal piacere di improvvisare una combinazione diversa, una variazione che il suo corpo comunque valorizzava all'istante.

«Le scaldo il ferro dei ricci, signora?»

Decise che ne avrebbe fatto a meno. All'Accademia di Danza, nell'ora di lezione, finiva sempre per accalorarsi più del necessario a perfezionare i passi dello shimmy, e del resto come ultimo atto del pomeriggio si era tenuta il parrucchiere, in modo da essere impeccabile al momento della sorpresa. Mi piacerebbe passare una notte con te, le aveva detto Diego, mentre si rivestivano nella locanda di Monluè. E il giorno era venuto, prima di quanto lui sperasse. Ora doveva soltanto allontanare quel pensiero, fingere che fosse un giorno qualunque, dedicato alle solite commissioni, finire di vestirsi e poi farsi accompagnare da Giacomo con la macchina.

Quando Leonetta attraversò in auto piazza Missori, il mantice stillante di goccioline e i parafanghi lustri di pioggia, l'orologio elettrico della piazza segnava le undici. Giunse come sempre in ritardo alla lezione di ballo, ma fece in modo che il maestro, attirandola a sé, subito la perdonasse. Uscì un'ora dopo accaldata e di ottimo umore, mentre alla stessa ora Edoardo varcava a Torino i cancelli della Fiat, dove si sarebbe fermato per affari.

Dopo il pranzo, che consumò seduta a tavola da sola, si sdraiò per il consueto riposo, sfogliando un catalogo tedesco di mobilio appena giunto per posta. Vi era riprodotta una camera da letto, arredata nello stile della scuola di Glasgow, su cui per qualche minuto si esercitò la sua fantasia. La pioggia si era fatta più insistente, e il ticchettio sui vetri, insieme alla luce morbida dentro le perline delle due abat-jour, le conciliò il sonno. Ma era troppo eccitata per appisolarsi a quell'ora della giornata, allorché una pigra libidine cominciava a serpeggiarle nel corpo, forse la mano di Diego che quietamente la frugasse, ma restando dov'era, senza che la sua figura si materializzasse per intero, solo il tocco sapiente delle sue dita, per lasciare lei libera di fantasticare a suo piacere, la voce di lui nell'orecchio come un flebile suggerimento nelle tenere oscenità che le aveva bisbigliato e che, annidate nel profondo del suo essere, aspettavano solo di essere richiamate.

Doveva anche passare dalla crestaia, fare un salto nel suo emporio preferito di biancheria, ordinare al fiorista una dracena per il soggiorno, come questa ambientata nel catalogo. Sicché si alzò quasi subito, vincendo il turbamento che l'aveva presa, e che non le dispiaceva di portarsi in giro, quasi fosse un attributo in più della sua femminilità.

Stava dirigendosi dal parrucchiere quando riconobbe, a poca distanza dall'ingresso, Corrado Bini, fermo ad aspettarla sotto l'ombrello.

«Buonasera» le sorrise con intenzione.

«Ho fretta, Corrado, sto andando dal coiffeur.»

«Lo so. Conosco le tue abitudini.»

«Mi lasci passare?»

«Leonetta, devo parlarti.»

«Non oggi.»

«E quando?»

«Ti telefonerò in ufficio.»

Per tutto il tempo, sotto il casco della permanente, si chiese se Corrado non sarebbe rimasto ad aspettarla sul marciapiede, e più tardi in macchina, mentre Giacomo imboccava via Vincenzo Monti, se non la stesse inseguendo con la sua auto in mezzo al traffico della sera.

«Può tornare a casa, Giacomo, non ho più bisogno per oggi» ordinò prima di smontare.

Salì a piedi le scale per avere il tempo di rimettersi, ma senza dubitare di trovare Diego in casa, sicura com'era del buon esito di ogni sua decisione.

Invece, appena si aprì l'uscio, e Diego stupito se la trovò davanti, appoggiata graziosamente al suo paracqua, Leonetta vide che indossava impermeabile e cappello.

«Stavi uscendo?»

«Vado a cena da Nerio. E tu... così, senza avvertire?»

Gli tolse lei stessa il cappello, gli offrì la bocca da baciare in anticamera, ma staccandola subito.

«Da Nerio andrai un'altra sera.»

Aveva un'espressione divertita, e il viso le rideva all'idea di averlo sconcertato a quel modo, e ora l'imbarazzo che mostrava agiva in lei come uno stimolo ancora maggiore, misurando quanto tempo egli stesse impiegando per accettare col dovuto entusiasmo la sorpresa.

«Non mi piace che tu rimanga così poco, Leonetta...»

«E chi ti dice che resterò poco?»

Gli sfilò lentamente l'impermeabile, poi senza neppure togliersi il mantello, lei sollevò la veste fino alle giarrettiere, lasciando che fossero le sue gambe a dire il resto, e aspettando che la mano di lui le venisse incontro.

«Stanotte resterò qui» bisbigliò Leonetta.

Diego non rispose. Bastava il modo in cui ora stava inginocchiato davanti a lei.

XII

Si può fare l'amore per giorni interi, ma una notte trascorsa insieme crea un'intimità più profonda, una complicità diversa, come se l'aver diviso il sonno, l'abbandonarsi indifesi a quelle poche ore di assopimento che seguono
a un amplesso fosse il sigillo di un patto, il marchio di
un'intesa più duratura.

Diego ne aveva la riprova osservando adesso, alla luce
del mattino, i lineamenti di Leonetta. La punta del suo
naso pareva aver perso molta della sua insolenza, nelle
pupille era finalmente assente quel lampo vigile che balenava come il raggio di un faro, e le labbra erano socchiuse
in una specie di indefinito anelito, che egli poteva interpretare, a suo piacimento, come dichiarata voluttà o come
inesausto desiderio. Una femmina così esigente, certo non
l'aveva mai conosciuta. E poiché nessuna donna aveva mai
preteso tanto da lui, egli si meravigliava allo stesso modo
della propria febbre, della disposizione continua a possederla, anche ora che Leonetta si è alzata e si aggira per
le stanze così, con indosso la vestaglia e un pigiama di
lui, eccitante quanto chiunque altra sarebbe sembrata goffa, ha voluto preparare lei stessa il caffè, e ora siedono
l'una di fronte all'altro con il sole tra le fessure delle gelosie che accende di bagliori la tovaglia, illumina la chicchera, le dita affusolate di Leonetta, la lacca rossa delle un-

ghie, il biscotto, mancava solo l'organetto a rendere memorabile questo momento, e adesso le note di "Cara piccina" rimbalzano sulla tavola, accompagnamento musicale al film muto dei loro sguardi, non saprei dire se sono mai stata innamorata, rispose Leonetta, parlare d'amore la faceva arrossire più che il farlo, e così il mettere a nudo il suo cuore, con Corrado sono andata avanti due anni, ma non l'ho mai considerata una liaison, parlava con fatica di sé, come sforzandosi di trovare le parole, o meglio come se soltanto in quell'attimo capisse il vero significato di ciò che le era accaduto, la prima storia l'aveva avuta con un tenente dei Lancieri di nome Guido, bello come un arcangelo, commentò con una breve risata, ma nei primi quattro anni del suo matrimonio era rimasta fedele, educata com'era stata in rigidi istituti religiosi, fedele a Edoardo sebbene non ne fosse innamorata, nemmeno di lui.

Diego ascoltava senza interromperla.

«Vuoi dell'altro caffè?» lei domandò.

«No, vai avanti.»

Niente: anche il tenentino l'aveva stancata, forse c'era dentro di lei un'inquietudine, una scontentezza che non si era mai placata, anzi con gli anni era andata aumentando, pur riconoscendo in Edoardo l'unico punto fermo della sua vita, anche perché le aveva fatto da padre quando Leonetta era rimasta sola, dopo aver perso giovanissima la madre, e poco dopo il papà davanti a un reticolato austriaco...

A tratti Diego si assentava con la mente per estasiarsi di quella biondezza, lo sguardo perduto nei riccioli, sulle orecchie, sulla nuca, sul triangolo della scollatura lasciato scoperto dalla vestaglia, consapevole della difficoltà di averla un'altra notte tutta per sé.

«Ma tu non mi stai a sentire!» lei protestò fingendosi offesa. Stava raccontando che il marito si era messo in quell'attività, aprendo a Milano uno dei primi saloni di vendita, senza averne alcun bisogno, per passione personale verso le automobili, dato che il padre possiede tuttora un'officina meccanica, e il nonno era addirittura proprietario di miniere...

«E io, che non possiedo niente?» la interruppe Diego in tono provocatorio.

«Tu possiedi te stesso, non hai bisogno di altro» dichiarò lei sbrigativa.

«Davvero?» egli chiese, colpito dall'acutezza della frase. Non era esattamente la verità, ma che lei lo credesse era molto gratificante, come era per lui sentirsi padrone per un giorno di quelle ginocchia tonde e levigate che durante il sonno di lei aveva accarezzato fino a imprimersele nel palmo della mano.

«Ma tu forse dovrai lavorare» suggerì Leonetta. «Hai cominciato il nuovo romanzo?»

«Sto scrivendo un racconto.»

Diego si alzò, andò alla scrivania e tornò a sedersi portando alcuni fogli, scritti a penna e costellati di correzioni: glielo aveva ispirato un fatto di cronaca di cui era stato testimone, la storia di una donna sola, che una domenica per disperazione si butta sotto un tranvai, sotto gli occhi della gente vestita a festa...

«Perché non me lo leggi?»

Lui esitò, si schermì che non lo aveva mai fatto, infine la vanità ebbe il sopravvento, e iniziò a leggere lentamente, sottolineando con abilità ogni sfumatura della prosa, mentre Leonetta seguiva, i gomiti sopra la tavola e il mento appoggiato alle dita intrecciate, con un'attenzione inflessibile, gli occhi leggermente socchiusi come se filtrasse ogni parola.

«È molto bello» commentò seria, appena Diego ebbe deposto i suoi fogli. «Posso farti una domanda?»

«Una domanda?» egli sorrise.

«Sei un rosso, vero.»

«Perché? Sarebbe molto grave?»

«Oh!» esclamò lei, ridendo. «Allora sei un rosso!»

Un'ombra di sospetto era passata nei suoi occhi. Diego si protese verso di lei a cercarle la bocca.

«Diciamo che lo ero. Oggi non so più che cosa sono.»

«Oggi sei mio e basta» disse lei.

Lo affascinava sempre la sua protervia, l'ostentata mancanza di dubbi, la sicurezza che dimostrava in ogni gesto, che pareva recitata anche quando era autentica.

«Ho ancora voglia, Diego.»

La vestaglia le cadde dalle spalle come per incanto, il suo busto da adolescente offerto nudo a un ultimo abbraccio, prima che lei si rivesta e scappi via.

Dalla strada giunse di nuovo il tremolo della pianola, la musica saltellante di una canzone bugiarda che diceva: diamo un addio all'amore se nell'amore è l'infelicità.

XIII

Che sia illusorio l'appagamento dei sensi, Diego lo aveva
imparato da tempo. Quello che semmai cominciava a scoprire, senza riuscire ancora a dargli un nome, era la natura di un'assenza che stava diventando di giorno in giorno
più difficile da accettare. Qualunque fosse la causa dei
suoi silenzi, le sparizioni di Leonetta ora lasciavano un
segno. E benché provasse a rincuorarsi con il ricordo
delle intimità condivise, Diego era assalito a tratti da tut-
t'altre mancanze: un bisogno improvviso della sua risata,
di una certa smorfia, della sua camminata altera, di quel
suo modo di guardare da sotto in su o di girare la faccia,
mancanze che gli procuravano una punta di malessere
appena le evocava.

Benché nessun accordo fosse stabilito tra loro per rivedersi, egli sapeva di non dover fare alcun passo, aspettando semplicemente che fosse lei a farsi viva. Situazione
eccitante senza dubbio, ma che in Diego, uso invece a
condurre il gioco secondo le proprie regole, stava svilup-
pando un minaccioso sentimento di dipendenza. E ora
si stupiva di aver permesso a Leonetta di giungere a tanto, al punto da costringerlo, rompendo il loro tacito patto, a ricorrere al telefono, cioè alla cortesia di Yvonne.

«Il solito numero, vero?» sorrise la ragazza, appena
Diego si affacciò alla porta del suo ufficio.

«Chiedo troppo?»

«Ma no.» Fece una lunga pausa e aggiunse con malizia: «Se mai chiede troppo poco».

Si appoggiò alla spalliera di legno della sedia girevole, come a prendere le distanze dalla macchina da scrivere che aveva davanti a sé, appoggiò i gomiti ai braccioli, ed esaminò Diego con aperta intenzione, dalla punta delle scarpe bianche e nere ai guanti che egli reggeva in una mano assieme al bastone.

«È urgente?»

«Posso aspettare.»

«Finisco questa fattura» disse lei.

Riprese a battere sui tasti senza curarsi della sottana che le era salita fino all'orlo più scuro delle calze, lasciando anzi che lo sguardo dell'uomo vi si posasse con agio, calze di cotone da poche lire, che inguainavano due ginocchia paffute, quasi da bambina.

«Oggi però devi fare tu la chiamata, chiedi della signora...»

«Leonetta» completò lei estraendo i fogli dal rullo.

«No, chiedi soltanto della signora. Poi le parlo io.»

Yvonne si alzò, andò al telefono, girò la manovella, aspettò il pronto della centralinista, diede il numero richiesto, e un po' imbronciata rimase a fissare Diego.

Stavano caricando un camion nel cortile, e due autisti vociavano tra loro per una panne al magnete che avrebbe ritardato la partenza. Acqua Giommi, lesse Diego attraverso la finestra: la scritta campeggiava a caratteri cubitali sul muro laterale di un fabbricato. La signora è partita, sentì che Yvonne ripeteva. A questo non era preparato, e avvertì un improvviso vuoto allo stomaco.

«E non ha detto dove?»

La ragazza si strinse nelle spalle, dispiaciuta soltanto di vederlo andar via a quella maniera, con un sorriso imbarazzato e un saluto frettoloso, avrebbe voluto richiamarlo, ma la porta dell'ufficio si era già chiusa alle sue spalle.

I passi rapidi di Diego si spensero poco più in là sul marciapiede. Alla fermata del tram montò sulla prima vettura che passava. Quella mattina piena di sole adesso pareva offensiva, irridente, nel momento in cui la giornata, e le altre che sarebbero seguite, si rivelavano prive di senso, svuotate di ogni significato, e semmai cariche di interrogativi. Forse il marito si era accorto che Leonetta aveva trascorso un'intera notte fuori di casa. Forse aveva dato ordini severissimi alla servitù, oppure la teneva sequestrata. Benché quest'ultima ipotesi apparisse la meno credibile per il carattere di Leonetta, Diego non poteva impedirsi di formularla. Del resto la leggerezza con cui lei aveva sempre agito nei confronti di Edoardo avrebbe finito per allarmare anche il più condiscendente dei mariti. O erano entrambi d'accordo? E se lo erano, quale patto scellerato esisteva tra loro?

Queste domande, che Diego si poneva da amante, trovavano nel romanziere un'eco immediata, al punto da indurlo a una decisione che non avrebbe mai pensato di assumere. Scese dal tram e raggiunse a piedi il Cordusio.

Il salone di vendita dell'agenzia di Edoardo si apriva sulla destra della piazza. Egli si fermò qualche secondo ad ammirare la vetrina: una torpedo Lambda, carrozzeria *coupé de ville*, circondata da vasi di fiori, troneggiava nel salone, esposta alla curiosità dei passanti. Così collocata all'interno del negozio, i pneumatici sopra un grande tappeto, l'automobile pareva un enorme giocattolo, e Diego dovette vincere la sua personale riluttanza prima di entrare e chiedere a un distinto commesso di poter conferire con il proprietario.

«Il signor D'Ors si trova a Parigi. Se posso esserle utile, dica pure.»

«No, grazie, ripasserò.»

Uscì con la stessa disinvoltura con cui era entrato, fermandosi un attimo a osservare da vicino la macchina, come fosse interessato a un possibile acquisto, ma non vedeva l'ora di essere fuori, di trovarsi in mezzo alla folla, di muoversi, di allontanarsi da quel posto, ora che aveva saputo.

Senza volerlo, guidato dall'abitudine, si trovò in Galleria. Sentiva dentro di sé un rancore sordo, inconfessabile, verso se stesso ancor più che verso Leonetta, come se fosse stato in qualche modo raggirato al pari di un innamorato ingenuo o di uno spasimante alle prime armi, e questa constatazione non faceva che aumentare in lui il dispetto. Per la prima volta Leonetta gli appariva come un'antagonista, una donna con la quale misurarsi a fondo, capace di colpi bassi come questo, perché era chiaro che, se era partita in viaggio con lui, se aveva acconsentito ad accompagnarlo per lavoro, o peggio per diletto, era segno che fra loro tutto andava per il meglio, constatazione atroce dopo l'esperienza di quell'ultimo incontro in cui Leonetta aveva saputo darsi come se davvero gli appartenesse.

Bene, concluse tra sé, dirigendosi verso i tavolini allineati all'esterno del Biffi, un buon aperitivo e una sigaretta avrebbero sigillato l'infausta mattinata, comunque un risultato egli l'aveva pur ottenuto: d'essersi liberato in poco tempo del mal d'amore che la Giusi gli aveva lasciato addosso, davvero in amore non si finisce mai di imparare a conoscersi, visto che lui ne aveva patito al di là del lecito, e di ciò doveva essere grato a Leonetta, per averlo guarito con la terapia dell'assenza, che è sempre la più efficace. Dunque era stato così negativo il bilancio? Tra pochi giorni, sicuramente, lei si sarebbe fatta viva, più allegra e vogliosa di prima. Bastava immaginare con quale frenesia egli l'avrebbe serrata contro di sé. Per un attimo, questo pensiero gli diede sollievo. Ecco cos'era l'amore: mancanza, come lui aveva sempre scritto nei suoi librí. Ma subito un'altra immagine subentrò: di Edoardo, o meglio della sua mano posata sopra il pube di Leonetta, nel letto di un grand hotel parigino, con la stessa padronanza con cui, alla conferenza, le teneva le dita in una carezza impercettibile.

Era giunto accanto ai tavolini, quando una voce lo riscosse dalle sue congetture, mentre Nerio Novaresi si sbracciava in seconda fila per fargli segno.

«Diego, vieni a bere un Campari!»

XIV

Diego ne ebbe coscienza mentre la guardava, e anche questo si sarebbe verificato ad ogni incontro.

Ma è giusto dire guardare? E quale verbo uno scrittore avrebbe usato per esprimere la complessità di ciò che provava? Le sue pupille, nella tensione, diventavano bocche, occhi voraci protesi ad assimilare le forme del suo corpo, come se volessero inghiottirle e insieme imprimerle nella mente una volta per tutte, mandare a memoria ogni piega, ogni cavità, ogni minuscolo rilievo, ogni riflesso della sua pelle, ogni ombreggiatura nella penombra creata dalle imposte chiuse, consapevole com'egli era che, alla fine, quando Leonetta si fosse alzata e rivestita, gran parte di quelle immagini adorate si sarebbero dissolte, anche ora mentre lascia, sdraiata sul sommier, che sia lui a liberarla della princesse e intanto racconta che sul wagon-lit non ha chiuso occhio, al ritorno da Parigi, all'idea che oggi stesso sarebbe venuta dal suo Diego, proprio così disse, il suo, ritirando dalla nube rosa dell'abito il piede ancora calzato, trattenuto da quell'esile cinturino, aspetta, disse lui, resta così ancora un attimo; il tacco essendosi impigliato nel tessuto, il tempo di scattare con lo sguardo un'altra di quelle effimere istantanee destinate a perdere il loro profumo, eppure fissate con accanimento sulla lastra, così pregnanti dinanzi a quell'immaginario obiettivo, ma come facevo ad avvisarti, stava cercando di spiegargli, sono partita all'improvviso, gente della Citroën che Edoardo ha conosciuto adesso alla Fiera Campionaria; ma certo, egli parlò conciliante inginocchiato davanti al divano, accecato dallo splendore, quasi respirasse di Leonetta tutta l'essenza segreta, chiedendosi come potesse essere sempre diverso, sempre nuovo, sempre sconvolgente quel primo piano già altre volte assaporato con tutti i sensi, non è vero! reagì Leonetta d'istinto, non lo faccio più l'amore con lui, non posso più farlo, mi devi credere, lei implorò, pareva felice di supplicare, di consegnarsi di nuovo, di piegarsi agli estri di Diego, al dominio di quei polpastrelli, non farmi aspettare ancora, lei richiese in cambio, inarcandosi ancora di più, ormai aggredita da cerchi sempre più ampi di piacere, neppure Diego ricordava di avere mai goduto un'intesa fisica così perfetta, una tale rispondenza tra gesti e parole, una felicità carnale così prepotente da doverla tenere a bada, eludere con qualche artificio perché non esplodesse, mi vergogno, sospirò Leonetta perquisita fin dentro dal suo sguardo ma senza far nulla per distoglierlo, adesso mi picchierai perché sono stata cattiva; perché? chiese lui, non mi piacerebbe farti del male; ma non l'aveva mai vista così impaziente di darsi e insieme decisa a ritardare il momento, così spersa nel suo piacere, un piacere ormai familiare che entrambi riconoscevano; e a lui quest'oggi che cos'hai detto? volle sapere Diego senza interrompere la sua lentissima carezza; ma io non devo dire niente, rispose lei recuperando malizia e sorriso; magari che andavi a lezione di ballo, egli suggerì; ti prego, lo fermò Leonetta, così mi fai venire, voglio che duri tanto, e la sua mano ingioiellata saggiò la consistenza della stoffa poco sotto la cintura, la luce del pomeriggio sfolgorava nelle fessure delle persiane, il caffè era rimasto a metà nelle chicchere, e quella settimana di lontananza pareva non essere mai esistita, cancellata di prepotenza dal presente, dall'urgenza dell'essersi ricongiunti, c'era nei suoi occhi un'ombra torbida che egli non aveva mai visto e che non avrebbe più dimenticato, un'ombra quasi di odio, come se in quei momenti, raggiunto quel particolare grado di eccitamento Leonetta vedesse in lui il solo antagonista in grado di poterla affrontare, l'unico uomo che sapesse tenerle testa e domare la sua smania alternando spunti di violenza esasperata ad altri di incredibile tenerezza; mi farai morire, sospirò alla fine; anche tu, egli rispose; non le aveva mai detto cuore mio, e gli uscì di bocca con naturalezza, quasi un bisbiglio pronunciato contro le sue labbra; ripetilo, fece lei con voce infantile, come se fosse un nuovo gioco tra di loro, ma è il tuo cuore che batte? volle sapere corrucciando le labbra, ogni volta quel piacere esasperato le lasciava sul viso un'espressione intensa, di ragazza, che le accendeva i lineamenti e la rendeva più bella, quasi Leonetta si fosse liberata di una maschera, o scrollata di dosso i legami delle convenienze, sapendo che con quell'uomo entrato per caso nella sua vita poteva essere se stessa come non era mai stata con nessun altro, davvero? la incalzò Diego; voleva sapere di Corrado, quel Corrado Bini se ancora la cercava, se si erano rivisti, quasi desiderando che lei rispondesse di sì per possederla con rinnovata durezza; no, non me ne importa più, e comunque non mi sentivo con lui così... hai capito cosa voglio dire; così come? sollecitò lui di nuovo, così puttana? lei lo fissò, e nei suoi occhi c'era una grande determinazione quando rispose tranquilla: sì, così puttana, anche se Corrado era molto bravo a fare l'amore; quella maniera distaccata di raccontare era la cosa più lasciva che Diego avesse mai udito, particolari del loro passato che violavano l'intimità che li aveva legati, forse sarebbe stato quello il momento adatto per chiedere di Edoardo, per carpire un indizio, un segreto del loro letto coniugale, ma Diego ne era impedito da una vaga ripugnanza, sulla natura della quale avrebbe riflettuto più tardi, ora poteva bearsi di quel corpo sottile esposto in tutta la sua lunghezza sopra il velluto del sommier, e rendersi conto che egli la stava ammirando a nome di tutti gli uomini che l'avrebbero voluta, con gli occhi di chi la concupiva per strada, o con la fantasia la spogliava in un salotto o in un locale, o darebbe chissà cosa soltanto per sfiorare con un dito, come lui sta facendo, il profilo di un seno o la morbidezza del bacino, esercizio di immaginazione che raddoppiava in lui la voluttà nel guardarla, e da cui non era esente un certo orgoglio di classe, proprio nel momento in cui Leonetta stava domandando: si guadagnano molti soldi a scrivere romanzi? dipende, rispose lui, colpito da quell'improvviso interesse, dipende dal numero di copie che si vendono, perché me lo chiedi? perché vorrei che tu fossi molto ricco, e che mi portassi via; via? egli disse con sospetto; via a fare un viaggio, una crociera; ma certo, fece Diego sollevato, in mezzo a una serie di piccoli baci intorno alle labbra, faremo anche questo; perché io voglio tutto da te, lei aggiunse; come se dovesse risarcirlo di tutto il tempo che era stata lontana, stai qui, dove vai? non crederai di aver finito? e anche questo era molto gratificante per un uomo, d'essere usato quasi per gioco al pari di uno strumento, e che lei fosse a quel modo così esigente, così ingorda, così eccessiva in tutto.

«E poi voglio che mi porti al cinema.»

«D'accordo» concluse lui. «Domani pomeriggio?»

XV

Con un balzo all'indietro Leonetta evitò di misura una motocicletta con carrozzino che puntava su di lei, distratta nel mezzo di via Torino alla vista dell'insegna della Maison Dragon: "Robes, Manteaux, Chapeaux", colpa dei sentimenti contrastanti che l'agitavano fin dal mattino, combattuta fra la tentazione di mantenere un atteggiamento opportunista e quella di parlare a Edoardo recandosi senza preavviso al suo ufficio in Cordusio.

Avvertiva che qualcosa, dentro di lei, si stava incrinando: forse il presentimento di un'oscura minaccia, di giorni turbolenti che erano in agguato, e non servivano a rassicurarla, quel pomeriggio, le occhiate maschili che come sempre l'accompagnavano lungo il marciapiede. Anche le abituali commissioni, il coiffeur, la modista, qualche piccola compera, le sembravano più che mai inadeguate a ingannare quell'ansia, quasi fossero abitudini che appartenevano al passato. Sentiva che una nuova Leonetta stava per nascere mentre la primitiva non era del tutto morta, e questo le procurava per il momento una fastidiosa concitazione a cui non era abituata.

Dunque, aspettando la luce verde del primo semaforo, da poco funzionante in piazza del Duomo, e poi procedendo spedita verso piazza Cordusio era l'istinto, più che un vero ragionamento, a guidare la sua decisione, consapevole per esperienza, conoscendo il marito, che un discorso sgradevole era meglio venisse fatto al di fuori delle pareti domestiche.

Dovette attendere seduta in ufficio per un buon quarto d'ora, prima che Edoardo, trattenuto nel salone da un cliente a cui stava illustrando le meraviglie di una Ballot gran turismo, impianto elettrico e luci interne, potesse liberarsi; ma quando lo fece la sua espressione era raggiante, perché sorprese simili erano piuttosto rare per lui.

«Mi offri un caffè con la panna?» chiese Leonetta.

Entrarono nella pasticceria sull'angolo e ordinarono le consumazioni in una sala già gremita di signore con bambini impegnati a sorbire cioccolata calda e biscotti, cosa vuoi che facciamo domenica? parlò per primo Edoardo, i Venosta ci hanno chiesto se andiamo da loro in campagna; l'idea era eccellente visto che cominciava la bella stagione, pensavo di andarci con la macchina, così tu potrai guidare per un tratto di strada, ci daremo il cambio al volante, ma lei rispose con un'alzata di spalle.

«Non ti va, preferisci un altro programma?»

Le prese la mano, che lei sottrasse contemporaneamente all'arrivo del cameriere con i caffè.

«Cosa c'è, tesoro, cosa ti succede?»

«Niente. Avrei bisogno di stare un po' da sola, per conto mio.»

Edoardo abbassò sulla panna uno sguardo improvvisamente grave.

«Non ti basta la libertà che hai?»

«Non lo so, si vede di no» fece lei, seccamente.

«Sai di cosa avremmo bisogno tutti e due? Di una bella vacanza. Ho fatto male a portarti a Parigi, ti sei stancata inutilmente.»

«Ma no.»

La angustiava ancora di più, che lui fosse pronto ad assumersi ogni colpa di ciò che non andava.

«Sono io, che non sono contenta.»

La mano di lui tamburellò a lungo sulla tovaglia, prima di formulare la sua domanda a bruciapelo.

«Vedi ancora quell'uomo?»

«Di chi parli?»

«Quello scrittore.»

«Sì, è una persona interessante.»

Questa volta Edoardo fu sarcastico.

«Insomma hai scoperto la letteratura...»

Leonetta non rispose: l'ironia del marito non la feriva più di tanto, ma piuttosto la sofferenza che gli provocava il voler essere sincera, gliela leggeva in volto dai minuscoli tremiti ai lati del naso.

«Bene» concluse lei dopo un lungo silenzio. «Adesso sai come stanno le cose.»

«Ho capito, ho capito» fece Edoardo conciliante.

Un giovanotto li stava osservando da qualche minuto. Aveva scarpe tirate a lucido e un vistoso fazzoletto al taschino. Nel lasciare il tavolo si fermò un istante davanti a loro, con un'esagerata levata di cappello.

«Signor D'Ors, che piacere incontrarla!»

L'intervento di un estraneo sembrò giungere a puntino per interrompere lo sgradevole colloquio, e lui ne approfittò per presentare a Leonetta il nuovo venuto, scambiarono pochi convenevoli finché, non essendo stato invitato a sedere con loro, l'altro si allontanò.

«Chi è quel tipo?»

«Si chiama Fanelli» disse Edoardo a bassa voce. «Credo che sia un informatore della polizia.»

«Non mi piace» lei commentò gelida.

«Neanche a me, ma quei tipi è meglio non averli contro, al giorno d'oggi. Uno di quelli che ha lasciato il manganello e si è trovato uno stipendio.»

Leonetta guardò la pendola, con aria annoiata raccolse guanti e borsetta.

«Hai un appuntamento?»

«Preferirei che non mi facessi queste domande» disse lei girando sui tacchi.

La Sala Volta, dove Diego la stava aspettando da diversi minuti, distava altri dieci minuti di strada, e nel percorrerli Leonetta non provava il sollievo che si era ripromessa di sentire, ma invece un malumore crescente, al pensiero di essere stata con Edoardo troppo brutale per desiderio di chiarezza, quasi si fosse trovata controvoglia a scegliere la più scomoda delle situazioni, che è quella della sincerità. La sua vita del resto era stata sempre contrassegnata da problemi sentimentali – Diego le avrebbe chiamate "preoccupazioni di lusso" – e ora sembravano sottolinearlo per contrasto le tante mani di accattoni che sotto i portici di piazza Duomo erano tese a chiedere l'elemosina, ma così andava il mondo da sempre, e non lo avrebbe cambiato lei.

Giunse all'imbocco della Galleria De Cristoforis con la falcata delle sue lunghe gambe, ma senza accelerare il passo, certa di trovare Diego, nonostante il ritardo, al luogo dell'appuntamento. Qualche metro prima di sbucare in Monte Napoleone si fermò davanti a un negozio della galleria per specchiarsi in una vetrina e aggiustare un ricciolo spettinato. Peccato che le fosse sfumata un po' la voglia di andare al cinema, e persino di incontrare Diego, dal momento che era lui, dopotutto, la fonte del suo malessere. Pensò per un attimo di tornare indietro, di non farsi vedere, ma la tentazione, a due passi da lui, fu più forte: Diego era fermo, appoggiato al bastone, dinanzi ai due pilastri d'ingresso del cinema, e il sorriso che gli illuminò la faccia appena scorse Leonetta, la ripagò all'istante dei malumori che aveva provato.

«È già suonata la campanella?»

Lui la rassicurò, sollevato dall'ansia che lo aveva innervosito, perché la pellicola era appena iniziata, e del resto egli aveva già fatto i biglietti alla cassa. L'imbonitore consegnò loro il programma, che essi d'altronde conoscevano benissimo, trattandosi della tragedia di Mayerling, ed entrarono in un locale buio e un po' maleodorante, dove Leonetta metteva piede per la prima volta.

La platea era semivuota, e appena ebbero preso posto lei gli si strinse accanto come per essere protetta, abbracciata come facevano le altre coppie, in quella sala dove gli spettatori bisbigliavano a mezza voce le didascalie, un locale così diverso da quelli che frequentava abitualmente, come il cinematografo Reale lussuoso di lampadari tendaggi e orchestra, eppure divertita come se compisse una trasgressione, all'idea di ciò che avrebbero pensato i suoi amici se l'avessero vista in quel luogo.

Rodolfo d'Asburgo non era granché somigliante, e nemmeno la contessina Maria Vetsera, ma quelle pupille roteate dal basso in alto, quegli sguardi esagerati che le diciture invano rincorrevano, e infine il bacio che gli attori si stavano scambiando, mentre il pianista collocato sotto lo schermo accennava un arpeggio romantico, indussero Leonetta a piegare il capo sulla spalla di Diego, la bocca anelante, il corpo scosso da un fremito adesso che la mano di lui risale dal ginocchio fino all'orlo della calza in quel modo che è solo suo, o forse era quella vicenda di amore e di morte a rendere spasmodica l'attesa, e a farli alzare prima che la pellicola terminasse, accesi in viso della stessa fiamma di cui erano stati spettatori.

«Andiamo a casa tua» suggerì Leonetta, impaziente.

Il traffico nella strada si era già diradato, qualche negozio stava ritirando le insegne. Diego cercò la catena dell'orologio.

«Ma è quasi ora di cena...»

«Non importa se faccio tardi. Cerchiamo un tassì.»

Ma fatti pochi passi Diego si arrestò: era perplesso, confuso, imbarazzato, senza parole per aver preso un maledetto impegno per la serata; quale impegno? una cena in casa di amici; e quali amici? non li conosci, rispose lui; non importa, trova una scusa; ti assicuro che non posso, egli ripeté; ma sì che puoi, riprese lei spazientita, tu adesso stai con me; ormai stavano andando allo scontro, entrambi lo sentivano, ma Diego era deciso a non cedere.

In piedi, uno di fronte all'altra, si stavano sfidando come avversari in un duello.

«Diego, se mi rimandi a casa non mi vedrai più.»

Non le aveva mai visto lo sguardo così incattivito, gli occhi che trafiggevano come spilli, la bella bocca affilata in una smorfia di dominio.

«Mi dispiace, Leonetta, ma non posso.»

«Come vuoi tu.»

Attraversò la strada. Diego rimase a guardarla mentre si allontanava, il cuore in tumulto, incredulo e furente, ma senza muovere un passo, finché lei scomparve alla vista.

Parte seconda

I

La soddisfazione che Diego aveva provato in quel puntiglioso confronto, cioè il compiacimento per non esser venuto meno ai suoi princìpi, cominciò a indebolirsi nei giorni successivi. Aveva sentito in quel momento di non potersi comportare diversamente, se non rinunciando a quel poco o tanto di stima che ciascuno è tenuto ad avere per se stesso, e che in lui era rafforzato da un orgoglio oltre misura. Dunque non poteva dirsi di avere sbagliato nei confronti di Leonetta, ma semplicemente di aver resistito a un istinto di sopraffazione che lei aveva già altre volte manifestato, e a cui egli, a maggior ragione, doveva opporsi, se non voleva rischiare di esserne vittima.

Un giorno, nei discorsi occasionali che si fanno dopo l'amore, le aveva chiesto come passasse le sue giornate. "A farmi bella per te" era stata la risposta, una battuta che in quell'attimo poteva suonare scherzosa o elusiva, invece era la verità, questo Diego lo aveva capito, la verità insolita di una donna che viveva unicamente per l'amore, per piacere e per essere adorata, e che aveva rinunciato ad avere figli per dedicarsi esclusivamente a ciò che per lei era qualcosa di simile a una vocazione.

Dunque, egli non si illudeva che si sarebbe fatta viva, ma che semmai potesse agire sul temperamento di lei il rammarico per una rottura così improvvisa e assurda. Ma per quanto tempo Diego avrebbe dovuto aspettare, prima che gli effetti di quest'amarezza riconducessero Leonetta sui propri passi? A questa domanda non sapeva rispondere, pur prevedendo che l'attesa sarebbe stata lunga: una settimana, oppure un mese, fin quando Leonetta un bel mattino si sarebbe presentata alla sua porta come niente fosse, col suo abito più elegante, lo sguardo vagamente obliquo e i piccoli denti sgranati in un sorriso malizioso, con l'aria di chi è venuto a riprendersi il suo. L'importante era che Diego tenesse duro, non si arrendesse alla tentazione di cercarla per primo, o peggio di chiederle scusa. Del resto di che avrebbe dovuto scusarsi? C'era qualcosa che poteva onestamente rimproverarsi? La reazione di Leonetta non sarebbe stata diversa se egli avesse precisato che — non aspettandosi di averla per sé anche nella serata — aveva accettato l'invito a cena a casa di amici, insieme a Delfina.

Una simile certezza, ripetuta dentro di sé infinite volte nei giorni che seguirono, cominciava tuttavia ad incrinarsi. Forse aveva sbagliato a non parlargliene subito, ma la natura del loro rapporto aveva sempre escluso ogni interferenza, ogni problema che riguardasse altre persone. Neppure la passione che li univa era mai stata argomento di commenti, dato che l'amore non tollera di essere analizzato, da chi lo vive, come un qualsiasi altro fenomeno.

Ora Diego, restituito alla sua solitudine, poteva farlo tranquillamente, provandosi a meditare su quanto gli era accaduto, fin dal giorno in cui l'aveva notata per strada, e sulle ragioni che avevano trasformato un incontro come tanti in una passione insostituibile, che il lentissimo scorrere delle ore rendeva sempre più palese.

Certo, il suo corpo. Di tutte le donne che gli era capitato di avere, nessuna sicuramente gli aveva acceso, se non a tratti, una fiammata così violenta, una libidine così esaltante e condivisa, quasi fossero entrambi in preda a una febbre che li spingeva a divorarsi. Poteva essere vinta, quella febbre, da un semplice gesto di abbandono o dalla evidente contrapposizione dei caratteri? Diego sapeva che non era possibile, e questa constatazione non faceva che certificare il suo stato di malattia.

Ma soprattutto, ciò su cui cominciava a interrogarsi, era che la sola alchimia dei sensi non poteva essere stata sufficiente a scatenare quella condizione di dipendenza che ogni innamorato conosce. Doveva esserci dell'altro, e questa individuazione era un processo che egli affrontava con grande sforzo. E siccome nulla è più tormentoso, per un innamorato, che rivisitare con la mente i piaceri goduti, Diego si costringeva ad astenersi da un tale esercizio, ripercorrendo piuttosto i momenti di ebrezza assaporati in compagnia di altre donne alla ricerca di un confronto, di un riferimento che lo aiutasse a capire non soltanto perché quelle donne gli erano piaciute, ma perché adesso si fosse invaghito di una persona così diversa come Leonetta, di una figura femminile che un tempo lo avrebbe fatto semplicemente sorridere. O invece erano entrambi più simili di quanto egli non pensasse?

Il giornale gli aveva chiesto un altro racconto; c'era in vista la possibilità di ottenere una rubrica fissa; da Venezia un circolo culturale lo aveva invitato a tenere in quella città una conferenza. Ma lo stare seduto al tavolo, chino sulle carte, era diventato un tormento. L'immaginazione si inceppava, procedeva a fatica, sopraffatta da una specie di ossessione, dal quotidiano interrogativo di che cosa Leonetta stesse facendo a quell'ora, e quali fossero i suoi pensieri.

Allora si alzava, si affacciava alla finestra spalancata, si appoggiava al davanzale a respirare insieme al tepore l'aria che sapeva di fieno, dalle stalle della caserma di cavalleria. Nel cortile i soldati si stavano già preparando alla sfilata della settimana prossima, quando per la festa del 24 Maggio, anniversario dell'intervento in guerra, Milano si sarebbe tutta imbandierata, e tricolori sarebbero apparsi financo sui portoncini dei postriboli, a ricordare il mormorio del Piave al passaggio dei "primi fanti".

Intanto una cosa era chiara: per quanto femmina fosse Leonetta, la qualità del suo carattere la rendeva più forte di un uomo. Del resto neppure a letto, benché vi si atteggiasse, era mai stata un puro oggetto di desiderio, ma una donna che sapeva praticare la voluttà con la stessa sfrontatezza di un maschio. Dunque ciò che lo aveva inorgoglito, ora lo lasciava spaventato, incline a domandarsi se un altro, nel frattempo, non avesse già preso il suo posto.

Con la Giusi, finché era durata quella tormentosa relazione, era stato lui comunque a condurre il gioco. Con Delfina si era sentito invece troppo amato, al punto da ritrovarsi dopo anni di serena convivenza, colmo di gratitudine ma svuotato di emozioni. Anche con Rachele, modella all'Accademia di Brera con la quale era vissuto a lungo, la carica erotica si era alla fine consumata, priva del necessario spessore psicologico. Eppure ogni volta, per qualche ragione magari opposta alla precedente, Diego si era impegnato a vivere a fondo ogni nuovo legame, fino a concludere, dopo una serie di scacchi, di non essere fatto per il matrimonio né per la vita di coppia. Forse poteva essere un buon amante, a patto di trovare una donna in grado di sostenere questo ruolo senza chiedere altro. E Leonetta gli era parsa subito, in maniera folgorante, l'incarnazione di questo ideale, dal momento che, se egli approfondiva queste meditazioni, si rendeva conto che i piaceri dell'eros occupavano ancora nella sua vita un largo spazio, un'importanza che non poteva essere elusa in nome di altri valori. Quando lo aveva fatto, sposando Delfina, l'eros si era vendicato sconfiggendo la stima, la solidarietà, l'affetto con pulsioni che avevano reso Diego più infedele che mai.

Aveva un bel dirsi che la bellezza fisica è futile cosa, ma non poteva più negare di esserne stato schiavo ad ogni occasione, irretito dalla flessuosità di un corpo o dal taglio di due occhi che sembravano promettere, con la loro sola esistenza, un perenne stato di inebriamento. Ebbene ciò che lo angustiava era la scoperta, cauta ma sicura, di una verità imprevista: lo spettacolo di splendore che la nudità di Leonetta rappresentava non era la sola causa della sua attuale sofferenza, ma qualcos'altro che stava al di là del suo corpo, era la privazione improvvisa di un'allegria, di una tensione vitale che egli non aveva provato da molto tempo, e forse neppure mai in modo così totale da offuscare la ragione.

In altre parole, Leonetta contava molto di più di quanto egli avesse creduto. Così, l'animosità che aveva provato nei primi giorni verso di lei si stava stemperando, all'inizio della terza settimana di separazione, in un sentimento dominante di ammirazione, e nella decisione che non poteva, almeno per ora, rinunciare a lei per un malinteso moto d'orgoglio.

Con questa conquistata certezza, il mattino dopo, si recò da un fiorista del centro. Scelse una pianta di gardenie e vi allegò un biglietto. "Sempre arrabbiata?" scrisse semplicemente. Il tono scherzoso intendeva mitigare la portata della sua resa, e sottintendeva una risposta sollecita.

Invece passarono altri due giorni. Forse, a quel punto, Leonetta aspettava una telefonata, ed egli la fece; inutilmente, perché lei non si lasciò trovare neppure il giorno seguente.

«Dev'essere partita» fu il commento di Diego, all'occhiata interrogativa di Yvonne.

La ragazza avrebbe dato chissà che per sapere, ma non osò fare domande, anche perché il volto di lui era abbastanza espressivo quando, per la seconda volta, a un'ora del mattino assolutamente implausibile, si sentì rispondere da Marianna che la signora era uscita.

Contrariamente a quanto egli stesso avrebbe immaginato, la sua reazione a un simile comportamento anziché mortificarlo lo esaltò. Se lei aveva deciso, per così poco, di rompere quella relazione, doveva esserci dell'altro. Forse il marito aveva intuito la tresca e la teneva d'occhio. O peggio aveva scoperto qualcosa e minacciava di renderle la vita impossibile. Oppure Leonetta aveva colto un pretesto per allontanarsi, per prendere le distanze da un rapporto che doveva lei pure sentire sempre più minaccioso per la sua tranquillità domestica, al punto da rendersi irreperibile persino al telefono.

Comunque, era chiaro che adesso doveva forzarle la mano, compiere un gesto risolutivo. E Diego neppure di questo si sarebbe creduto capace, di stazionare per un'ora davanti al suo portone, sperando di sorprenderla quando rincasava all'ora di pranzo, e infine di informarsi presso il suo abituale coiffeur.

«La signora D'Ors? L'aspettiamo domani pomeriggio.»

II

Coricata sul letto per l'abituale riposo del dopopranzo, Leonetta non riusciva a concentrarsi nella lettura, e neppure a prendere sonno quand'era tentata di chiudere gli occhi, nell'unico momento della giornata in cui, rarefatti provvisoriamente i rumori del traffico sul corso, si poteva udire il ticchettio delle pendole nelle stanze.

A dispetto della sua apparente immobilità – le gambe allungate e le caviglie incrociate sopra un comodo cuscino – si sentiva internamente agitata da pensieri contrastanti, che non erano neppure pensieri ma embrioni di immagini alternatamente piacevoli o irritanti, che tenevano la sua mente più irrequieta del necessario.

Alcune erano immagini reali, come il cesto di gardenie rimasto dov'era, cioè ai piedi del tendaggio di organza, dal giorno in cui Diego l'aveva inviato; oppure familiari e ricorrenti come il salotto della Sartoria Ventura dove tra poco avrebbe dovuto recarsi per la seconda prova di un abito; o la scatola della Cipria Coty che rimandava a una zampetta tra l'occhio e lo zigomo affiorata al mattino con più evidenza. Altre erano immagini fantasticate, ipotesi di possibili scenari, come il ponte di prima classe di un transatlantico sul quale Edoardo vorrebbe che si imbarcassero al più presto per una crociera, a suo dire, risanatrice di tante inquietudini.

Inseguendosi e sovrapponendosi, le immagini non si accampavano però nella mente con la libertà concessa dai sogni, ma erano filtrate e guidate, o trattenute al massimo per pochi attimi, e nel caso espulse dalla coscienza vigile di Leonetta appena esse risultavano disturbanti, come il ricordo che a quest'ora l'assaliva sempre a tradimento, della mano di Diego al cinematografo, delle sue carezze suadenti, infine di un piacere di cui, per tre settimane, sentiva di essersi privata con troppa leggerezza.

Anche a lei le giornate erano sembrate indistinte, sbiadite, ma senza rammaricarsene più di tanto, parendole fatale ciò che era accaduto tra loro, specie da quando Diego si era rifatto vivo al telefono, e da ultimo con quel suo omaggio floreale, che lei aveva apprezzato — ricordava di avergli detto che le gardenie erano il suo fiore preferito — ma giudicato rimedio troppo spiccio per poter dimenticare un'offesa. Diego doveva dunque imparare di aver di fronte una donna fuori del comune, che non si lasciava comperare a poco prezzo, sicuramente diversa da tutte quelle che aveva conquistato o che lo avevano sedotto: una signora a cui nessun signore si era mai sottratto, in nessuna circostanza.

Che Diego avesse osato dirle di no, rifiutarsi a un desiderio che ogni altro amante avrebbe assecondato, era parso ai suoi occhi semplicemente mostruoso. Certo, ripensandoci, lei avrebbe potuto essere più comprensiva. Ma a che scopo? Non era sua moglie, né lo sarebbe mai diventata. Dunque, se era stata così intransigente, era stato per metterlo alla prova, ma senza averlo stabilito in anticipo, agendo d'istinto come in tutte le cose che lei faceva.

Ma erano davvero soltanto queste le ragioni che avevano indotto Leonetta a un così lungo silenzio? In qualche momento, dentro di sé, ammetteva che altre, e più oscure, premevano per venire alla luce. Il bisogno, forse inespresso, di una pausa, di un bilancio, di dare un nome a una liaison pure essa anomala, fuori degli schemi, e nel contempo di contenere la forza di un desiderio che era cresciuto in entrambi a dismisura.

In altri termini, Leonetta si era servita di quella provocazione per ribellarsi a una passione che sentiva crescere minacciosamente. Incurante del rischio era sempre stata, ma non al punto da mettere in gioco la sua pace familiare. La scoperta allarmante era stata invece di non potersi più dare a Edoardo, né di sapersi adattare, tacitando il suo spirito ribelle, a fingere un trasporto che sentiva affievolito. Semmai si sentiva esposta come non mai a un sentimento di colpa verso la propria condizione di coniugata, a volte così ostinato da vanificare il piacere che quelle licenze le avevano procurato.

Quanto alle reazioni di Edoardo, nulla la preoccupava meno, avendo sperimentato da sempre che la prepotenza femminile, sapientemente dosata, esercita sugli uomini un fascino a cui pochi sanno opporsi, a partire dal proprio marito. Dunque non era stato soltanto per bisogno di chiarezza che si era spinta a sollecitare a Edoardo maggiori spazi e crescente libertà. Quella richiesta conteneva un'implicita esortazione ad esser lasciata in pace, sapendo come lei sapeva che Edoardo non avrebbe comunque indirizzato altrove i suoi desideri repressi, dato che al mondo non esisteva che lei, non faceva che ripeterglielo da quando l'aveva sposata.

Invece l'incontro con Diego l'aveva messa di fronte a una nuova immagine di se stessa, quasi egli fosse l'antagonista atteso da sempre, col quale misurarsi ad armi pari, senza infingimenti e senza debolezze. Per quel misterioso fluido che le faceva riconoscere in un uomo un possibile amante prodigioso ancor prima di avergli concesso un sospiro, Leonetta aveva intuito subito che il suo legame con Diego sarebbe diventato importante, pieno, intenso, ma aspro e combattuto come con nessun altro. E per temperamento, oltre che per naturale cautela, era portata a tenere sotto osservazione, a tempo indeterminato, il prescelto destinato a così alte imprese, come gli eroi che nelle leggende dell'antichità dovevano superare prove sempre più ardue, prima di ottenere la mano della sposa.

Perciò non le era bastato che Diego avesse rotto per primo la tregua, né tantomeno che le avesse mandato quell'avaro biglietto che accompagnava il cesto di fiori. Ciò che Leonetta si attendeva adesso era un gesto, un atto inconsueto, qualcosa che testimoniasse del suo stato di disperazione, di reale mancanza, di insostenibile privazione.

Ci sono cose che una donna percepisce per vie misteriose. Mentre si preparava a uscire, Leonetta avvertì che il momento della verità si stava avvicinando, e subito sentì un'interna accelerazione, come se il sangue si fosse messo a circolare più rapidamente nelle vene, ma senza procurarle un'agitazione visibile, semmai un supplemento di quella gioia di essere al mondo che non l'abbandonava neppure nelle giornate grigie.

In cortile, Giacomo la stava aspettando col motore già acceso. La Isotta Fraschini, lustra e fiammante dopo il lavaggio, puntò verso corso Sempione. Era il luogo dove i principianti si addestravano alla guida, nel vasto piazzale alle spalle dell'Arco della Pace, usato come piazza d'armi, campo di football, gioco delle bocce, e dove un certo numero di oziosi si aggiravano sempre.

Giacomo completò con il solito scrupolo le istruzioni sull'uso della marcia indietro, ma la signora era distratta, apparentemente dalle manovre di un bellissimo giovane che stava provando sullo stesso terreno la sua nuova auto da corsa, in realtà da quella specie di premonizione che cominciava ad agitarla. Dopo mezz'ora si sfilò gli occhialoni e riconsegnò all'autista il volante.

«Passiamo dalla sarta, e poi dal coiffeur.»

Quando finalmente si avviò a piedi verso il negozio del parrucchiere, al riverbero del sole la sua cloche di paglia verniciata luccicava come fosse composta di tanti lustrini. E così apparve a Diego, fermo nella grande ombra di una tenda di profumeria, con quel cappellino che mandava minuscoli barbagli, riflessi che si accendevano e spegnevano come lucciole. Allo stesso modo in cui, pieno di emozione, l'aveva vista allontanarsi quella sera sul marciapiede della Sala Volta, così adesso su un altro marciapiede la vedeva riapparire, con una felicità che soverchiava tutto il resto, anche se lei stava dicendo di non avere tempo per fermarsi con lui, era già in ritardo all'appuntamento, e ostentava quasi rammarico, lo vedi che testa in disordine? accennò ai riccioli che le uscivano sulle orecchie; devo partire per Venezia, egli disse, devo andarci per una conferenza, pensavo come sarebbe fantastico; certo, lo interruppe lei, sarebbe fantastico, con un movimento del corpo che tendeva ad allontanarsi ma senza riuscirvi del tutto, magari ci vengo anch'io, prepara i biglietti.

III

Se una notte da passare insieme ha per due amanti un significato di assoluto è perché essa appare come un patto, un sigillo, un evento fatale, quasi che, allacciati nel sonno, qualcosa di immateriale possa trasmigrare dall'uno all'altro corpo, dall'una all'altra mente, in uno scambio che solo la notte sa propiziare. Le membra si intrecciano, i respiri si fondono, in una dimensione di illusoria unità e di precaria eternità, che la luce del giorno non concede poiché esige per realizzarsi l'abbandono e la complicità del buio.

Diego aveva vissuto questa sensazione già la prima volta in cui Leonetta era rimasta a dormire da lui, ma ora l'esaltamento era accresciuto dall'incanto del luogo, con quell'eccesso di scenografia che Venezia regala nelle notti di plenilunio: il Canal Grande inargentato da quella moneta stampata sul fondo nero del cielo, l'architettura irreale, dietro i vetri, della Chiesa della Salute, e la nudità altrettanto irreale di Leonetta, seduta sulle ginocchia di lui in una poltrona accanto alla finestra. Nell'oscurità della camera il suo corpo sottile emanava una luminosità che sembrava concorrere con quella che la luna, all'esterno, irraggiava sull'acqua, mentre la mano di Diego libera dalla sigaretta si sperdeva in itinerari senza fine, ancora incredula di un simile prodigio, come incredulo era stato lui stesso, al mattino, fino al momento in cui l'aveva vista arrivare al treno, seguita dalla carriola di un facchino, due minuti prima della partenza.

«Aspetta» lei ordinò.

Cambiava positura di continuo, ora nelle sue braccia ora staccandosene come volesse sfuggirgli, prendere le distanze, ma solo per pochi attimi, il tempo di essere ancora più desiderata, dalla poltrona al letto e poi di nuovo alla finestra, adesso basta, sospirò, bisogna dormire, sarà tardissimo; ma durava poco il tempo in cui restavano assopiti, un fremito li scuoteva di soprassalto, un rantolo appena soffocato si trasformava in un nuovo anelito di godimento, come se la lunga separazione che entrambi si erano imposti chiedesse ora di venir risarcita senza risparmio, oppure il sonno potesse cancellare, se vi si fossero infine abbandonati, l'intensità di un desiderio divenuto frenesia, sempre più condiviso persino a parole, ora che Leonetta si dimostrava pronta alle confidenze più ardite, a licenze verbali che la cornice romantica dell'Hotel Monaco, coi suoi velluti e stucchi e tappeti, pareva in grado di assorbire e proteggere, senza che nulla ne trapelasse, in quei momenti le oscenità si trasformavano in versi d'amore, era la bocca di una regina dissoluta che li pronunciava, e a quel gioco Diego non finiva di eccitarsi né di concedersi una tregua, come sollecitato da lei a una continua sfida, nella sete di sapere, di conoscere con quale altro uomo Leonetta avesse provato quella voglia di annientarsi, di darsi fino allo stremo delle forze, come accadeva in ogni loro amplesso, tu mi devi dire tutto, la incitò, anche se ti vergogni; no, disse lei, non mi vergogno, perché io con te sono me stessa, è questo che non mi era mai successo: poter essere me stessa con un uomo, capisci?

Alitava dalla portafinestra il primo chiarore dell'auro-

116

ra, la luna se n'era andata da un pezzo, e ancora Leonetta raccontava, la testa di lui reclina sul pube, delle sue trascorse battaglie d'amore, di vizi e di predilezioni, di incontri e di rotture, con particolari che avrebbero fatto arrossire una cocotte, e che a tratti accendevano Diego di nuovo perché erano espressi con innocente provocazione, forse aveva sposato Edoardo per reazione a quel bisogno smodato che lei sentiva continuamente fin da quando era giovinetta, un tormento che ora, nella sua piena maturità di donna, era diventato indecente; così disse: indecente, inducendo le labbra di Diego a chinarsi di nuovo su quel piumino da cipria carico di tutti i profumi del mondo; però così non l'avevo mai fatto; neanche con Corrado? egli volle sapere; no, disse lei, Corrado Bini aveva paura di queste cose, però mi è sempre piaciuto farlo davanti a un uomo; certamente, Diego la incoraggiò, devi farlo ogni volta che ne hai voglia, devi sapere che puoi fare tutto con me, perché io ti amo, Leonetta.

Era la prima volta che gli usciva di bocca una simile affermazione, e un lungo silenzio seguì alle sue parole. Leonetta fissava la luce opalescente dei vetri, con le spalle protette da una falda del lenzuolo. Poi in quel letto sconvolto entrambi chiusero gli occhi, sopraffatti dalla stanchezza.

Poche ore più tardi un cameriere bussava all'uscio. Diego aveva chiesto la sera prima di essere svegliato in orario, temendo di arrivare in ritardo alla conferenza. Si alzò, lasciando Leonetta addormentata, andò in bagno e si vestì senza far rumore, poi uscì in punta di piedi.

Quando fece ritorno in albergo mancava poco a mezzogiorno. Leonetta stava affacciata al balcone della camera, avvolta in un telo da bagno, inebriata dal sole di una calda mattina, davanti allo spettacolo di vaporini, gondole e motoscafi che incrociavano sul Canale. Sopra il letto era rimasto il vassoio della colazione che lei aveva appena terminato. Lo abbracciò come una sposa in viaggio di nozze, felice che lui le avesse permesso di riposare così a lungo.

«Dieci minuti e sono pronta.»

Mentre Diego riferiva della conferenza, e del pubblico che era accorso più numeroso del previsto, lei cominciò a vestirsi con rapidità ma senza perdere nulla della sua grazia abituale. Seduto in poltrona, fingendo di sfogliare il giornale appena acquistato, lui la osservava ammirato, godendo ogni dettaglio della sua raffinata biancheria, del modo energico col quale usava la spazzola nel pettinarsi, dell'eleganza noncurante con cui, sollevato un angolo della veste, fissò una calza alla giarrettiera.

C'era una domanda che gli premeva, non ancora formulata da quando lei era salita accanto a lui sulla carrozza di prima classe, ma che finora aveva rimandato.

«Ma a tuo marito cos'hai detto?»

«Che andavo a Venezia» rispose con naturalezza.

«Da sola?»

Leonetta lo guardò come se non avesse capito bene.

«Edoardo è un uomo abbastanza straordinario.»

Probabilmente era la verità, ma Diego sentì nel modo in cui lei aveva pronunciato l'aggettivo, un compiacimento che lo infastidì, anche se al momento non trovò da ribattere, perché Leonetta si affrettò ad aggiungere, quasi a correggere la prima affermazione.

«Siete due uomini tutti e due straordinari.»

Lo sguardo di lui si incupì ancora di più, ma non trovò di meglio che alzarsi e seguirla nella scia del suo profumo.

«Adesso voglio che mi porti a spasso per Venezia...»

Dovunque si trovassero, con lei al braccio, egli si sentiva padrone della realtà, nel centro delle cose, come portato da un vortice di pienezza che faceva dimenticare tutto il resto.

«Va bene un aperitivo al Florian?»

Presero posto all'interno, su un divanetto di velluto rosso accanto alla vetrata. Sotto il porticato la gente che passava si fermava per un attimo o rallentava il passo alla vista di quella elegante signora, perché la sua figura in quell'ambiente lezioso, tra pareti dipinte come una bomboniera, risaltava ancora di più nella sua modernità, e poi c'era nei suoi occhi sempre così penetranti un languore che Diego non avrebbe più dimenticato, un momento di resa, di insperata devozione.

«Voglio che mi porti in un posto dove non sono mai stata.»

Non era difficile trovarlo, dato che Leonetta conosceva di Venezia soprattutto il Lido e i grand-hôtels. Diego scelse la Giudecca, e dal bacino di San Marco un motoscafo privato li trasportò in pochi minuti.

La riva era animata a quell'ora da marittimi in stivali di gomma, seduti al sole nei déhors di umili caffè, ragazzi vociavano inseguendo una palla, qualcuno si voltava a guardare la coppia di turisti che ad ogni ponticello, fermi a contemplare il rio, si baciava, proseguiva, tornava a fermarsi come fossero rapiti dal paesaggio.

«A che ora abbiamo il treno?» domandò Leonetta improvvisamente.

L'ombra del ritorno aleggiava già su di loro, come l'acuto stridulo dei gabbiani, mentre il vaporino navigava verso le Zattere. Smontarono per cercare una trattoria che Diego conosceva nel sestiere di Dorsoduro. All'inizio del Rio Ognissanti rallentò il passo per indicare a Leonetta lo squero, con le gondole in secca, le altane di legno, le casette dei carpentieri, lo scivolo di granito coperto di alghe salmastre.

Lei guardò e rimase muta, colpita dalla bellezza di quella cartolina veneziana che nessuno mai le aveva mostrato, e che pareva suscitarle nello stesso tempo un moto di malinconia, stretta al braccio di lui mentre diceva: «Vorrei non dover ritornare. Non dover tornare più».

IV

Ci sono affetti tra fratelli che un matrimonio può mettere in crisi. Se Olga non avesse sposato un tipo come Amerigo, Diego avrebbe mantenuto con sua sorella rapporti certamente più frequenti. Così le rare volte in cui passava una domenica a casa loro, a parte il piacere di rivedere la piccola Floriana – sua unica nipote, che si affrettava a esibire i primi componimenti d'italiano – Diego doveva imporsi la calma per non perdere le staffe alle provocazioni immancabili del cognato, appena il discorso sfiorasse argomenti di politica, perché Amerigo, prima di sposarsi, era stato ardito e poi tra i primi a buttarsi con le camicie nere, volontario in spedizioni punitive contro i rossi, capo riconosciuto di squadracce, fanatico come pochi e prepotente anche in famiglia.

«È tutto qui il coniglio?» sbottò infatti, appena gli fu servito il piatto.

«Ti sembra poco?» Olga osò chiedere.

«Be', io ho fame, porca puttana...»

Guardò Diego cercando un'occhiata di complicità maschile, lasciando intendere che lui nei giorni di festa ci dava dentro nei doveri coniugali, al punto da ritrovarsi con quel formidabile appetito.

«Sapevi che veniva tuo fratello: potevi comperare più carne» rimproverò di nuovo.

«Ti do la mia» si offrì subito lei.

Amerigo sbuffò con un'alzata di spalle. Diego scambiò con la sorella un'occhiata eloquente. Era già pentito di essere venuto, solo perché nei giorni di festa Leonetta scompariva dalla sua vita.

«Floriana ha imparato a memoria una bella poesia» propose Olga come diversivo, ma era difficile dar seguito all'argomento, nel silenzio ostinato di Amerigo che, a testa bassa, rimuginava il suo scontento come se volesse masticare anche quello.

«Ma tu sei di nuovo in stato interessante?» fece Diego alla sorella, quando la vide alzarsi per andare in cucina.

Olga portò l'indice alle labbra, a significare che era meglio non parlarne, invece fu il marito a interloquire.

«Ecco un romanzo che dovreste scrivere, voi scrittori. Come cazzo fa un fascista che ha fatto la rivoluzione, a mantenere la famiglia con quattro lire di stipendio?»

La domanda era retorica, ma Diego non seppe impedirsi di rispondere.

«Non sei l'unico, in Italia. Ci sono operai che guadagnano un salario di fame, questo lo saprai.»

«Ma noi in trincea ci siamo fatti il culo, per voialtri borghesi. E adesso, tante grazie e arrivederci. La rivoluzione è finita, ci dicono, bravi coglioni!»

Il pugno sul tavolo fece sussultare la bambina, che abbassò lo sguardo sul piatto, sebbene a quel linguaggio e a quelle scenate dovesse essere abituata. Per fortuna ricomparve Olga portando una crema pasticcera fatta con le sue mani, cominciò a versarla con sollecitudine, si capiva che sperava nel buon effetto del suo dolce, ma ormai Amerigo era partito, stimolato come sempre dalla presenza del cognato.

«Mussolini questo non lo capisce, ormai da quando è al governo gli fanno vedere quello che vogliono!»

Infilò i pollici nelle bretelle e cominciò a tendere gli elastici. Aveva le maniche della camicia risvoltate fino ai gomiti, come i contadini, e una chiazza di sudore sotto le ascelle.

«Non hai caldo? Togliti la giacca» suggerì Olga al fratello.

«Lui è un signorino» rise Amerigo, trascinando nella risata anche la piccola Floriana. «E i signori mica si tolgono la giacca!»

Diego non vedeva l'ora di andarsene. Ogni volta il suo giovane cognato non gli risparmiava allusioni e frecciate.

«Però l'hai vista anche tu piazza del Duomo, quando lui ha parlato nell'ultima adunata?»

Certo, anche Diego l'aveva vista, gremita nello scorso ottobre di camicie nere in occasione del secondo anniversario della Marcia su Roma, e aveva anche visto una quantità di manganelli levarsi minacciosamente al cielo insieme alle ovazioni della folla.

«Proprio così» commentò Amerigo. «C'erano tutti i vecchi camerati, non ne mancava uno, e i nostri gagliardetti in prima fila, porca puttana che spettacolo, sai che mi veniva da piangere? ma allora, mi sono detto, se siamo così forti cos'aspettiamo a fare piazza pulita fino in fondo di tutte queste mezze seghe nei Partiti...»

Non finì perché Diego si era alzato bruscamente da tavola. Sfilò la catena dal panciotto e guardò l'orologio.

«È meglio che me ne vada. Ci vediamo un'altra volta.»

«Avanti, siediti, finiamo la bottiglia» ordinò il cognato.

«Non puoi usare un altro tono?» Olga intervenne.

«Lascialo dire» fece Diego. «Non mi va di litigare.»

Andò a raccogliere cappello e bastone, si chinò per dare un bacio alla nipotina.

«La poesia me la dirai un altro giorno, Floriana.»

Appoggiato allo schienale della seggiola, Amerigo lo scrutava con un disgusto che non riusciva a nascondere del tutto l'ammirazione.

«Se vuoi un consiglio, prendi la tessera del Fascio. Faresti carriera.»

«Perché tu, che carriera hai fatto?»

«Io non sono un intellettuale. Tu sei uno scrittore famoso, adesso è il vostro momento.»

Diego lo fissò negli occhi, sforzandosi di non alzare la voce.

«Come dite voi fascisti: me ne frego.»

L'altro inghiottì un altro sorso di vino.

«Allora sei rimasto uno smidollato socialista?»

«Sono rimasto un uomo. Tutto qui.»

Un lampo di sfida balenò nello sguardo di Amerigo.

«Cosa cazzo vorresti dire?»

«Hai capito benissimo. Grazie per il pranzo.»

«Ehi aspetta. Devo dirti una cosa» aggiunse Amerigo quando Diego era già sull'uscio. «Anche se il Capo non è d'accordo, a quelli come te gli faremo un culo così. È chiaro?»

«È chiaro» disse Diego.

V

Di riuscire una sera ad avere con sé Leonetta a una prima teatrale, sfidando ambedue apertamente le leggi della buona società – che ammette gli adulterii a patto che non vengano ostentati – Diego non se lo sarebbe immaginato pochi mesi innanzi, e soprattutto non avrebbe sperato che Leonetta potesse giungere a tanto.

Eppure, adesso che era seduta accanto a lui in una poltrona di prima fila del Teatro Diana, egli trovava del tutto naturale, anzi legittimo, figurare al fianco di lei, nel ruolo di amante consacrato senza adottare la minima precauzione, anzi tenendole la mano con compiaciuta soddisfazione, quasi a tranquillizzarla del nervosismo che invece Leonetta lasciava trasparire al ricordo, gli confessò, dell'attentato dinamitardo che quattro anni prima aveva fatto strage nella platea.

A entrambi non erano sfuggite le occhiate che certe coppie di conoscenti comuni, frequentatori abituali di spettacoli e mondanità, avevano rivolto al loro ingresso in teatro: occhiate di sottintesa complicità oppure di scandalizzato stupore, benché in un certo ambiente la passione tra Leonetta e Diego fosse da tempo materia di pettegolezzi. Ora, mostrandosi in pubblico sfacciatamente, essi non facevano che incitare a nuovi bisbigli, specie da parte di coloro che non avrebbero mai avuto il coraggio di fare altrettanto. C'era negli sguardi delle signore una sorta di sdegno allarmato, mentre in quelli dei mariti traspariva piuttosto una rassegnata invidia. Col suo portamento a testa alta, Leonetta fingeva di non vedere persone che la costringessero al saluto. Diego invece era solleticato dal sentirsi oggetto di tanta frivola curiosità, e insieme compiaciuto di apparire agli occhi di quel mondo come il depositario di un simile privilegio, cioè d'essere riconosciuto – lui che non possedeva altro che il proprio ingegno – come il prescelto tra i tanti danarosi corteggiatori di Leonetta D'Ors.

C'era dunque in lui, mentre teneva nella sua una mano di lei, sopra il bracciolo della poltrona, la doppia soddisfazione di un possesso che non fosse per una volta clandestino, e il gusto di un'investitura ufficiale, qualcosa di simile a un fidanzamento che poteva trasformare in una data storica un'occasionale serata di giugno, perché era stata la rivista di Pitigrilli a chiedergli la recensione di quella novità italiana intitolata "Le ombre del cuore", storia in tre atti di una donna divisa tra l'amore per il marito e la passione per l'amante, rappresentazione un po' funebre dai toni ibseniani, che pareva fatta apposta per suscitare in Leonetta pensieri paralleli ed esemplari associazioni.

Osservandola di profilo, con il diletto che quel naso insolente gli procurava, un dito che si attorcigliava nervosamente attorno al collier, Leonetta appariva particolarmente attenta nel seguire le battute, specie quelle della Pàvlova che impersonava la figura di Giglia, quasi Diego ve l'avesse condotta apposta affinché meditasse su un problema che cominciava a riguardarla.

Più volte, nel corso della rappresentazione, Diego sollecitò un suo sguardo, ma inutilmente: lei appariva quasi calamitata da ciò che accadeva sulla scena, rivolgendo a lui soltanto fuggevoli sorrisi, come avrebbe fatto con un ordinario accompagnatore, mantenendolo così in quell'eterna condizione di sudditanza a cui Leonetta aveva sempre assuefatto i suoi innamorati. Non v'era nemmeno in questo nulla di sistematico: era un modo istintivo di sottolineare, soprattutto in pubblico, la propria autonomia e libertà da colui che si poteva a buon diritto presumere come suo padrone e signore, sia pure nello spazio di una serata; infatti liberò presto le belle dita affusolate che la mano di Diego aveva trattenuto in ostaggio, per piegarle con inimitabile grazia a sostegno del mento, in apparenza indifferente allo sguardo col quale egli divorava il suo profilo, in realtà appagata nel sentirsi, da quello stesso sguardo che ignorava, concupita come non mai, perché quel desiderio e quell'orgoglio del possesso si dispiegavano di fronte al mondo, adesso che lui, l'amante, sta interpretando una scena di gelosia per il marito che potrebbe risultare plausibile nella loro privata vicenda, fuori della finzione drammaturgica, al punto da sollecitare in Diego la voglia di una repentina carezza intorno alla seta del suo ginocchio, mi piacciono gli alberghi, Giglia stava recitando...

Anche Leonetta glielo aveva confessato a Venezia, di trovarli eccitanti, soprattutto di pomeriggio, e soprattutto eccitante l'idea che vi si vada per fare l'amore, voglio che mi porti anche a Milano in qualche albergo, ma non di lusso, qualche albergo a ore; certo nessuno, vedendola, poteva immaginare che simili capricci potessero trovar ricetto nella mente di una così scontrosa signóra, e allo stesso modo in cui al suo occhio di esteta era fonte di inesauribile appagamento lo spettacolo di Leonetta discinta, così ora la classe naturale di ogni suo gesto non finiva di suscitare in Diego fantasie profanatrici che era ansioso di confidarle, suggerite a tratti da spunti del dialogo, ma più ancora da consonanze segrete, da vibrazioni che entrambi potevano condividere senza neppure guardarsi, una voglia pazza, egli bisbigliò con noncuranza al suo orecchio, e lei assentì, avvampando, lo sguardo sempre fisso alla ribalta, senza volgersi verso di lui perché non era necessario, cambiando semmai assetto nella poltrona come fosse divenuta infuocata man mano egli procedeva nel resoconto, incalzava con sensazioni sempre più indecenti, finché la bocca socchiusa di lei disegnò a fior di labbra la parola mouillée, di cui egli ricordava il tono infantile che lo aveva deliziato la prima volta, adesso avrebbe voluto gridarlo di fronte a tutti, di quale complicità e violenza fosse fatta la loro passione, da rendere ridicola quella che gli attori stavano rappresentando.

Per temperamento, oltre che per mestiere, Diego era portato ad analizzare sempre ciò che gli succedeva. Dunque non poteva fingere di non vedere quali fossero le componenti di questa passione, di cui a volte aveva l'impressione che fosse persino palpabile, qualcosa di materiale che loro stessi producevano, una terza cosa che esisteva tra loro due, che li univa e insieme li rendeva nemici. Era una corrente, un flusso ininterrotto di desiderio che essi alimentavano più che a parole a sottintesi, più che con atti con allusioni, dando vita a un codice di segni amorosi che si arricchiva e perfezionava di giorno in giorno, sicché Diego, aspirando accanto a lei il profumo che emanava dalla sua scollatura, poteva inebriarsi di un'intimità mai prima raggiunta con nessun'altra donna, partecipare della sua carnalità intera, dalla nuca all'ovale delle unghie, e infine comunicarle con sfumature diverse il piacere struggente dell'attesa, stimolando in Leonetta una scala di emozioni mai conosciute: voglia di abbandono e desideri di fuga, palpiti e ripensamenti, in una miscela di sensazioni che lasciava tutti e due storditi come sotto l'effetto di una droga.

Un giorno, mentre esausti sui cuscini riprendevano fiato, Leonetta gli aveva domandato, a puro titolo di curiosità, che cosa pensasse dell'uso della cocaina che Pitigrilli aveva celebrato in un romanzo di successo, non perché fosse quello il suo genere preferito di letture, ma perché di quella ebrezza sentiva favoleggiare nei salotti dai più raffinati cacciatori di sensazioni. Diego le aveva confessato di aver provato una sola volta, con esito discutibile, ad aspirare la magica polverina, ma che non sarebbe mai stato tentato di sperimentare insieme a lei quel vizio poiché, al pari di Leonetta, era convinto che i piaceri dell'eros fossero molto maggiori con la mente completamente lucida. E poi, aveva sottolineato con ironia, il loro legame era già abbastanza complesso e tormentoso da non doverlo mettere a repentaglio con altri additivi.

Applaudivano, e Diego si unì ai battimani che accompagnavano l'ondeggiare del sipario, mentre Tatiana Pàvlova veniva alla ribalta per ricevere, lei per prima, il meritato plauso degli spettatori.

«Mi è piaciuto» commentò Leonetta, alzandosi.

Le sue guance erano accese come quelle di una ragazza al primo ballo, e sebbene cercasse di non darlo a vedere, Diego lesse sul suo viso il turbamento che il finale amaro della commedia doveva averle suscitato.

Dopo lo spettacolo era previsto un dîner in un ristorante, che l'autore e la compagnia offrivano ai critici e agli amici, ma Leonetta aveva in serbo un programma diverso.

«Ho una sorpresa: vengo a dormire da te.»

VI

Era un'aria di valzer lento che non aveva mai sentito: nostalgica come dev'essere un boston hesitation, ma non di maniera, con una complessità, una ricchezza melodica che subito colpì Diego lungo l'ultima rampa che portava alla mansarda di Nerio. E giunto all'uscio, prima di suonare il campanello, aspettò che il maestro finisse, per non interromperne l'esecuzione.

«Ho ascoltato il pezzo per intero» salutò Diego appena fu entrato. «L'hai scritto adesso questo valzer lento?»

«Non è un valzer lento, è una milonga» sorrise Novaresi.

Tornò a sedersi al piano.

«Ho modificato solo il tempo. Senti.»

In maniche di camicia pareva più giovane, o forse era il sole del mattino che illuminava il pianoforte, a dare allo studio un aspetto più fresco, meno polveroso del solito.

«Veramente bella» Diego ribadì alla fine della sonata.

«Sì, ma il testo? Tu non ti decidi mai...»

Era vero, e Diego si sorprese di non averci più pensato, segno che l'irruzione di Leonetta nella sua vita aveva cancellato ogni altro proposito. L'altro sembrò leggergli nel pensiero: ti trovo benissimo, osservò, questa Leonetta D'Ors ti fa bene alla salute, in pochi mesi ti ha guarito completamente, e poi ha un vantaggio; quale vantaggio? chiese l'amico; il vantaggio di avere un marito, così non corri il rischio di una nuova convivenza, ammesso che una donna come lei sia capace per amore di rinunciare a tutte le sue comodità, dico bene?

Diego si limitò ad assentire, mentre all'impiedi accanto alla finestra contemplava la distesa di tegole, altane, comignoli che costituiva l'orizzonte di quella mansarda. Avrebbe potuto eccepire, puntualizzare, precisare che questa volta gli era capitato qualcosa di inaudito, forse l'unica cosa di cui era andato in cerca da sempre senza trovarla, quantunque lui e Nerio avessero stabilito di comune accordo, in tanti anni di confidenze, che alla fine tutte le donne sono uguali. Ma il discorso sarebbe stato imbarazzante, in un momento in cui egli stesso stava mettendo in discussione molti luoghi comuni, molti collaudati schemi maschili, senza averli ancora sostituiti con altre verità, del resto sapeva che lo scetticismo di Nerio era soprattutto dettato da affetto verso di lui, dunque era meglio lasciar cadere l'argomento, ah sì, la commedia di quel Casella, un ricalco ibseniano, fu pronto a spiegare, però meglio che un ennesimo lavoro dannunziano, come giustamente aveva notato Simoni sul "Corriere", semmai era il teatro di Pirandello la vera novità della scena italiana, lo aveva appena scritto nella recensione che sarebbe uscita su "Grandi Firme".

«La rivista di Pitigrilli? Non mi piace quel tipo.»

«E perché? Ci scrivono tutti. È un giovane che ha del genio. E poi pagano bene, sai.»

Ma Nerio era fissato, con certe idee: che si dovesse piuttosto morir di fame che collaborare con gente ideologicamente ambigua, cioè subdolamente schierata dalla parte dei fascisti, insomma negli effetti fiancheggiatrice del potere, proprio ora che qualcosa cominciava a muoversi, da Parigi aveva avuto buone notizie da parte di anarchici fuoriusciti, un attentato a Mussolini non era da escludere prima che costui si accingesse a dare alla democrazia italiana il colpo di grazia; ma cosa stai dicendo? Diego obiettò incredulo; ma l'altro si era infervorato, si avvicinò per bisbigliare, come se non fossero soli nella stanza: ragazzi di fegato ce ne sono ancora in giro, specialmente fra i libertari, perché se un complotto è irrealizzabile a livello politico, dato l'equilibrio delle forze, c'era un solo modo per risolvere il problema: la fucilata di un tiratore scelto, durante un'apparizione in pubblico, un colpo ben mirato e...

Uno schiaffo sonoro nel palmo delle mani sigillò quanto a Nerio restava da dire, anzi fece l'atto di pulirsi le mani, a significare che quel gesto era l'unico davvero risolutivo.

«Ma tu stai scherzando» fece Diego, questa volta allarmato al pensiero che l'amico potesse di nuovo mettersi in vista, perché una volta, nel '19, una squadraccia era penetrata di notte in casa di Novaresi sorprendendolo nel sonno e obbligandolo a inghiottire mezza bottiglia d'olio di ricino.

«Sai bene che non scherzo» disse l'altro.

Andò al pianoforte e di scatto lo richiuse, facendo vibrare per qualche secondo la tastiera. Ora misurava a gran passi la stanza, furiosamente, fissando Diego con aperto rimprovero.

«Non capisci che se molliamo anche noi è finita?»

Diego non rispose. Provava imbarazzo del proprio silenzio, ma non trovava parole per giustificarlo, in una calda mattina d'estate che pareva promettere ben altro che attentati e cospirazioni.

«E mi dispiace vederti rammollito. Forse i coglioni che avevi te li ha spremuti quella donna, di' la verità...»

Fermo in mezzo alla stanza guardò Diego raccogliere il cappello che aveva gettato sul canapé. Soltanto allora gli si fece incontro per mettergli una mano sulla spalla.

«Aspettami, esco con te» disse in tono conciliante.

Annodò una cravatta, infilò la giacca e prese un bastone dal portaombrelli. Pareva sinceramente rammaricato per essersi lasciato sfuggire quella frase, e ancora di più colpito dal silenzio che l'amico gli aveva opposto, anche se poco dopo, per strada Diego fu il primo a parlare.

«Dovresti proprio finire quella canzone, Nerio, e pubblicarla prima che te la rubino.»

A riparo dei raggi del sole i negozi avevano steso sul marciapiede i loro ampi tendoni, e in quel tetto d'ombra essi si avviarono a piedi, sapendo entrambi che di politica non avrebbero riparlato, almeno fino al prossimo incontro.

«Conosci la trattoria della Crocetta? È dopo il ponte del Naviglio, sul corso di Porta Romana. Possiamo mangiare insieme» propose Novaresi.

«Va bene, passiamo prima da casa mia.»

Pensava di lasciare alla portinaia istruzioni nel caso Leonetta si fosse fatta viva, inaspettatamente com'era solita fare. Invece fu lei per prima a consegnargli una busta sigillata.

«L'ha portata un autista» disse la donna consegnando la missiva.

Diego non conosceva la scrittura di Leonetta, ma sentì che quella lettera veniva da lei, sicuramente recapitata da Giacomo, e che andava aperta immediatamente.

Conteneva un cartoncino e un'unica frase.

"Non cercarmi più."

E sotto la firma.

Nerio era rimasto ad aspettare due passi più in là. Vide

l'amico leggere e subito riporre in tasca la lettera, ma senza indovinare il tremito che lo aveva assalito.

«Tutto bene?» s'informò mentre si dirigevano alla fermata del tram.

Gli rispose con un sorriso tirato.

«Tutto bene. Possiamo andare a mangiare.»

VII

La passione affonda le sue radici in qualcosa di barbaro che sta dentro di noi, nel pozzo buio degli istinti dove la luce della ragione non arriva. Qualche volta riusciamo a riconoscerla, questa crescita mostruosa, e illuderci di intervenire e tagliare prima che la mala pianta abbia messo dimora, o affondi ancora più giù le sue radici. In altri casi, come Diego stava sperimentando, quando ce ne accorgiamo è tardi, la passione si è insediata con la violenza di una malattia, e non resta che viverne il decorso fino al suo epilogo, poiché a sradicarla occorrerebbe una forza disumana, una determinazione che non può avere chi è rimasto sensibile a quel richiamo.

Nella mente di Diego queste considerazioni, formulate in passato con minore lucidità, stavano assumendo la forma definitiva di un giudizio morale, su se stesso prima ancora che su Leonetta — dato che lui per primo le aveva permesso di occupare tanta parte del suo cuore — col risultato di trovarsi assolutamente disarmato di fronte a questa nuova e definitiva sparizione.

Che cosa si riproponeva questa donna, con un comportamento così volubile e offensivo? Di renderlo ancora più soggetto ai suoi desideri? Di ridurlo alla più totale incertezza per meglio dominare il suo temperamento? E com'era possibile che una persona tanto raffinata, una sensibile donna di mondo fosse poi capace di gesti così brutali?

Quali che fossero le risposte che egli poteva trovare, la realtà più evidente era che di lei non sapeva quasi nulla, né delle sue intenzioni né delle sue debolezze, ora che la sensazione dominante era quella di scoprire nella donna amata un essere sconosciuto e ostile, in grado di infliggere premi e castighi a suo piacimento.

C'era stato un momento in cui, avvertendo dentro di sé il crescere della febbre, si era lusingato di poterla tenere sotto controllo, sicuro che da quel bagno di ebrezza sarebbe uscito non appena lo avesse voluto. Ma una passione è tale perché sa travestirsi, fingersi quando occorre passeggera, oppure stimolante, estrosa, incantatrice, in modo da indurre ad abbandonarvisi, godendo dei suoi fremiti e ignorandone i pericoli. L'amore per la Giusi – ora Diego era in grado di valutarlo – era stato di quel tipo, una fiammata, una malattia di breve durata a confronto di questa che stava vivendo.

La prima reazione, appena aperta la malaugurata missiva, era stata di incredulità, uno stupore doloroso come quello provocato dalla notizia di un lutto, qualcosa di troppo enorme per essere vero. Per l'intera giornata pensieri e azioni erano stati sovrastati da quell'imprevisto mutamento, da una realtà con la quale, sebbene egli la rifiutasse, doveva cominciare a fare i conti, e subito, nella speranza di arginare in qualche modo i suoi effetti negativi. Gli avesse scritto una lettera, motivando le ragioni che l'avevano costretta alla rottura, Diego non ne avrebbe così sofferto. Invece quel comunicato epigrafico, secco come un bollettino di guerra, pareva fatto apposta per ferire il suo orgoglio, per stroncare, se Diego ne aveva, la minima illusione di possesso.

Aveva passato una notte agitata, alzandosi e tornando

a coricarsi, una sigaretta dopo l'altra, girando per l'appartamento come un prigioniero in una cella, mentre vecchie domande su di sé di nuovo si affacciavano senza trovare risposte, in un girotondo sterile e tormentoso. Certo non aveva mai sofferto a questo modo quando, stanco di una relazione, aveva deciso per primo di rompere il legame. Ora invece subire una decisione altrui faceva sanguinare la sua vanità, al punto da non saper distinguere con esattezza quanta parte, in quella sofferenza, avesse il sentirsi offeso e quanta l'aver perduto un amore, talmente le due cose erano avviluppate.

Allora si era messo a passare in rassegna, con consapevole masochismo, le occasioni di qualche suo inavvertito errore, di qualche futile mancanza verso Leonetta, ma senza riuscire a identificarne una sola. Dunque che cosa poteva essere stato a farla fuggire in maniera così precipitosa? Le spiegazioni che Diego poteva trovare erano diverse, a seconda che ad ispirargliele fosse il furore o la disperazione. E su tutte prevaleva comunque il ricordo dell'incantesimo veneziano, di quelle due fulgide giornate che ora un colpo di spugna pretendeva di cancellare dalla mente. Possibile che lei fosse così cambiata a distanza di poche settimane?

È propria di uno scrittore la tendenza a fantasticare intorno a cose e persone. E sebbene egli vi fosse abituato, si stupiva che ogni congettura intorno a Leonetta fosse a tal punto superata dalla realtà, nella stessa misura in cui lei medesima superava in femminilità ogni altro paradigma femminile. C'era in lei qualcosa di abnorme, di eccessivo sempre, sia quando si dava sia quando si negava. Una incapacità ad essere normale che alla fine affascinava perché in lei appariva normalissima, priva di qualunque premeditazione.

Certo, da attrice nata, amava il coup de théâtre. Ma

era possibile che arrivasse a manifestazioni simili solo per obbedire al suo temperamento? Probabilmente si era stancata, e glielo aveva detto nell'unico modo che lei sapeva, senza badare ai contraccolpi, ai commenti, alle emozioni che avrebbe provocato. Ed era proprio questa per Diego la parte più inaccettabile dell'episodio: la sua indifferenza per ciò che lui avrebbe provato.

Soltanto all'alba si lasciò conquistare dal sonno, reso ancor più difficile dall'afa notturna, nutrendo propositi del tutto opposti a quelli del mattino, quando aveva deciso di cancellare sui due piedi l'immagine della donna amata. Con un'antagonista della forza di Leonetta doveva imparare a giocare d'astuzia, quindi elaborare una strategia, adottare una tattica, e attenervisi senza esitazioni.

C'era in questo calcolo un inconfessato desiderio di vendetta: troppo facile sarebbe stato rispondere all'offesa con indifferenza. Meglio che lei lo credesse disperato, e intanto svagarsi, cercare di sopravvivere, fino ad un suo eventuale ritorno. Cioè sostituire al più presto Leonetta con un'altra presenza, come poteva essere, ad esempio, quella di Yvonne...

L'ipotesi gli arrecò un immediato sollievo. Yvonne era giovane, graziosa, e sicuramente già matura, ad onta del fidanzato, per una relazione clandestina. Questo avrebbe reso meno drammatica l'attesa del giorno fatale in cui Leonetta lo avrebbe richiamato in servizio, e nel contempo gli avrebbe offerto una piacevole distrazione per tutto il tempo necessario. La sola resistenza che egli provava era di ordine bassamente sentimentale: il dover modificare la qualità del suo trasporto verso Leonetta da gioioso abbandono a cauta diffidenza, il considerarla d'ora in avanti non più complice ma nemica, un'avversaria con cui venire a patti quando fosse il momento, dato che di liberarsene totalmente non si sentiva capace.

A decidere questa linea di condotta lo sosteneva la convinzione che lei per prima lo avesse strumentalizzato, che si fosse servita di lui per un'emozionante giostra dei sensi molto diversa da quelle che fin allora aveva assaporato, poiché vi si era mescolato uno stuzzicante gioco intellettuale.

Fin qui niente di nuovo, poteva concludere, il mondo era sempre stato popolato di Messaline in cerca di nuove vittime. La parte sorprendente era che lui, con la sua esperienza, si fosse lasciato adescare con tanta facilità, che le avesse creduto fino a scambiare per una storia d'amore una prepotente libidine, più o meno come sarebbe successo a una sartina anziché a un uomo navigato. E ora che la vedeva nella sua vera luce Diego si stupiva di essere stato attratto anzi sedotto e abbandonato, lui che amava il nuovo e il moderno, da una donna così antica nel suo essere femmina: segno che dentro di lui agivano in qualche modo forze altrettanto antiche, spinte reazionarie con cui la ragione doveva adesso, dolorosamente, fare i conti.

E se andava a fondo in questa direzione, non poteva che domandarsi se non fosse proprio quella intollerabile "diversità", quella ancestrale resistenza a nuovi modelli di vita, il nucleo oscuro del suo desiderio sessuale, l'aspetto che l'aveva così imperiosamente fatto innamorare, fino a desiderare ora di sopraffarla, di prendersi prima o poi la rivincita.

Alle pulsioni primitive di Leonetta egli aveva risposto in maniera altrettanto primitiva, adeguandosi a lei, a quel desiderio allo stato puro che mai avrebbe creduto possibile in una donna, estasiato da quella forza animale che poteva, da un istante all'altro, trasformarsi in volatile umore, in capriccio gratuito. Del resto che cosa aveva fatto perché lei ne prendesse coscienza? Nulla, perché anche a lui era piaciuta così, e semmai erano stati quegli antiquati sospiri, quello sfacciato edonismo a infiammargli continuamente l'estro. Borghese a tavola e rivoluzionaria a letto: era un pensiero che aveva già fatto una volta. Adesso gli tornava alla mente, ma spoglio di tenerezza.

Un lungo duello a distanza stava cominciando, e Diego vi si preparava con la determinazione di un uomo maturo offeso nel suo onore di maschio. Il problema immediato era distrarsi, riempirsi le giornate, ubriacarsi di impegni e di gente, allontanare da sé il fantasma dolcissimo e crudele di Leonetta prima che potesse togliergli la pace.

Sì, sarebbe andato a trovare Yvonne nel suo ufficio alla casa di spedizioni, ma questa volta non per telefonare.

VIII

Gli occhi chiusi e il viso offerto al sole del Mediterraneo, Leonetta, sotto un ampio cappello di paglia, stava pigramente distesa in una sedia a sdraio del ponte di prima classe, aspirando con voluttà l'odore di salsedine che il vento le portava. Solo a tratti socchiudeva le palpebre per osservare in lontananza la costa turca e l'isola greca di Lesbo che si stagliava sul turchino, o per rispondere a una frase di Edoardo che sedeva nella sdraio a fianco, pantaloni bianchi e foulard, in apparenza molto più soddisfatto di lei dalla prima settimana di crociera a bordo del piroscafo "Peer Gynt".

Grazie ai buoni uffici di Stefano Venosta, che era stato il patrocinatore di quel viaggio, si era trovata all'ultimo momento una cabina anche per i coniugi D'Ors, essendo la nave ormai quasi tutta prenotata. Edoardo aveva appena procurato a Stefano una nuova vettura, e non gli era parso vero, in cambio, di poter comunicare che Leonetta era felice di partire con loro.

«Hanno consegnato il vestito dalla stireria?» domandò premuroso.

Lei se n'era quasi dimenticata, intenta a seguire il flusso di altri pensieri, perché in serata, all'arrivo a Costantinopoli, si sarebbe tenuta a bordo una grande festa da ballo.

«Vado a informarmi» fece Edoardo alzandosi, senza che la moglie dicesse nulla per trattenerlo.

Dopo sette giorni di navigazione, da quando erano partiti da Genova, a Leonetta appariva remotissima Milano, quasi non dovesse più farvi ritorno, mentre più che mai presente era l'assillo di Diego, o meglio di una verità che cominciava ad affiorare alla coscienza, non perché l'avesse negata, ma perché non vi aveva abbastanza riflettuto contentandosi di vivere quella sconvolgente esperienza come aveva fatto, senza porsi troppe domande. Sapeva di poter contare illimitatamente sulla devozione del marito, ma non aveva previsto che assistere al suo martirio l'avrebbe alla fine messa in ginocchio, costretta a un gesto riparatore. Ora poteva ritenersi fortunata che la sua decisione fosse coincisa con la stagione d'inizio delle vacanze, in modo da non privare Edoardo di un meritato periodo di riposo, e neppure lei stessa di una opportuna pausa per ritemprarsi il corpo e lo spirito.

Smirne le era piaciuta, con i suoi viali di palme, il lungomare, le trattorie dei pescatori, le casette di stile macedone davanti alle quali Stefano Venosta aveva voluto immortalarla con la macchina fotografica. E a Smirne per la prima volta la voce di Diego si era rifatta viva dentro di lei, sul torpedone che li portava ad Efeso, e poi davanti allo spettacolo di quelle rovine grandiose che la sua presenza avrebbe ancora meglio esaltato, era stato un attimo, una specie di capogiro come quando si prende coscienza di una gravidanza, comunque da quel primo mattino, come il giorno seguente sulla rocca di Pergamo, Diego era tornato di prepotenza a parlarle, a tenerle la mano, a sorreggerla nei passaggi difficili delle visite archeologiche, a rubarle un bacio sotto un colonnato, suscitandole accessi di pungente nostalgia, che lei ingannava nelle serate di gala alla tavola del comandante.

La riscosse dal suo torpore una improvvisa animazione: qualcosa stava accadendo, che richiamava alla murata i passeggeri in ozio sul ponte, vieni a vedere! si sentì chiamare da Stefano, una cannoniera inglese!

Non aveva voglia di lasciare la sdraio per scrutare col binocolo una nave da guerra, tanto più che Stefano, nei momenti in cui Luisa Venosta lo lasciava solo, aveva cominciato a manifestare, sia pure in maniera signorile, pericolosi segni d'interessamento che non si sarebbero limitati alla cannoniera, come del resto aveva iniziato a fare in occasione di ogni festa danzante, quasi che una moglie infedele dovesse poi esserlo con chiunque, e questo la indisponeva oltremodo quando si trattava di persone che compiangevano il povero Edoardo ma erano pronte ad allungare le mani sulla sua bella consorte.

Certo Leonetta non indugiava a chiedersi, con il suo carattere, che cosa Diego avesse provato nel leggere quel biglietto, né che cosa stesse facendo in quelle stesse ore. Lei aveva agito d'istinto e continuava a farlo, senza indulgere più del necessario a debolezze. Era già stata fin troppo imprudente nel lasciarsi coinvolgere fino ai limiti dello scandalo. E infine era persuasa che il destino della loro storia, se di un grande amore si trattava, non sarebbe per questo mutato. Anzi un periodo di lontananza vissuta come definitiva non poteva che giovare ad entrambi, era un cimento a cui sottoporsi fintanto che lei aveva la forza per imporlo anche a se stessa, una verifica per riordinare le idee, per accertare quanto di autentico fosse rimasto nella sua vita coniugale o se invece essa fosse ridotta a un simulacro. Quanto alla mancanza fisica dell'amante, Leonetta si sentiva risarcita dalla felicità che Edoardo dimostrava, raddoppiando le sue premure senza nulla chiedere in cambio, fingendo di accettare serenamente i continui dinieghi di lei.

Devi lasciarmi del tempo, gli aveva chiesto, senza dare altre spiegazioni del suo rientro al focolare domestico, dato che le era impossibile fingere slanci che verso Edoardo non sentiva più, anche se ora la pena che prova- va per lui, oltre ai sensi di colpa, aveva reso più palesi i legami dell'affetto. Più volte, nel corso della sua unione matrimoniale, le era accaduto di sentire come inalienabi- le il rapporto con Edoardo, fondato com'era su una devo- zione così totale da parte di lui, e su una fiducia così insostituibile da parte di lei, quale nessun altro uomo avrebbe saputo comunicarle, e meno che mai Diego, chiuso nel suo egoismo d'artista.

Innamorarsi di un uomo del genere, così lontano per cultura e per abitudini dal suo mondo, aveva però messo in crisi molte delle sue certezze. E quel voltafaccia – Leonetta non se lo nascondeva – era stato un estremo tentativo di salvarsi, ben sapendo che, se lo avesse voluto, avrebbe potuto riprendersi Diego in qualunque momen- to, appena si fosse sentita fortificata, o quanto meno le- gittimata di nuovo a tradire un marito che non poteva più appagarla nei suoi bisogni profondi.

Questa consapevolezza, tuttavia, di una duplice verità dentro di sé, quale l'esigenza di sicurezza e la necessità di sentirsi viva, aveva finito per mandare in pezzi il suo difficile equilibrio, togliendole la serenità e impedendole di veder chiaro. Perciò aveva accettato quella vacanza di tre settimane, nella speranza di trarne qualche giova- mento. Ciò che avrebbe fatto Diego di quel lungo perio- do di libertà non la impensieriva. Se lui l'amava davvero questa era l'occasione per dimostrarglielo, continuando ad amarla. Non si aspettava nessun gesto, ma solo che lui si mostrasse incrollabile nel desiderarla.

Dunque aveva ben diritto a riempirsi l'anima d'infini- to, rilassarsi al controluce delle onde che la grande nave si lasciava dietro, godere ogni minuto di sole e di vento, preparandosi alla visita delle moschee di Costantinopoli e alla magica visione del Corno d'Oro, come il programma di viaggio prometteva.

«Il vestito è in cabina» la informò Edoardo. Tornò a sedersi accanto a lei e le prese una mano, mentre Leonetta stava immobile a occhi chiusi. «Avevi proprio bisogno di cambiare aria. Sei rifiorita, tesoro» aggiunse baciandole la mano.

IX

All'aperto o al chiuso, per strada o in un locale, c'era uno spazio che Leonetta occupava. Nella mente di Diego, lei stava quasi sempre all'impiedi con quel suo bacino in attesa, come colto a metà di un movimento, punto focale di un'apparizione armoniosa che la fantasia materializzava dovunque egli si trovasse. Infatti Leonetta veniva avanti lungo il marciapiede senza accelerare il passo, sebbene fosse come d'abitudine in ritardo, come se fosse lei che Diego stava aspettando, annullando intorno a sé tutto il resto del visibile, anche il carro del ghiaccio fermo davanti alla latteria, unico negozio aperto nella via deserta.

Il sole del mattino sfolgorava contro le saracinesche abbassate. Un garzone da sopra il carro arpionava il ghiaccio con un gancio di ferro e spingeva il lingotto fuori del cassone, in modo che il lattaio, protetto da una tela di sacco, potesse caricarselo su una spalla e portarlo nella bottega, ma senza che il pensiero di Diego si soffermasse sui suoi movimenti, occupato nel tenere sotto controllo lo spazio fantastico riempito dalla figura di Leonetta, in moto eppure ferma alla stessa distanza.

Quando Yvonne comparve sul portone aveva un aspetto fresco e radioso che richiamò bruscamente Diego alla realtà. Una bambola, pensò, una bambola appena tolta dalla scatola, magari fin troppo agghindata per una scampagnata, ma molto piacevole da accompagnare mentre si avviavano alla fermata del tram, e poi mentre ne scendevano per raggiungere la stazione delle Ferrovie Nord, e infine mentre prendevano posto su una carrozza di seconda classe, appena in tempo per non perdere il treno.

«Eccoci qua» lei sospirò raggiante, quando furono seduti accanto al finestrino. Tolse il cappello, sfilò i guanti di picché e li depose con la borsetta sopra la retina dello scompartimento, senza curarsi di nascondere la sua eccitazione.

Era ansiosa di arrivare, confessò, perché a Como non tornava da diversi anni, cioè dall'ultima volta in cui era andata per una narcisata con un gruppo di colleghe, e certo non avrebbe immaginato di rifare un giorno lo stesso tragitto a fianco di un uomo importante, insomma di un uomo che...

Diego le accarezzò una mano senza distogliere lo sguardo dal giornale che stava leggendo. Sicuramente la ragazza non sarebbe stata così euforica, se avesse potuto indovinare quali pensieri si nascondevano dietro il suo silenzio: la notte prima, trascorsa ad occhi sbarrati, egli aveva deciso di scrivere a Leonetta. Invece al mattino, mentre si radeva, si era detto che forse era più prudente aspettare, prima di scrivere una lettera così impegnativa come quella che da alcuni giorni si rigirava nella testa, e rimandare la decisione almeno al ritorno dalla gita con Yvonne, come se lei potesse operare un mutamento, pur sapendo Diego che non si sarebbe verificato.

«Così il tuo fidanzato ti crede dalla nonna?»

Lei fece spallucce, e con un sorriso malizioso si alzò per andare alla toilette, lasciando Diego a meditare sulla capacità tutta femminile di inventare bugie e di credervi come fossero verità, virtù che Leonetta aveva innalzato a livello di arte, del resto una volta glielo aveva detto: tu a recitare sei più brava della Duse, e lei se n'era lusingata come di un complimento, anziché arrossirne come avrebbe dovuto, segno che quel vizio le era così connaturato da non saperlo più distinguere, nemmeno lei.

Nello scompartimento faceva sempre più caldo, anche se qualcuno aveva abbassato il finestrino a rischio di ricevere negli occhi il pulviscolo di carbone della locomotiva. Ora che il treno si avvicinava a Como, Diego provava una doppia sensazione: di sollievo per essersi lasciato alle spalle la città per una domenica, e d'ansia per la prova che lo aspettava, una scommessa con se stesso, una dimostrazione che il fantasma di Leonetta poteva essere, se non annichilito, ridimensionato con la sola forza della volontà. Ricordava un paesino dove si arrivava col battello, una salita e un prato che dominava il lago. Era stato là che anni prima, durante una passeggiata con Delfina, si erano fermati a fare l'amore, e ora si sforzava di pregustare il momento in cui Yvonne gli si sarebbe data, adesso che riprendeva il suo posto sul divano di velluto grigio; hai fatto pipì? le sussurrò all'orecchio; ma che curioso! fece lei picchiandogli con severità il dorso della mano, sicuramente Leonetta avrebbe risposto in ben altro modo, inutile che si dicesse come, perché il treno stava rallentando, fino a entrare in stazione con un gran stridore di freni.

Sul piazzale batteva un sole implacabile. Davanti all'imbarcadero un gelataio col suo carrettino a forma di gondola era in attesa di clienti, dato che il battello sarebbe partito soltanto tra mezz'ora.

«Vuoi una parigina?» offrì Diego.

L'uomo sollevò il grande coperchio lucente e Yvonne si affacciò oltre il bordo del cilindro, il mento proteso verso quel pozzo di delizie con l'impazienza di una bambina, il tessuto della veste teso di colpo sul sedere, fragola e cioccolato, ordinò; ma c'erano anche vaniglia e limone; allora vaniglia e cioccolato, si corresse alla fine, ma non fu solo la posizione ad accendere in Diego la scintilla che aspettava, fu anche il modo in cui, appena portata alla bocca la cialda che il gelataio aveva riempito col suo attrezzo, prese a leccarne gli orli con golosità, il cappello un po' sghembo, la borsetta serrata al petto perché non si sporcasse, il modo in cui la lingua girava attorno e assaporava il sorbetto, il modo in cui a tratti Yvonne socchiudeva gli occhi estasiata, finché si riscosse alla voce di lui che l'avvertiva:

«Attenta, ti stai sbrodolando!»

Era tardi: una scaglia di gelato le era colata sul vestito,

«O mamma» fece lei. «Che figura!»

C'era un caffè, dirimpetto, e lei vi si diresse in cerca di un lavandino. Un cameriere glielo indicò, e Diego seguì la ragazza nel retrobottega che dava sul cortile. Il locale era buio, ingombro di sedie ammonticchiate, una vecchia bicicletta era appesa al muro sopra l'acquaio. Diego si arrestò qualche passo più indietro, lasciando che Yvonne sollevasse l'orlo della veste fino all'altezza del rubinetto.

«Sono mortificata. Magari perdiamo il battello» disse lei.

«Non preoccuparti, Yvonne.»

La fissava compiaciuto, finalmente qualcosa si stava verificando, qualcosa che non doveva rimandare, perché in quel gesto Yvonne stava esprimendo a sua insaputa un richiamo malizioso, un misto di lubrico e di innocente, come se nell'atto di tenere sotto il filo dell'acqua un lembo del suo vestito offrisse anche qualcosa di sé, ma andrà via questa cioccolata? implorò mentre Diego le si avvicinava lentamente, ma senza perdere un solo dettaglio, nonostante la penombra, di quelle giarrettiere da ragazza, di quelle mutande celesti che parevano di una misura troppo esigua, sarà meglio che ti togli il vestito per asciugarlo, egli disse alla fine, cerchiamo una stanza così ci riposiamo, vieni...

Al piano di sopra affittavano camere. Una domestica anziana stava terminando di rifare il letto, forse una coppia se n'era appena andata. Diego richiuse le imposte e si voltò.

«Aspetta, non toglierti niente.»

«Neanche il cappello?»

«Neanche il cappello.»

Adesso era bene che Leonetta vedesse, che il suo fantasma si rifacesse vivo, era stata lei a volere tutto questo, e ora doveva assistere fino in fondo.

L'impiantito scricchiolava, mentre si guardavano a un passo di distanza. Un colpo di sirena giunse dal lungolago.

«Il nostro battello» chiamò Yvonne, ma senza muoversi, restando all'impiedi accanto al letto.

«Tira su la sottana» egli ordinò.

Doveva fare in fretta, prima che il momento passasse.

«Ancora un po'» disse.

Lei obbedì, mentre un sorriso di trionfo le spianava il viso imbronciato.

«Oh, Diego, quanto mi hai fatto aspettare!»

X

Se con la gita sul lago si era proposto di accertare quali fossero per lui le effettive possibilità di dimenticare Leonetta, Diego doveva ammettere che la dimostrazione si era rivelata una smentita. Cessato il primo benefico effetto – quel senso di diffusa gratitudine che ingenera il desiderio appagato – già durante il viaggio di ritorno a Milano, egli aveva avvertito che quel vuoto non si era colmato neppure provvisoriamente. Semmai vi si era aggiunto un vago rimorso per aver profittato di una ragazza senza esperienza, e la preoccupazione che ora Yvonne potesse farsi delle illusioni.

Ma in amore ogni mezzo è lecito, se il fine è che esso trionfi. Dunque sull'aspetto morale Diego poteva anche assolversi, tacitando le sue personali ideologie, per essersi servito con calcolo di una terza persona, dato che tutti ci serviamo degli altri pur di non soffrire. Sulle prime aveva temuto che Leonetta, scomparendo, si fosse portata via anche la sua libidine, sottraendogli la voglia stessa del piacere amoroso, una capacità che egli non aveva mai perduto in altre occasioni.

Ora questa paura si era rivelata infondata, la nostalgia di quelle carezze non era stata sgominata dal patimento, ma questa era semmai una constatazione ancora più scoraggiante, se un corpo giovane e appassionato come quello di Yvonne non aveva neppure scalfito l'immagine che la fantasia continuava ad adorare. Era la prova che non tanto le grazie di Leonetta gli mancavano quanto ciò che lei rappresentava per intero: la voce, gli sguardi, gli atteggiamenti, le parole, i pensieri. E infine quel carattere contro il quale si era scontrato fin dagli inizi.

Il primo risultato fu che il giorno successivo mise mano a un racconto, intenso e sofferto come da tempo non gli capitava. Ma quando lo ebbe terminato, si accorse che neppure quella indiretta conquista lo avrebbe aiutato. Per chi avrebbe scritto d'ora in avanti? A chi avrebbe letto le sue pagine? Ci sono cose che non si dovrebbero mai cominciare, gioie destinate a tramutarsi in dolori. Così diventava più pregnante, nel ricordo, la colazione divisa insieme un mattino di primavera, quando lui le aveva letto ad alta voce il racconto che aveva appena finito di scrivere, e lei ascoltava con indosso la sua vestaglia, immobile davanti alla chicchera del caffè...

Avesse avuto ancora dei dubbi sulla propria condizione di innamorato, in capo a tre settimane Diego li aveva dissipati uno per uno. Ogni mattina, ritirando la posta nella casella, trasaliva all'ipotesi di una sua lettera, e più passavano i giorni e più quella speranza gli appariva meno remota, perché Leonetta non poteva aver dimenticato al punto da scomparire per sempre.

Poi invece, e questo accadeva di notte, quando l'afa o un incubo interrompevano il sonno, agli aneliti facevano seguito momenti di odio violento. Allora si alzava, lo stomaco stretto in una morsa, e si metteva alla finestra in cerca di un soffio d'aria, passando in rassegna tutti gli episodi negativi, i particolari spiacevoli di certi comportamenti, sfumature che l'avevano messo in allarme e su cui non avrebbe dovuto transigere allora, ma andare a fondo senza lasciarsi confondere dagli abbracci, perché questo di oggi era solo uno sterile esercizio di condanna.

Ma siccome l'amore è più duro a morire della speranza, arrivato alla fine delle sue analisi spietate, appurato che Leonetta era la più perfida delle donne, Diego non riusciva tuttavia a rassegnarsi di aver perduto, con lei, l'unica occasione di un interno mutamento, quale sentiva prender corpo dentro di sé, di una maturazione che la sofferenza stava affrettando e che chiedeva di essere riconosciuta. L'orgoglio ferito non doveva condizionarlo a tal punto. Doveva scriverle, fare un ultimo tentativo prima di emettere un verdetto definitivo.

La sera in cui lo fece era tornato a cena da Delfina. Era stata proprio lei, vedendolo a mal partito, a persuaderlo, consigliandolo a confessarsi con umiltà in una lettera d'amore, non letteraria e poetica come egli sapeva scriverne, ma sobria e misurata, a cui Leonetta non sarebbe stata insensibile.

«Sei l'unica amica che ho, Delfina» l'aveva ringraziata Diego, abbracciandola sull'uscio.

Quando seduto al suo tavolo di lavoro, rimossi i libri, le carte, i manoscritti che lo ingombravano, cominciò a vergare in cima al foglio le parole "Cuore mio", Diego sentì svanire di colpo l'ansia che per tutto quel tempo lo aveva attanagliato, come se l'atto di scriverle, quella incrollabile fiducia nella parola che ogni scrittore conosce, fosse di per sé un anestetico, un calmante, anzi l'unica medicina.

Prima di quel momento non sapeva con esattezza che cosa gli sarebbe uscito dalla penna, perché le decine di lettere immaginarie che le aveva indirizzato erano state fin allora dettate dal rancore o dalla debolezza, insultanti o supplichevoli a seconda degli stati d'animo. Ciò che sapeva per certo era che mai a nessuna donna aveva scritto con tanta semplicità, spogliandosi completamente del proprio orgoglio. Era stato questo sentimento, unito alla paura di essere posseduto fino all'annullamento, a impedirgli di darsi totalmente, ed ora era venuto il momento di farlo.

Così scrisse, di getto, due facciate in cui, badando a scegliere le parole ma senza misurarne troppo l'effetto, esprimeva a Leonetta questo suo bisogno di consegnarsi una volta per tutte all'unica donna che era riuscita, forse senza volerlo, a portarlo a quel punto. Le disse di questa rivelazione, traumatica ma positiva, che attraverso l'amore gli aveva aperto gli occhi su se stesso, e del desiderio di essere finalmente diverso, non più costretto a separare eros e intelletto, cuore e ragione, ora che aveva scoperto come unificarli entrambi attraverso di lei. Non era davvero una lettera d'amore, ma piuttosto un esame autocritico in cui Diego confessava di essersi sempre tenuto un angolo segreto e inespugnabile dove nessuno era mai entrato, e da qui erano discesi tutti i suoi successivi fallimenti, gli amori sbagliati e la sofferenza che aveva distribuito.

Forse, aggiunse iniziando una terza facciata, dalle loro incomprensioni era nata l'ostilità con cui, pur attraendosi così fortemente, si erano combattuti. Questo doveva cessare, se lei era disposta a pensare a una vita in comune, a un'esistenza senza più finzioni dove ciascuno avrebbe espresso le proprie debolezze ma anche il meglio di sé, ed era questa la certezza che lo accompagnava in una notte di luglio, così scrisse, "che forse cambierà le nostre vite".

Rilesse con calma la lunga lettera che aveva scritto senza cambiare una parola. Anche di questo, di stendere un appello così privo di lenocinii letterari, non si sarebbe creduto capace. Piegò i fogli, li sigillò in una busta e si coricò col sollievo di aver compiuto l'unica cosa che gli restava da fare.

Il mattino dopo si recò di persona all'abitazione in corso Italia. Consegnando la lettera in portineria provò un tuffo al cuore, come se stesse inoltrando una domanda di grazia.

«Sì, la signora D'Ors è tornata ieri» rispose un portiere in livrea.

«È una lettera urgente, la consegni subito, per favore.»

XI

Allo squillo secco del campanello Diego trasalì violentemente. Alzò la testa dal foglio, a metà della novella che
aveva cominciato, e depose la penna. Fissava la porta
senza riuscire a muoversi, riluttante nel correre ad aprire
nel timore di essere immediatamente deluso, ma anche
assaporando il piacere di un'emozione che ogni secondo
prolungava. Le lancette dell'orologio segnavano le sette
meno dieci – spesso scrivendo gli accadeva di perdere
la nozione del tempo – ma anche a quell'ora della sera
Leonetta era capace di arrivare, senza preavviso com'era
nel suo carattere.

Fu un secondo trillo più spazientito a farlo accorrere
all'uscio, in preda a un'agitazione che non era sicuro di
poter mascherare, appena lei gli fosse apparsa dinanzi.

«Eri occupato?» disse Yvonne con un sorriso che egli
sentì subito di odiare. «Ho finito adesso di ricopiare a
macchina...»

Infatti aveva con sé un mazzo di fogli che si affrettò
a mettere sul tavolo con la grazia di una scolaretta che
ha terminato il compito.

«Brava, Yvonne» egli bisbigliò riprendendo fiato.

«Prova a leggerlo, non c'è neanche un errore.»

Non ce n'era bisogno, sapeva benissimo quanto fosse
capace la sua dattilografa, e poi con quell'afa diventava

tutto faticoso, magari un bel bicchiere di menta? propose in premio di tanta solerzia.

La ragazza accettò subito, anzi chiese il permesso di potersi mettere un po' in libertà: giù in ufficio faceva ancora più caldo, in quel piano rialzato così privo di correnti d'aria, e i piedi soffocavano nelle scarpe, esclamò facendole volare una dopo l'altra nella stanza.

Nel portarle il bicchiere della bibita, Diego sentì che doveva liberarsi dell'insensato rancore che provava, non tanto verso di lei quanto verso se stesso, per aver potuto credere a una ben diversa apparizione.

«Buona» osservò Yvonne vuotando il bicchiere d'un fiato. Si asciugò con la punta della lingua il sapore di menta che le era rimasto sul labbro, poi tornò a sdraiarsi sopra il sofà, a piedi scalzi, sventolando l'orlo della sottana. «Posso rimanere un po'?»

«Veramente stavo lavorando...»

«Non ti do fastidio, ti guardo e basta.»

Infatti lo guardava, il bicchiere vuoto tra le mani, soddisfatta di sé e già padrona di quella stanza – almeno così pareva a Diego – senza che lei si rendesse conto della violazione che stava compiendo, sdraiata sul sofà dove Leonetta sedeva ancora sovrapponendo la sua immagine a quella fisica della ragazza, ora intenta a raccontare delle sue beghe col capufficio, cose di nessuna importanza che servivano a Diego per astrarsi e che le lasciava dire senza interromperla, perché il camion Ford di dieci quintali è il più veloce tra quelli in commercio, l'ideale per le consegne rapide, solo che non riescono a sdoganare i due esemplari fermi nel porto di Genova, che alla ditta sarebbero necessari per settembre, quando comincia la stagione dei traslochi...

Quale forza tratteneva Leonetta dal rispondere alla sua lettera, a distanza di tre giorni da quando l'aveva scritta, fosse pure con un telegramma o con due righe recapitate dall'autista? E come poteva pensare che lui sarebbe rimasto inerte ad aspettare, in quell'agosto che si annunciava infernale, una risposta che non arrivava? Più volte aveva progettato di piombarle in casa all'improvviso, ma l'aveva dissuaso l'ipotesi di trovarvi anche il marito, compromettendo così la sua tranquillità. Ora però si sentiva pronto a correre anche questo rischio, capace di non arretrare più di fronte a niente.

«Senti, Yvonne.»

Si era alzata dal divano per andare a mettersi di fronte a lui, i glutei contro la scrivania, quasi a contatto della cartelletta che Diego usava come ripiano per scrivere, affinché il pennino non si inceppasse nelle screpolature del legno, sfiorando in modo irriverente il tampone e il calamaio, un odore asprigno di sudore che le usciva dalla scollatura, oscillando all'impiedi accanto alla lampada tiffany.

«Devo chiederti una cosa» egli aggiunse. «L'ufficio è ancora aperto?»

«Sarà rimasto il ragioniere. Perché?»

Fingeva di non capire la ragione della domanda, ma il sorriso le si era subito contratto in una smorfia. Sebbene lui non gliene avesse mai fatto cenno, neppure di sfuggita, Yvonne sentiva che tra loro resisteva qualcosa di non detto, uno spessore d'ombra, un velo che era prudente non alzare. Le sarebbe piaciuto che fosse lui ad aprirsi, che le confidasse qualcuno dei pensieri che lei gli vedeva aleggiare nello sguardo, ma poiché Diego non ne faceva mai parola, la soggezione le impediva di violare quella segretezza, tanto più che la sua mano, insinuatasi con noncuranza sotto la veste, sta risalendo verso l'imboccatura della calza, una carezza che vorrebbe essere affettuosa, rassicurante, nel momento stesso in cui dichiara: dovrei fare una telefonata; oh! disse lei, come se la cosa non la riguardasse, ma sicuro! e subito si sottrasse alla mano di Diego.

«Dopo se vuoi torniamo qui» egli si sentì in dovere di aggiungere.

«No, devo andare a casa» tagliò corto la ragazza.

Si infilò le scarpe, e mosse verso l'uscio. Qui si fermò, sollevò il lembo del vestito per slacciare la giarrettiera e tendere di nuovo la calza, senza curarsi di nascondere nulla, quasi volesse ingenuamente mostrare a Diego ciò che stava per perdere.

Scesero al piano terreno e attraversarono il cortile. Due garzoni stavano scaricando le merci di un camion appena arrivato, bianco di polvere dal telone ai parafanghi. Nonostante l'ora tarda, qualche luce era ancora accesa dietro i finestroni dell'ufficio.

«Il numero è...»

«Lo so a memoria» fece Yvonne.

Andò all'apparecchio e squassò letteralmente la manovella.

«Pronti? Vorrei questo numero» dettò alla centralinista, attenuando col suo comportamento infantile l'emozione che stava per invadere Diego.

Quando, dopo pochi secondi, egli andò a rispondere, la voce di Leonetta nel cornetto gli diede una strana sensazione di irrealtà.

«Sono Diego» egli disse.

Dalla sua sedia girevole Yvonne lo scrutava, rosicchiandosi un'unghia durante il silenzio che seguì, prima che lui riprendesse.

«Ti ho mandato una lettera, l'avrai vista.»

Non trasparivà nulla dall'espressione del volto, ma la voce aveva un timbro che Yvonne udiva per la prima volta, e che la turbava più di qualunque ammissione egli

164

avesse fatto, la voce accorata di un uomo in attesa di un verdetto.

«Non ti sento, puoi parlare più forte?»

Yvonne girò la poltrona dalla parte opposta, improvvisamente confusa per essere rimasta ad assistere, sentendo crescere in gola un groppo che le inumidiva le ciglia, non importa, stava dicendo Diego, lo so, poi mi dirai; adesso il tono era rinfrancato, di nuovo sicuro di sé; d'accordo, disse ancora, ti aspetto domani.

Diego appese al gancio il cornetto, restò ancora un attimo sopra pensiero, infine guardò Yvonne. Lei aveva gli occhi pieni di lacrime.

XII

Ritrovarsi eguali, ricongiungersi nella somiglianza mentre le braccia tornano a serrare un corpo che era sfuggito, lo sguardo che si imbeve di tutto ciò che è possibile assorbire con gli occhi e con la mente, la mano che serpeggia febbrile a riprendersi tutto quello che si credeva perduto: questa non era più voluttà, era sovrumano sollievo, era la fine di una mancanza che Diego non aveva mai sperimentato in maniera così dolorosa da sentire paralizzato il desiderio carnale, rimescolato in mille aneliti ora che Leonetta è distesa sotto di lui, ancora vestita, nel trionfo di un candido plissé, alle tre di un pomeriggio d'agosto, sopra il letto che l'aveva accolta fino a un mese prima.

Nessuna pagina avrebbe saputo rendere – Diego lo sentì al primo abbraccio – la complessità di una simile esaltazione, e la piena di così tanti sentimenti, davanti allo spettacolo di una Leonetta che tre settimane di crociera vissute all'aria aperta avevano ritemprato, colorita di un'abbronzatura che la faceva sembrare diversa, molto meno fatale nel suo tipo di femmina ma più vera e credibile come donna, emozionata per quanto aveva da confidare più che per i baci appassionati che toglievano spazio alle loro parole, perché anche lei era convinta che fosse finita, che non si sarebbero mai più riveduti dopo quello che aveva passato: un periodo orribile durante il quale si era sentita incapace di continuare quella relazione, da quando Edoardo ne era a conoscenza, c'erano state scenate in cui era avvenuto di tutto: minacce, implorazioni, promesse e disperazione.

«Non ce la facevo più, a vederlo soffrire a quella maniera.»

Era un'ipotesi che Diego non si era prospettato, e che lo investiva inaspettatamente di una responsabilità a cui non poteva più sottrarsi; ma quando ho letto la tua lettera, aggiunse Leonetta con lo sguardo rivolto al soffitto come parlasse per sé sola, ho capito che era sbagliato nascondermi, e nascondere a me stessa la verità, ci sono dei giorni in cui mi sembra di impazzire, di vivere dentro un incubo, come se avessi perso la strada, perché a Edoardo, anche se non sono più innamorata, io voglio un bene infinito, e poi...

Fece una pausa, mentre un lungo sospiro le sollevava il seno.

«E poi?» volle sapere Diego sopra la sua bocca.

«Niente. Ci sono delle cose che non sai.»

Questo, lui l'aveva sempre intuìto: una specie di magma, un oscuro impasto di cose inconfessabili, una fluida barriera fra loro due, che l'ammissione di Leonetta rendeva adesso solida come un muro, un fossato di omissioni e reticenze che quelle parole materializzavano, rendevano finalmente visibile agli occhi di Diego; forse un giorno riuscirò a dirtele, ma tu devi aiutarmi, lei seguitò prendendogli la faccia tra le mani, come a rassicurarlo che non si preoccupasse troppo dopo avergli messo quell'ago nella vena, perché io, disse baciandolo ripetutamente intorno alle labbra, io credo di amarti; e la voce le si incrinò mentre lo diceva, un pianto incontrollabile le sgorgò all'improvviso, come vergognosa di essersi rivelata, sopraffatta da un'onda di infantile tenerezza per se stessa.

«Io ho bisogno di amore,» bisbigliò «di amore vero...»

Mentre la teneva tra le braccia, il corpo sottile scosso dai singhiozzi, Diego si sentiva annientato da quella rivelàzione: che in lei potesse nascondersi una seconda Leonetta, non l'avversaria di sempre ma una donna consapevole delle sue fragilità, disarmata e insieme forte, visto che sapeva spogliarsi delle proprie apparenze, e adesso era questa donna a riceverlo, con un gemito che scacciò le ultime lacrime, inarcandosi sotto il suo avambraccio, la tua bambina è tornata, bisbigliò, lo sguardo velato dal piacere che la stava sopraffacendo, ma tu devi essere paziente, dovrai aver cura di me, se è vero quello che mi hai scritto; sembrava che ogni parola le uscisse direttamente dal cuore, sebbene parlare, confessarsi, promettere o giustificarsi avesse ora poca importanza di fronte alla irruenza di ciò che entrambi sentivano, al rinnovarsi di quel turbine che sembrava stravolgere la voce della ragione ma che invece si caricava di significati sempre diversi perché la sua intensità variava ad ogni incontro, alla sensualità sfrenata si univa un'adorazione quasi mistica, finché tutte e due erano soverchiate dalla coscienza di una fatalità che si stava realizzando e a cui non restava che arrendersi.

Quel giorno essi lo percepirono con forza, come se il loro amplesso saldasse l'anello principale della catena che finora li aveva tenuti legati, e anche per questo i loro giuramenti apparivano così naturali, appena Leonetta ebbe scaricato in un grido altissimo tutto il suo desiderio.

«Non ti muovere, non andare via.»

«Prometti che non lo farai più con tuo marito?»

«Ma io non lo faccio» lei replicò, un sorriso divenuto improvvisamente materno.

Diego la fissò, indeciso se crederle, con un turbamento che Leonetta colse perfettamente. Allora aggiunse che la lettera di lui avrebbe d'ora in avanti cambiato molte cose, anche se lei, come donna, era costretta ad agire per gradi, a piccoli passi, in vista di un definitivo distacco da Edoardo.

«Intanto però vai con lui in vacanza» commentò Diego, sarcastico. «Quando partite?»

«Non parliamone adesso. E poi tu verrai a trovarmi. Ho già pensato come faremo.»

Lui si abbatté, come sfinito, sul guanciale. E fu allora che, scostando la blusa che Leonetta indossava ancora, nell'atto di baciarle l'attaccatura della spalla, notò sull'omero un segno bluastro, un piccolo ematoma che spiccava sulla pelle nonostante l'abbronzatura.

«E qui cos'hai fatto?»

«Oh» disse lei, per un attimo imbarazzata «Una botta, credo, devo aver battuto da qualche parte.»

«Credi?»

Osservò da vicino quel livido come fosse la prova di una colpevolezza. «Oppure è qualcosa che non dovevo vedere?»

«Perché tutte queste domande?» lei disse infastidita, rimettendo al suo posto la spallina della blusa. Era seccata di dover reagire a quel modo a un'innocente domanda, e un'ombra di disappunto passò sul suo viso.

«Dimmi la verità. È stato Edoardo? È stato lui che ti ha picchiata?»

Leonetta abbassò le palpebre come se dovesse far ricorso a tutta la sua pazienza. Poi recuperò un sorriso conciliante.

«Ti prego, non mi chiedere niente. Domani devo partire per Viareggio. E tu verrai a trovarmi, vero?»

XIII

Pacifica come una carrozza al piccolo trotto la Isotta Fraschini percorreva in seconda il lungo rettilineo del litorale, costeggiando da una parte l'altissima pineta, e dall'altra i pochi capanni che spiccavano bianchi e azzurri sopra l'arenile.

Sdraiata languidamente sul sedile posteriore, un braccio abbandonato sopra la capote abbassata, Leonetta teneva lo sguardo in direzione della striscia di mare che l'ora pomeridiana colorava di turchino, ma senza lasciarsi contagiare dallo spettacolo di quel paesaggio ancora incontaminato, immersa piuttosto nelle sue fantasticherie, cullate dal contrappunto regolare del motore.

«Non acceleri, Giacomo, abbiamo tempo.»

Si sentiva ancora stordita dopo il bagno in mare e la lunga esposizione al sole, e per aver preso lei stessa i remi durante un'uscita in barca con gli amici. Nella sua stanza d'albergo, dopopranzo, non era riuscita a concedersi l'abituale sonnellino, preoccupata di addormentarsi oltre l'orario del treno, assalita da una quantità di domande a cui preferiva evitare di rispondere. La prima e la più inquietante riguardava il futuro a cui Diego aveva accennato nella sua lettera, di una vita in comune "senza più finzioni". Ma era stata proprio questa sincerità a oltranza a procurarle negli ultimi tempi tanta angoscia. Anche lei, al pari di Diego, non si era mai consegnata totalmente alla persona amata. Anche lei si era sempre tenuta un angolo inespugnabile dentro il suo cuore, e ora il cuore le diceva di lasciarsi andare, di vivere con pienezza questa passione esplosa senza preavviso, mentre la ragione rimaneva riluttante ad accettarla fino alle estreme conseguenze.

Quando si era decisa ad interrompere la relazione con Diego aveva provato una sensazione di pace che le si era rivelata, col passare delle settimane, illusoria. Sapeva che il suo matrimonio con Edoardo non poteva riservarle più niente di nuovo, né brividi né sorprese, ma questo per l'appunto la rassicurava per il futuro, come se Edoardo, con la sua dipendenza, con il suo patologico bisogno di lei fosse per Leonetta l'unica garanzia, un porto sicuro, una presenza insostituibile dato che nessun altro, come lui, avrebbe sopportato i suoi capricci senza mai tentare una ritorsione.

Ora Diego, pur di riaverla, era disposto a tutto. Ma se da una parte era lusingata da tanta irruenza, dall'altra ne diffidava come di un pericolo. Troppe volte quell'uomo si era stancato dei suoi legami, troppe volte era stato infedele nelle sue unioni, e se ora Leonetta non dubitava dei buoni propositi da lui espressi per iscritto, non per questo il suo realismo veniva meno, immaginando una vita accanto a Diego alimentata sì dall'amore, ma spogliata dei necessari privilegi. Per chi è nato e cresciuto negli agi può essere seducente fantasticare di saperne fare a meno, ma questa esaltazione è destinata quasi sempre ad essere sconfitta nei fatti, e Leonetta aveva visto coi suoi occhi più di una coppia travolta per eccesso di leggerezza, e persino signore dell'alta società come la Rudinì, finita in un convento di carmelitane dopo la rovinosa passione per D'Annunzio.

Certo agiva in lei, insieme alla seduzione verso l'arte, anche una profonda diffidenza verso gli artisti, e Diego non era sicuramente il tipo d'uomo che poteva rassicurarla. Comunque su questo terreno Leonetta non si spingeva a fondo nell'indagare, contentandosi del proprio intuito, poiché il turbamento che ne otteneva le creava soltanto altri problemi. Perciò aveva deciso di uscire con la macchina prima del tempo, contando che l'aria di una passeggiata in automobile le sgombrasse i pensieri, restituendole il consueto entusiasmo.

Il mare aveva cominciato a farsi mosso, nel pomeriggio, e ora si rompeva contro le palafitte delle passerelle che si spingevano nell'acqua alta, dove i terrazzini erano sormontati da grandi cupole di stile orientale. Qualche villeggiante stava andando a godersi lo spettacolo, e Leonetta ne vedeva da lontano le figurine che si avvicendavano sul molo. Certo, una settimana di spiaggia con Diego sarebbe stata meravigliosa. Ma a un simile traguardo non disperava, poco per volta, di poter arrivare, così com'era giunta a far desistere Edoardo dai suoi doveri coniugali, persuadendolo che un rapporto così forzato era offensivo per entrambi.

Dal punto in cui l'auto si trovava occorrevano pochi minuti per raggiungere la ferrovia, e finalmente Giacomo ebbe l'ordine di svoltare verso l'abitato, mentre la campanella della stazione già annunciava l'arrivo del direttissimo.

«Aspetti qui» ordinò Leonetta, smontando sul piazzale.

Per un attimo, benché lo desiderasse ardentemente, mentre sul marciapiede spiava i viaggiatori scesi dal treno, sperò che Diego non ci fosse, che qualche impedimento lo avesse trattenuto, in un ultimo soprassalto delle sue angosce, perché l'emozione che provava – ricevere un amante alla stazione come se fosse il marito – era il segno di una fatalità che la sgomentava.

Ma quando lo scorse venire avanti, col suo cappello un po' sghembo e una valigetta nella mano, ogni cattivo auspicio si dissolse.

«Hai fatto buon viaggio?»

Il suo bacio sulla bocca le fece chiudere gli occhi.

«Un caldo infernale» egli disse. «Non vedo l'ora di essere in albergo.»

La Pensione Regina non era lontana. Quando vi giunsero Leonetta licenziò la macchina ed entrò con lui. Aveva prenotato la camera e disposto, grazie a una mancia, di poter salire senza lasciare documenti.

Appena la cameriera li ebbe introdotti, Diego lasciò cadere la valigia, lei si liberò della calottina di paglia, e un lungo abbraccio li serrò l'uno all'altra, all'impiedi davanti a un piccolo letto matrimoniale.

«Hai tagliato i capelli?» disse Diego.

«No, perché?»

«Mi sembrava.»

La guardava ogni volta come se dovesse scoprire di lei qualcosa che non aveva visto prima.

«Perché mi eccitano così tanto le stanze d'albergo?» lei bisbigliò divertita, ma quasi vergognosa di ripetere una verità che invece Diego era pronto a condividere, anzi a spiegarle nelle sue intime motivazioni, provocando in lei una voglia irrefrenabile, toccami subito, ordinò; aspetta un momento, fece Diego. Tolse di tasca un cofanetto.

«Questo è per te.»

Erano in piedi, davanti allo specchio dell'armoire che rifletteva le lunghe gambe di Leonetta imprigionata tra i pantaloni chiari di Diego, i tacchi sottili di lei e le francesine bianche e marroni di lui.

«Oh, non ci posso credere!» lei sospirò, con l'aria di una bimba al settimo cielo.

Il brillante era piccolo ma montato con la dovuta eleganza, e non sfigurava vicino ai gioielli di gran valore che Leonetta indossava.

«È un anello di fidanzamento, lo sai?»

«Lo so» rispose lei.

Diego glielo infilò lui stesso al dito, poi l'impeto dell'abbraccio li fece rovesciare sul letto, li trascinò a spogliarsi con una smania più forte di sempre. Ma quando Leonetta fu nuda tra le sue braccia, con quel corpo di mulatta dorato dal sole, Diego le prese la mano per sfilarle il brillante.

«Cosa fai? Te lo riprendi?»

Lo avrebbe visto subito quel che Diego aveva intenzione di fare, nello specchio dell'armadio di fronte, perché le sue dita cercarono il punto nella fessura dove incastonare l'anello.

«Ecco incoronata la mia regina.»

Ora la pietra, circonfusa dai riccioli del pube, sembrava ancora più sfolgorante.

«Guardati. Guarda cosa sei, Leonetta.»

Leonetta guardò, insuperbita a quel ritratto di odalisca che lo specchio rimandava. Poi, dimentica di ogni residuo pudore, spinse il pube in avanti, affinché il brillante risaltasse ancora di più in quel primo piano lubrico.

Glielo aveva già detto, una volta, mentre facevano l'amore, e che ora lei lo ripetesse era la prova di un bisogno sempre inappagato.

«Diego, da te voglio tutto.»

XIV

Caratteristica dell'amore è che le cose esterne, gli avvenimenti che formano la storia di un amore, non sono mai così importanti come le cose che succedono dentro, in quella zona della psiche che analizza i fatti, li commenta e vi specula intorno incessantemente come in cerca di una verità filosofica, un giorno certa un giorno dubbia, un momento ottimista e un altro sconsolata, aggrappandosi agli indizi più irrisori oppure deprimendosi per qualche sintomo contrario.

Vivendo, e descrivendo questi fenomeni nei suoi romanzi, Diego si era illuso di averne messo a nudo i meccanismi. Ma un conto è attribuirli a dei personaggi, e altro è sperimentarli sulla propria pelle, specialmente a un'età in cui si è al riparo dalle pene ancora meno che a vent'anni. A questo punto della sua vita egli sentiva di aver investito su Leonetta tutto ciò che gli restava di speranze e di entusiasmi, come se avesse imboccato una strada senza ritorno, ultima e definitiva. E ora il legame con la bella sconosciuta che sette mesi prima aveva notato per strada era diventato un'entità a sé, una terza persona che si era insediata tra loro e che ogni giorno di più occupava spazio, ingigantiva come sospinta da una forza superiore, anche se questo era difficile da spiegare a Delfina, anzi sarebbe stato opportuno che lei capisse tutto questo da sola senza aggiungere domande imbarazzanti.

«Insomma vivrete assieme» lei concluse.

La vettura, lanciata in piena corsa, li faceva ondeggiare lievemente sul sedile.

«E non ti fa paura, ricominciare un ménage?»

Diego si alzò, dato che stava avvicinandosi la fermata.

«La prossima è la mia» disse.

«Aspetta, scendo qui anch'io.»

Smontarono insieme dal tram. Delfina aveva voglia di fare due passi a piedi, ma soprattutto di sapere quanto fosse autentico un così radicale cambiamento.

«Hai sempre detto che volevi stare da solo.»

«È vero, l'ho detto.»

Le era grato per avergli consigliato, in un momento difficile, di scrivere a Leonetta, ma adesso si sentiva imbarazzato nel dover spiegare proprio a lei quale empito lo trascinasse a una simile decisione, anche se camminare al suo fianco restituiva a Diego un po' dell'antica confidenza. In piazzale Aquileia, sotto i platani di uno sparuto giardinetto, Delfina indicò una panchina libera.

«Possiamo sederci un momento?»

Anche questa era stata una consuetudine, discorrere all'aperto nei periodi critici della loro vita in comune, ma ora Diego vi consentì con riluttanza.

«Nerio lo vedi sempre?» lei cominciò come se volesse cambiare argomento, ma era solo una domanda diversiva per arrivare indirettamente a ciò che le stava a cuore, cioè di accertare quale fosse in Diego l'entità di una conversione così radicale.

«Delfina, perché mi fai queste domande?»

«Perché non ti vedo felice» disse lei pacatamente.

Lo strato di ghiaia intorno alle panchine era asciutto,

polveroso, com'erano rigide e polverose le foglie degli alberi in quell'inizio di settembre.

«Perché ti voglio bene, e non vorrei vederti fare un errore, una volta di più» aggiunse Delfina.

E poi lei non riusciva a immaginarselo, ne aveva parlato anche con Nerio, un uomo come lui assieme a una donna così diversa, di un'altra classe, di un'altra condizione sociale, una donna viziata che non rinuncerebbe mai alle sue comodità e che forse finirebbe per soffocarlo, per togliergli ogni spazio di quella tanto conclamata libertà per la quale Diego aveva voluto separarsi...

«Non so come dirti. Mi sembra che la mia sofferenza sia stata inutile, ecco...»

Diego abbassò lo sguardo con fastidio, raccolse dei sassolini sotto la panchina e prese a lanciarli davanti a sé, come se volesse colpire o allontanare una minaccia che vedeva profilarsi. Ciò che Delfina stava enumerando era vero, almeno nelle apparenze, ma egli sapeva che c'era una verità più profonda e magari contraddittoria che però non era in grado di confidare perché nessun altro, nemmeno una donna che lo aveva amato, poteva comprenderla senza sentirsi ferita.

«E poi vedi, io ti conosco» continuò Delfina appoggiandogli affettuosamente una mano sulla spalla. Era chiaro che si sentiva in diritto di parlargli a quel modo, come una madre con un figlio scapestrato, e Diego si dispose ad ascoltare pazientemente la prima e la più facile delle obiezioni: il rischio che poi, una volta consegnatasi per sempre, anche questa imprendibile donna avrebbe finito per annoiarlo, cessato il momento della privazione e dell'assenza, in una routine che – quante volte lui stesso l'aveva scoperto? – spegneva fatalmente gli ardori.

In qualche modo, forse senza rendersene conto, Delfina parlava di sé, come se volesse individuare, nel loro fallimento, una causa che non aveva ancora trovato ma che tuttavia assillava, quasi pentita di essere stata generosa nel restituirgli la sua libertà.

«Non so come fai a innamorarti così, come un ragazzo...»

Appoggiato a braccia aperte allo schienale della panchina, lo sguardo perso nel fumo della sigaretta, Diego si limitava a brevi cenni del capo, senza replicare a quegli enunciati, a quelle verità generali in cui, fino a qualche tempo prima, egli stesso aveva creduto. Ora avrebbe dovuto spiegare che c'era tuttavia dentro di lui una verità più profonda, una certezza che egli aveva avvertito soltanto con Leonetta, quasi che le esperienze passate non fossero servite ad altro che a preparare questo incontro, l'ultimo della sua vita. Ma a che scopo ferire Delfina, confessandole i particolari di una passione che lei non aveva conosciuto?

«Anche Nerio pensa così?» preferì domandare.

«Beh, lui ti rimprovera di esserti rammollito. Non ti occupi più di politica, non scrivi, non fai più niente...»

«Parli sul serio?»

«Sì. Sei diventato un altro, Diego, non ti riconosco più.»

Delfina pronunciò con durezza quest'ultima frase, e lui ne arrossì come se fosse stato colto in fallo, riconosciuto disertore di una causa che non poteva essere abbandonata.

«Può darsi, Delfina. La vita è talmente breve.»

Raccolse da terra una foglia secca e la accartocciò nel palmo della mano, prima di concludere.

«Sono contento che finisca l'estate. È stata la peggiore della mia vita.»

XV

Giusta o no che sia, di una critica qualcosa dentro rimane sempre. E dunque a controbattere gli appunti che Delfina gli aveva mosso, Diego si applicò nei giorni seguenti a lavorare con impegno, riesumando pagine sparse che egli aveva messo da parte al tempo della sua relazione con la Giusi, nel tentativo di dar vita a un progetto di romanzo che vagheggiava da tempo senza riuscirvi. Si sentiva, in quel pomeriggio, di ottimo umore, dato che Leonetta sarebbe arrivata, a un'ora sempre imprecisata ma prima di cena, imponendogli la più dolce delle interruzioni.

Aveva anche comperato in una bottega del centro delle specialità gastronomiche, una bottiglia di champagne stava rinfrescandosi nel lavandino sotto il filo d'acqua del rubinetto, e un paio di costose lenzuola di seta attendevano il gridolino di stupore con cui Leonetta sarebbe entrata nel letto.

Per questo, immerso nel lavoro, Diego non badò al trascorrere delle ore se non quando, alle sette passate, si accorse che il ritardo cominciava ad essere preoccupante. Mezz'ora dopo stava chiedendosi quale sorpresa lo attendesse di nuovo, quando il sospirato squillo echeggiò nell'appartamento.

«Ecco il mio amore» esclamò ad alta voce.

Ma si pentì della frase non appena, spalancato l'uscio, vide Giacomo coi suoi gambali, il berretto da chauffeur e l'espressione composta di sempre, in atto di porgergli una busta.

«La signora non ha potuto venire» annunciò l'autista, fermo sullo zerbino, in attesa evidente di una risposta.

Diego dovette far ricorso a tutto il suo sangue freddo, mentre su un foglio ripiegato a metà leggeva, vergato a penna frettolosamente, il messaggio di Leonetta.

"Edoardo vuole portarmi via, vieni al wagon-lit per Parigi, ti spiegherò tutto."

Se non fosse stato Giacomo a recapitarglielo, avrebbe creduto a uno scherzo.

«Che cosa devo dire?» sollecitò l'altro, premuroso.

«D'accordo. Verrò alla stazione.»

Non c'era folla a quell'ora della sera, e Diego distinse subito il convoglio con le carrozze blu in attesa al marciapiede. Fino all'ultimo aveva pensato di non andare, di smentire la risposta che aveva dato, lasciando che Leonetta aspettasse inutilmente. Poi si era reso conto che una simile punizione si sarebbe ritorta contro di lui, inducendolo alle ipotesi più azzardate in mancanza di una spiegazione, finendo per tormentarsi più del necessario.

Cominciò a percorrere la banchina, osservando uno per uno i finestrini, e a un tratto scorse i suoi riccioli biondi sporgersi al di sopra del vetro.

«Diego!» si sentì chiamare.

Bastò il suono della voce, e quel nome pronunciato col tono di un'invocazione, a mescolargli il sangue come se fosse venuto a un appuntamento d'amore, anziché ad assistere a una partenza, perché ora gli occhi di lei dicevano tutta la sua gratitudine per un gesto su cui forse non sperava più, mentre i verificatori picchiavano coi loro martelli sulle ruote della carrozza.

«Vieni su» chiamò lei dal finestrino.

Diego si avvicinò, titubante, lo sguardo carico di rabbia trattenuta e di amore offeso che rispondeva a quello intenerito di lei.

«Mi dici cosa Cristo è successo?» sibilò appena gli riuscì di parlare.

«Non guardarmi così. Vieni su, solo un momento. Edoardo è andato a prendere i giornali...»

C'era in quell'invito la certezza che poi sarebbe stata perdonata, ed era questa sicurezza a trattenere Diego dal mettere piede sul predellino finché lei, dall'alto, non calò verso di lui la mano ingioiellata.

«Parto con il tuo anello, vedi. Non me lo tolgo mai...»

Lo sguardo si era fatto, da dolcissimo, torbido mentre le labbra ripetevano, con tutta la seduzione di cui erano capaci: vieni su, ti prego, vieni su, in un tono che a Diego suonò ancora una volta irresistibile, un giuramento, un richiamo sacro a tutto ciò che li univa, non mi far partire così, supplicò Leonetta come se implorasse una medicina, i lineamenti già alterati da quella specie di febbre, come se lo avesse aspettato in una camera d'albergo, e proprio questa fu la sensazione che lui ricevette appena entrato nello scompartimento, dieci minuti prima del fischio del capostazione, con Edoardo fermo nell'atrio al chiosco dei giornali, appena il profumo di lei lo investì fra le anguste pareti della cabina, tra quei legni di mogano lucido, su quel tappeto rosso, alla vista dei due letti su uno dei quali era posato il cappellino in stoffa canneté che lei si era tolto, nella luce morbida di una piccola abat-jour, non c'era bisogno che se lo dicessero come sarebbe stato un loro viaggio a Parigi, perché Diego la ghermì alla vita con una violenza che le strappò un gemito, adesso mi dici tutto, perdìo; ma certo, lei sospirò premuta contro di lui, è per questo che volevo vederti, Edoardo ha fatto un'altra delle sue scenate perché mi rifiutavo di partire, era fuori di sé, mi ha fatto lui la valigia, di forza; e c'era nel confessarlo un'ombra di fatalismo, il sospetto di un compiacimento che eccitarono Diego ancora di più; ma questa è l'ultima volta, te lo giuro, non succederà più, perché a Parigi lei gli parlerà con calma, lo persuaderà a una separazione consensuale, questa volta resterà lontana solo tre giorni, non vado mica a divertirmi, ansimò sulle labbra di lui, se è ancora vero ciò che hai scritto in quella lettera; questi sono tutti pretesti, cercò di difendersi Diego a contatto di quel corpo che gli si offriva come fosse l'ultima volta, stravolto nel sentirsi capace di qualunque azzardo, benché dal corridoio della vettura provenissero le voci del capotreno e di altri passeggeri; non voglio più vederti con questa faccia, lei aggiunse cercandogli l'inguine con una mano, tre giorni passano presto, vedrai; e fu allora che Diego la spinse verso il fondo della cabina, la girò con il viso contro il finestrino affinché lei rimanesse affacciata, rimboccandole il vestito con una brutalità che non aveva mai usato con nessuna donna; fai presto, lei supplicò, fai presto; mentre il suo sguardo teneva d'occhio il marciapiede e le lancette del grande orologio; lasciami fare, egli disse, non ti faccio male, incurante che il primo colpo l'avrebbe costretta a mordersi le labbra per non gridare, c'era una ronda militare che stava venendo avanti sulla banchina, questo almeno te lo ricorderai, egli disse; ma ora Leonetta non era più in grado di rispondergli, fece appena segno di sì con la testa, mentre Diego all'impiedi la scuoteva tutta, facendo oscillare la sua collana di perle contro il vetro.

Nello stesso istante, accanto all'edicola, Edoardo consultò l'orologio e richiuse finalmente il giornale che stava leggendo. Aspettò un altro mezzo minuto, poi si avviò al treno con passo deciso.

XVI

Altre volte lo aveva sentito, ma non con questa evidenza: che il richiamo erotico esercitato da Leonetta quando lei era presente – quella dipendenza fatta di sogno e di bisogno – ad ogni distacco si vanificava, si trasformava in una mancanza totalmente diversa. A farlo soffrire era semmai la privazione della sua voce, di un suo gesto, di una sua espressione, cioè dell'insieme di quel fascino che la sua persona intera esprimeva, e ciò si verificava soprattutto in mezzo alla gente, per strada, in un caffè, o conversando come ora in un salotto: un altro cioccolatino? stava chiedendo la signora Emy porgendo il vassoio dei dolci, come se quella dozzina di ospiti seduti in cerchio non avessero altro fine che di far risaltare meglio ai suoi occhi la lontananza di lei, al punto da fargli sembrare quasi sbiadita la conversazione, ma lo sapete, stava dicendo un poeta francese venuto a Milano per la sua prima traduzione italiana, lo sapete che in questo momento a Parigi funzionano ben centottantaquattro sale cinematografiche; ma davvero? fecero eco gli astanti tra ammirati e invidiosi; una vera febbre, riprese l'altro, i parigini non si sono mai tanto divertiti come in questo dopoguerra...

Bastò questo perché Diego la vedesse, col suo renard su una spalla davanti alle insegne luminose del Moulin Rouge, tenuta al braccio da Edoardo come una proprietà da esibire, o peggio nel buio di un cinematografo, dato che i tre giorni promessi erano scaduti senza che lei si fosse fatta viva, anche da noi, intervenne Ruggero, editore dei libri di Diego e padrone di casa, anche da noi la gente non pensa ad altro, e il mercato librario ne fa le spese; si sa che le mantenute non leggono, e neanche i pescicani arricchiti con la guerra, confermò un giornalista seduto accanto a Diego.

Erano state le sue serate, un tempo, un aspetto del suo modo di vivere dividendo tra simili il piacere della conversazione e quello di un buon cognac. Ora si rendeva conto che non gliene importava più, espropriato come si sentiva dal pensiero fisso di Leonetta, dunque non più libero di sentirsi libero, come se l'amour passion che provava per lei gli avesse costruito attorno una rete invisibile entro la quale egli poteva compiere solo insignificanti spostamenti, raggelato in un'unica condizione di attesa, libero solo di fantasticare, d'immaginarsi come sarebbe diversa la serata se invece lei fosse qui, a commentare col suo garbo i resoconti di questo poeta di successo intorno ai modelli indossati dalle signore alle corse di Longchamp, oppure ad ascoltare divertita gli ultimi dettami di Parigi: ciò che è chic e ciò che non è chic, prenderò un tamarindo, fece la giovane signora che gli era stata presentata come attrice di prosa, ma Diego si limitò a passarle il bicchiere, il nostro Diego è così silenzioso, osservò Emy ad alta voce, cosa ne dice di questa nuova moda, di portare un orologino fissato alla giarrettiera?

Diego non aveva seguito il discorso e abbozzò un sorriso di circostanza, semmai avrebbe discusso volentieri dell'unico argomento che gli stava a cuore: la condanna di due amanti a doversi sempre misurare, affrontare come nemici, il dover tacitare la tenerezza per non apparire deboli agli occhi dell'altro, il costringersi a una sfida pe-

renne, quasi che l'abbandonarsi alla piena di un sentimento fosse la peggiore delle fragilità. Questo non era
più amore, era guerra. E benché nelle sue passate esperienze lo avesse qualche volta intuito, il rapporto con
Leonetta stava persuadendolo di un'amara verità che le
convenzioni, il conformismo, i luoghi comuni sull'essenza dell'amore, avevano sempre mistificato. Una passione,
invece, era fondata su questo continuo antagonismo, una
battaglia senza sosta dove ogni mezzo era lecito pur di
non soccombere, come chiamare diversamente quella
predisposizione alla bugia, quell'esigenza di dominio,
quell'atteggiamento punitivo che Leonetta sempre più rivelava?

Quando nei suoi romanzi aveva cercato di illustrare
questi sentimenti, o di dar vita a una figura di femme
fatale, aveva avuto l'impressione di restituire quei moti
e quei meccanismi con piena verosimiglianza, con l'illusione che comunque non gli sarebbe mai toccato di viver-
li in prima persona, avendoli così bene intuiti e descritti.
Ora invece poteva constatare che uno scrittore non ne
era immunizzato più di quanto lo fosse un medico nei
confronti di una malattia. Perché in Leonetta, personaggio non immaginario entrato con violenza nella sua vita,
c'era una tale ricchezza di contraddizioni, una tale capacità di abbandono e di perfidia quale egli non avrebbe
osato rappresentare in un romanzo né proporre come
credibile.

Davanti all'enigma di certi suoi atteggiamenti egli si
ritrovava disarmato, incapace di esprimere un giudizio
che non fosse sbrigativamente negativo. Ci sono cose
che non sai, gli aveva confessato in lacrime quel giorno.
Ne era rimasto colpito, ma per orgoglio non aveva chiesto di sapere. Adesso quella frase tornava a stamparsi
nella mente come se fosse la chiave del mistero, la trac-

cia di un passato allarmante, la prova di una zona d'ombra nella quale egli non poteva entrare e da cui istintivamente si era ritratto. Un uomo innamorato chiede, esige, invoca la verità. Lui si era limitato a tacere, lasciando che certi interrogativi gli si sviluppassero dentro in modi tortuosi, come l'origine di quel livido che Leonetta aveva rivelato sulla spalla, indizio di un alterco col marito a cui sul momento aveva preferito non dar peso, e che ora tornava ad assillarlo in un salotto di frivoli conversari come un rovello che contenesse domande ben più inquietanti. Ad esempio, quel giovin signore presentatosi col nome di Danesi, così ricercato nel vestire, dove lo aveva incontrato?

«Ah, no,» stava esclamando Ruggero «non scommetterei un ventino sulla virtù di quella gran dama!»

«Peggio di una cocotte» fu il commento del giornalista.

Di chi parlavano? Aveva perso il filo della conversazione, il poeta francese stava magnificando l'ultimo modello di bruciaprofumi, ma Diego fu incuriosito dal tono gongolante dei signori uomini, da certe risatine allusive che sottintendevano un soggetto di comune riferimento, sapete come la chiamavano? aggiunse Ruggero, la chiamavano "schiodaletti" seguitò abbassando la voce, ma non abbastanza perché Diego non udisse; è vero, testimoniò Danesi, proprio così, schiodaletti, chiedetelo al suo ultimo amante...

Quell'attributo lo fece trasalire, evocando di colpo una plausibile sequenza del suo passato, un'immagine non del tutto arbitraria di lei, e sebbene Diego sapesse che non poteva trattarsi di Leonetta — tutti in quel salotto erano a conoscenza della loro relazione — ne ricevette tuttavia una sensazione bruciante di sdegno, di amara incredulità, ma lo sapete che una volta, continuò Danesi, riuscì a ricevere tre uomini in una notte, l'uno all'insaputa dell'altro?

Ghignarono soddisfatti gli ascoltatori. Diego era in preda a una specie di vertigine, come se un abisso gli si fosse spalancato di colpo sotto i piedi. A qualsiasi donna fosse riferito, quel pettegolezzo gli aveva provocato un flusso atroce di associazioni. Ecco dove aveva visto quell'uomo: alla festa in casa Venosta, era Duccio Danesi, ma più orribile era che dei discorsi da salotto, racconti e sarcasmi di poca importanza, potessero scavare in lui simili dubbi, prova evidente di una condizione irrisolta, di uno stato psicologico di disagio. Di nuovo la grande ombra del passato ignoto di lei tornava a inghiottirlo come un richiamo irriducibile al peggio, quasi Leonetta fosse davvero capace di cose che superavano ogni immaginazione, davanti alle quali egli provava un istintivo rifiuto e insieme una spaventosa eccitazione: il rifiuto per un passato peccaminoso e l'eccitazione per ciò che esso rappresentava, una promessa di godimenti ancora maggiori e infiniti, quanto infinite sembravano quelle turpitudini.

Aveva detto bene Leonetta: c'erano cose che lui non sapeva. Ma si era riferita soltanto a Edoardo, oppure ad altri uomini che l'avevano amata? Ora, vincendo il proprio ritegno, sarebbe andato a fondo, l'avrebbe messa alle strette per farle sputare la verità. Certo, non stavano parlando di lei, questo era sicuro. Ma come poteva esistere un'altra donna con quei requisiti, un'altra signora che le somigliasse a tal punto?

«Diego, non prende un altro cognac?»

La signora Emy era molto gentile a volerlo trattenere, ma quelle poche battute scherzose erano state sufficienti a infiammargli il cervello, e non desiderava ascoltarne altre, neppure le citazioni in cui Ruggero eccelleva, l'ulti-

ma delle quali pareva fatta su misura: dunque, stava raccontando l'editore, un giorno chiesero a Edmond de
Goncourt di definire che cosa fosse, secondo lui, una
vera donna...

Ruggero fece una pausa, prima di completare, di fronte ai suoi attenti ascoltatori.

«Una vera donna? rispose de Goncourt. Una vera donna è quella che fa diventar matto un uomo!»

Un coro di risate commentò l'aneddoto, e Diego ne
approfittò per congedarsi. Poi per strada, incupito, si diresse a piedi verso casa, rimuginando tra sé frasi e discorsi. Doveva ammettere che aveva ragione de Goncourt:
quell'aforisma pareva creato per Leonetta.

Adesso Diego poteva dirselo: di non avere mai amato
con tanta ferocia.

XVII

«Mi è piaciuto il tuo romanzo» sorrise, deponendo il libro avuto in prestito.

«Non scappare, siediti.»

Yvonne lo fissava, lusingata dell'invito ma come se non volesse crederci del tutto. Si guardò attorno cercando il posto più adatto, infine optò per il sofà.

«Dovremmo fissare un compenso» disse Diego. «Non è giusto che tu continui a farlo gratis.»

«Ma io mi diverto» fece lei appena seduta.

«Davvero?»

«Anche se il mio fidanzato non è molto contento» precisò Yvonne con la dovuta malizia.

Si lasciò scivolare all'indietro sul sofà, sistemandosi in maniera da portare in primo piano le ginocchia paffute, consapevole che quel gesto sarebbe stato correttamente interpretato, come poté subito constatare dallo sguardo ironico di Diego.

«Ha saputo della nostra gita domenicale?»

«Non sono mica stupida» lei disse.

Era l'avvio, o meglio il ritorno, a un'intimità che a Diego non dispiaceva, dopo cinque giorni dal congedo alla stazione, se questo sembrava essere l'unico modo per rispondere a una promessa non mantenuta, e insieme per sottrarsi a una dipendenza che stava diventando ossessiva, ma che egli sperava di eludere soltanto violandola, cioè stendendo la mano e sfiorando con moto rotatorio apparentemente distratto le ginocchia di Yvonne che si offrivano alla carezza, anzi parevano sollecitarla.

«Potresti insegnarmi tu a scrivere a macchina» disse, come se volesse prendere le distanze da un gesto troppo esplicito, ma senza distogliere lo sguardo dalla propria mano, né interrompere il fruscio ambiguo della calza, uno sguardo interamente concentrato su quell'operazione.

«Sì, ma poi non avresti più bisogno di me» osservò la ragazza.

«Non è detto, Yvonne.»

Una parte di sé, che aveva deciso di sopprimere, tornava ad affiorare; la sentiva rifluire naturalmente, un vecchio io che tornava a galla, non che questo lo sorprendesse, in amore non era mai stato fedele se non per brevi periodi, ma in questo caso tradire la dedizione a cui si era votato scrivendo quella lettera gli sembrava una sacrosanta difesa, non era il venir meno a un patto bensì la reazione a un patimento subìto giorno per giorno. Se Leonetta era ancora tanto riluttante a consegnarsi, così incerta nel fare una scelta, perché mai doveva essere lui coerente a tutti i costi? E non era ridicola, vista da fuori, una condizione come la sua?

«Sai una cosa?» stava dicendo Yvonne. «Gli uomini grandi sanno toccare meglio una donna...»

Lui seguitò a carezzarla, prima di suggerire: «Non vuoi metterti più comoda?».

Passò nello sguardo di lei una scintilla di tentazione, subito rintuzzata dall'idea di quel che avrebbe significato varcare la soglia della camera da letto, e di ciò che le sarebbe costato in seguito.

«No, adesso vado. Metti un disco, magari.»

Diego si alzò, ne scelse uno a caso, sollevò il coperchio del fonografo e mise il disco sul piatto.

«Musica classica, ti va?»

«Quello che vuoi tu.»

Contrariamente alla sua intenzione di andarsene c'era nel tono di Yvonne una sfumatura invitante che non sfuggì a Diego mentre cambiava la puntina d'acciaio del diaframma, incerto su ciò che avrebbe voluto ma desiderando che qualcosa accadesse, impugnata la manovella e caricando energicamente la molla, qualcosa che lo togliesse da quella posizione di stallo, di eterna attesa a cui Leonetta sembrava volerlo condannare, dopotutto Yvonne non era minorenne e non era tenuto lui a preoccuparsi delle conseguenze sentimentali, anzi poteva essere visto come un insperato omaggio alle grazie di lei, l'importante era far breccia in quella specie di cappa che egli sentiva sopra di sé, rompere quella sudditanza inammissibile con un atto deciso da lui ma favorito da Yvonne con la sua apparente indifferenza, mentre il concerto per violino e orchestra si diffondeva nelle stanze come un preludio fatale, niente di paragonabile a ciò che egli avrebbe provato con Leonetta ma appunto per questo, per la sua totale diversità, degno di essere sperimentato contro di lei, contro quella sorta di incantesimo da cui si sentiva irretito: bastava avvicinarsi di un passo verso la ragazza rimasta immobile sopra il sommier, frugarla sotto la sottana con la stessa tranquilla naturalezza, forse per questo Yvonne teneva gli occhi chiusi ascoltando la musica, per impedirsi di vedere ciò che si andava preparando, la sua rivincita a un mese di distanza da quel lontano episodio, e stavolta nel letto di lui, nella sua casa, nella camera sempre intravista da una soglia proibita.

«Aspetta, Yvonne, te lo tolgo io.»

Se intendeva guarire, oggi doveva lasciarlo fuori il fantasma di Leonetta; che rimanesse al di là dell'uscio nella speranza che quel florido seno di fanciulla potesse bastare, risarcirlo, magari ingannarlo di appartenere a lui, e lui illudersi di appartenere a se stesso.

«Lo so che sbaglio, ma non me ne importa» lei mormorò, appena liberata dal reggipetto.

Così andava già meglio, era un avvio diverso dalla bambola di lenci che gli era parso di tenere tra le braccia la prima volta, a patto di sapere che sarebbe stato impossibile ottenere con lei l'intensità a cui era abituato. Yvonne dovette intuirlo con femminile saggezza perché disse, appena Diego si fu disteso accanto a lei: stiamo così, preferisco; già appagata dal braccio di lui che le circonda la vita, dal sentirsi di nuovo desiderata dopo una temporanea eclissi, lontanissima dall'immaginare quali pensieri lo occupassero, vagamente allarmata da un cuscino che Diego le ha collocato sotto le reni, così starai più comoda, innalzandola come sopra un altare in una positura statuaria che era stata Leonetta a suggerirgli e che ora si sovrapponeva a quella prima immagine, probabilmente non si era applicato abbastanza alle attrattive di una ragazza inesperta ma piena di voglia d'imparare; eppure nel momento stesso in cui decise di farlo si rese conto della inutilità del suo progetto, poiché né Yvonne né nessun'altra era in grado di supplire a quell'esigenza di pienezza, di offrirgli quello stato di esaltazione che soltanto con Leonetta poteva raggiungere.

Ora nell'atto di prenderle una mano lo intenerì scoprire sui polpastrelli tracce di lapis copiativo, particolare senza importanza che invece sentì subito ingigantire dentro di sé, testimonianza di un'operosità femminile che improvvisamente avvertiva estranea, proprio a lui di idee populiste, anzi ostile a quel disegno di concupiscenza che si era proposto di attuare, dunque a tal punto Leonetta lo aveva mutato da fargli rinnegare persino la coscienza di classe? Oppure queste insofferenze dormivano da sempre nel fondo del suo inconscio reazionario, ed erano state semplicemente risvegliate dalle dita affusolate di Leonetta, dalla sua lacca rossa senza una scalfittura, dalla sua pelle illanguidita dalle creme e dalle massaggiatrici?

Era la prima volta che Diego si soffermava su queste domande, e non sarebbe stato opportuno farlo mentre teneva contro di sé un corpo che esitava a riconoscere. Yvonne sembrò rendersene conto, perché di scatto si liberò del cuscino che teneva sotto, si alzò dal letto per raccattare le culottes finite con troppa precipitazione sul tappeto, e cominciò a rivestirsi con la rapidità di chi deve soddisfare un bisogno: le chiavi, disse, ho lasciato sulla scrivania le chiavi dell'ufficio...

Lui non si mosse. Rimase a lungo sdraiato, anche dopo che Yvonne ebbe lasciato la stanza, fissando le frange del lampadario che sovrastava il letto, un pensiero che sempre più prendeva forma definitiva: domani ci vado e la faccio finita.

XVIII

La faccia un po' arcigna di Marianna, sopra il solino inamidato, se l'era proprio immaginata così.

«Aspetti qui, che avviso la signora.»

L'acqua dei fiori, in un vaso, era opaca. Forse da giorni non era stata cambiata, e un velo di polvere appariva sul portabastoni di ceramica. Nonostante l'opulenza degli stucchi e dei tappeti, la casa esprimeva un senso di trascuratezza che Diego colse immediatamente, insieme al profumo che regnava nel salottino e che non aveva nulla a che fare con quello di Leonetta, era il risultato di un misterioso connubio, come succede di percepire entrando per la prima volta in casa d'altri, un odore che conteneva qualcosa di ostile, che ribadiva una chiusura, un confine, era la prova fisica di una diversità a cui Diego non aveva pensato varcando quella soglia. Ora di colpo si sentiva estraneo, un curioso penetrato nel santuario di un'altra religione, e sebbene fosse quel mattino legittimato più che mai a una simile irruzione e ai rischi che potevano derivarne, per un attimo fu tentato di andarsene.

Fra i ninnoli sparsi sopra la ribaltina di un trumeau, una piccola fotografia in cornice ovale d'argento attirò la sua attenzione. Si avvicinò per osservarla meglio: non si era sbagliato, la figura che vi era ritratta non poteva essere che lei, Leonetta ventenne, in gonna lunga fino alle caviglie, camicetta e cravatta, paglietta in capo come una collegiale in libera uscita, quasi irriconoscibile se non fosse stato per quello sguardo impunito che Diego ben conosceva e che gli provocò una tenerezza che non avrebbe dovuto provare in quel momento, un abbassamento delle difese, una tale complessità di riferimenti da non fargli distinguere il passo di Leonetta che sopraggiungeva e adesso, ferma sull'ingresso, avvolta in una lunga vestaglia di raso, lo stava fissando a braccia conserte.

«Tu sei proprio pazzo» furono le sue parole di saluto.

Lo scrutava con rimprovero, ma dall'espressione del labbro anche compiaciuta per quel gesto d'azzardo, più desiderabile che mai nell'abbigliamento di signora appena alzata dal letto, ti sbagli, lei disse, sono arrivata due ore fa, come avrei potuto avvisarti? il viaggio in wagon-lit era stato faticoso come sempre, e appena rincasata si era immersa nella vasca da bagno, mancava solo che Edoardo lo incontrasse sul portone, perché era uscito da pochi minuti...

«Lo so» egli disse. «Ho aspettato di vederlo uscire, prima di venir su.»

Finalmente la vide sorridere, con quella smorfia di resa e di perdono congiunti che Leonetta sapeva usare, ma che stavolta non disarmarono Diego, dato che semmai era lui a doverla perdonare.

«Non ti credo, Leonetta. Tu sei tornata ieri.»

«Vieni in camera mia, così vedrai se ci ho dormito» rispose in tono di sfida.

Diego la seguì per un lungo corridoio, e poi nella stanza dove il letto matrimoniale risultava intatto, con le valigie appena aperte e ancora piene a metà di vestiti.

«Adesso mi credi?»

Dalla scollatura emanava un effluvio di sali da bagno, quando lui l'attirò contro di sé, incurante dell'uscio rimasto spalancato, in una stretta rabbiosa a cui lei rispose con la stessa veemenza, ma lo sai quanti giorni sono passati? egli tornò a rimproverarla, avevi detto solo tre giorni, sì o no? costringendola a un sì che somigliava a un sospiro; povero amore mio, fece Leonetta passandogli una mano sulla guancia, adesso però devi andare; e si girò per seguire lo sguardo di lui che fissava assorto i due guanciali accostati.

«Allora è qui che fai l'amore.»

«Diego, ma cosa dici?»

Lo sguardo era così convincente da sembrare sinceramente scandalizzato, perché lei glielo ha ripetuto all'infinito e giurato più di una volta che con Edoardo non ha più rapporti; però continui a dormire con lui, Diego obiettò lasciandosi cadere come sfinito su quel letto; adesso non più, spiegò lei accalorandosi, a Parigi gli ho parlato di nuovo della nostra situazione, mi ha promesso che dormirà in un'altra stanza fino a quando non saremo...

Fece una pausa quasi non osasse terminare.

«Non sarete che cosa?»

«Separati» concluse lei con un sospiro. «Separati legalmente, però mi devi lasciare del tempo, un uomo come lui non si arrende da un giorno all'altro...»

Nel dire bugie era ineguagliabile, questo Diego lo sapeva, eppure il suono di quelle parole e il tono in cui erano pronunciate, era la musica più carezzevole che avesse mai ascoltato.

«È una cosa assurda, che tu sia geloso di lui» aggiunse per rinfrancarlo.

Ecco, non avrebbe dovuto vederla, quella fotografia di signorinella. Le sue spiegazioni gli piovevano addosso senza far presa, scivolando come sopra un'incerata, eppure Diego sentiva incrinata dentro di sé la fermezza che lo aveva spinto quel mattino a tagliare di netto, a cercare in un confronto definitivo una via d'uscita, forse la fine di una condizione mortificante, perché in questi ultimi giorni c'era una verità che aveva scoperto, una verità molto semplice, anzi banale, così banale che si vergognava di non avervi pensato prima.

«E sarebbe?» lo sfidò tranquilla.

Era rimasta in piedi, di fronte a lui seduto sul letto, la vestaglia appena dischiusa e carica di tutte le sue promesse, consapevole della forza di quello spettacolo, tanto più persuasivo poiché lei pareva intenzionata a non volersene servire.

«Sentiamo» ripeté.

Questo gli sarebbe mancato d'ora in avanti: l'ingordigia che Leonetta gli faceva provare, e che sentiva crescere quando ce l'aveva di fronte, quel bisogno di divorarla con gli occhi, la linea del collo, il seno, le spalle, quella avidità insaziabile, da riempirsene la mente e il cuore a futura memoria, per il resto dei suoi giorni, se questo si fosse rivelato l'ultimo confronto.

«La verità è che ti piace essere contesa da due uomini. Tu è questo di cui hai bisogno, è questo che vuoi.»

«Tutto qui?» commentò Leonetta col più candido dei suoi sorrisi.

Se Diego pensava di ferirla, era riuscito solo a lusingarla, e ora quel sorriso a ciglia basse fece sentire lui ancora più confuso, prigioniero di un potere a cui si sfuggiva soltanto ribellandosi.

«Perciò è molto meglio che non ci si veda più» egli concluse con un ultimo sforzo.

Leonetta sembrò rispondere con un fremito delle narici, subito padroneggiato.

«È per dirmi questo che sei venuto qui?»

La passione impone di questi giochi, e ai suoi beniami-

202

ni sa mettere in bocca le frasi più sprezzanti, purché giochino fino in fondo.

«Volevo anche vedere il teatro delle tue gesta» aggiunse lui beffardo, indicando il talamo coniugale. «L'altra sera in un salotto ho sentito definire una donna "schiodaletti".»

«Carino, come termine.»

«Già, ma parlavano di te» egli azzardò.

Lei non seppe trattenere una risata.

«Santo cielo, e chi era questo bello spirito?»

«Un amico tuo: Duccio Danesi.»

Anche in questo era unica: corrucciò appena le labbra come se dovesse sforzarsi per ricordare, ma non trovò di meglio che riderne.

«Posso immaginare perché lo abbia detto. Ce n'è una schiera come lui. Duccio mi ha sempre corteggiato inutilmente. Ma dove lo hai conosciuto?»

Solo lei poteva essere così fatua da preoccuparsi di simili particolari, da saper sorvolare con allegria sulle ragioni di una rottura appena dichiarata, esposta e immediatamente ignorata, a cui Diego la ricondusse alzandosi in piedi.

«Sono stato chiaro?» aggiunse minaccioso.

Di nuovo balenò nelle sue pupille quel lampo da impunita.

«C'è un caffè in piazza Missori, qui sull'angolo» ordinò puntandogli un dito contro il risvolto della giacca. «Tu mi aspetti lì, mentre io mi vesto.»

Diego non fece obiezioni. Era venuto per dirle addio, e si ritrovava con sollievo ad aspettarla in un bar.

XIX

«Però se non vengo io a trovarti...»

«Hai ragione» rispose Edoardo, invitando con un gesto Stefano Venosta ad accomodarsi nella poltrona di fronte. Sollevò le carte che aveva sulla scrivania — listini, prezzi, cataloghi, tariffe doganali — a dimostrazione di come fosse oberato da impegni d'ogni tipo, senza contare il lavoro che restava arretrato a causa dei viaggi d'affari.

«Ti avevo cercato, infatti, ma eri a Parigi.»

«Sì, siamo stati via una settimana» ammise lui, compiaciuto di poter provare all'amico che la sua vita coniugale si svolgeva normalissima; tuttavia non bastò a evitare che l'altro si informasse di Leonetta: un sacco di tempo che non la vedo, lamentò con apparente candore; possibile che fosse l'unico nella loro cerchia di amicizie a ignorare come stavano le cose? speravamo di vedervi dai Fabbri alla loro festa, seguitò Stefano, senza che Edoardo fornisse qualche giustificazione; non hai più avuto noie all'avviamento? chiese invece a sua volta, tra poco uscirà un nuovo tipo con un'accensione perfezionata, ma se vieni tra qualche giorno ti faccio provare l'Alfa Romeo sei cilindri; magari! fece Stefano entusiasta; e la Lambda che ho in vetrina l'hai vista?

Certo che l'aveva vista, ma non era venuto per ammirare gli ultimi arrivi, né per discutere la quotazione della lira sempre più debole rispetto alla sterlina — cosa che avrebbe potuto preoccupare Stefano Venosta nella sua qualità di rentier — ma per formulare una semplice proposta, un'idea che sperava di veder condivisa con entusiasmo, una crociera in Egitto per capodanno, cosa ne dici? un altro bel viaggio noi quattro, nella terra dei faraoni...

Edoardo improvvisò una smorfia d'interesse, limitandosi a eccepire che mancavano più di due mesi a quella data, comunque, certo, si poteva prenotare fin da ottobre se c'era rischio che i posti sulla nave andassero esauriti, ci penso io, si affrettò Stefano a rassicurarlo, e gli mise sotto gli occhi l'opuscolo con il programma dell'agenzia, una settimana al Cairo e un'altra sul Nilo, in battello, sembrava che facesse apposta per metterlo in difficoltà, per accertarsi se era ancora in grado di decidere qualcosa del suo futuro, intuendo che Edoardo non era uomo da confidare a qualcuno i suoi problemi, ora che qualcosa di vergognoso, qualcosa che non avrebbe mai pensato si stava verificando: di dover ricevere in mezzo alla posta dell'ufficio una lettera anonima che lo toccava nell'onore, una sola frase ma esplicita, scritta a stampatello su una comune carta da lettera, al punto che, conversando con Stefano, era indotto a domandarsi se non potesse essere lui, benché l'ipotesi fosse ovviamente da scartare, l'autore di un simile gesto; ma certo, rispose Edoardo, perché no? anche a Leonetta piacciono le corse, anche se è un po' di tempo che non andiamo più a San Siro...

Sperava solo che l'amico se ne andasse, ponesse fine a quel tormento di inviti e appuntamenti che egli sapeva di non poter mantenere: dunque se la lettera era partita dalla sua cerchia di conoscenti, qual era lo scopo che costui si proponeva? Sicuramente non di informarlo di quella maledetta relazione, bensì di sollecitarlo a intervenire, a reagire finalmente a quella vergogna. E se al momento non ne era stato colpito più di tanto, anzi era stato tentato di cestinarla, quella lettera che teneva in un cassetto gli stava togliendo la pace. Deciso con tutte le sue forze a non perdere una moglie che adorava, se n'era sempre infischiato del giudizio della società. Ma che un uomo del suo rango fosse quotidianamente offeso da un comportamento apertamente scandaloso della moglie, doveva sembrare ad altri mariti inammissibile. Per questo Edoardo era incline a pensare che la lettera senza firma provenisse da qualche corteggiatore respinto da Leonetta, quale poteva essere Corrado Bini di cui a suo tempo aveva intuito le intenzioni, oppure da qualche signora invidiosa della libertà di lei e dei suoi successi mondani. In ogni caso, pur senza farne parola a Leonetta, si sentiva trascinato controvoglia ad agire, a prendere qualche misura, anche se per carattere era portato a temporeggiare, sicuro che prima o poi anche questa tempesta sarebbe passata.

Stefano aveva terminato la sigaretta e si alzò per congedarsi. L'importante era padroneggiare la situazione, non perdere la testa, non compiere gesti avventati. D'accordo, disse, combiniamo per la prossima domenica. Certo, se l'ignoto scrivente non glielo avesse ricordato con brutalità, Edoardo non si sarebbe reso conto che quella storia durava ormai da otto mesi, nonostante i sintomi continui di peggioramento. C'erano momenti in cui l'avrebbe strangolata, ed erano i più pericolosi. Per tenerli a bada, però, c'era un rimedio che gli procurava sempre un benefico effetto. Infilò il soprabito e assieme all'amico uscì dall'ufficio.

«Ho una commissione da sbrigare. Ti saluto qui» spiegò Edoardo, accingendosi ad attraversare piazza Cordusio.

Il negozio si trovava a poca distanza, ma non desiderava che Stefano lo accompagnasse. Quando entrò, fu accolto dal proprietario con un grande inchino, era da tanto che non veniva a trovarci, disse questi, in che cosa posso servirla signor D'Ors? e allargò le braccia in atto di offerta verso il ripiano dove, sotto un cristallo, sfavillavano i bracciali e le collane più preziose.

«Questo non è male» fece Edoardo con sufficienza, chinandosi sopra un collier di smeraldi, ma lui stava cercando qualcosa di particolare, un gioiello che fosse, più che costoso, di foggia originale, stimolando i commessi a gareggiare nel sottoporgli i monili più ricercati, del resto sapeva, per averlo sperimentato in passato, che con lei non serviva usare la forza, ma semmai la lusinga, e una devozione a oltranza come quella che le aveva sempre dimostrato.

«Guardi che meraviglia, questa è una novità.»

Dunque Leonetta ne avrebbe avuto una prova ulteriore ricevendo un nuovo gioiello nel momento più inaspettato, magari in concomitanza con il suo prossimo viaggio d'affari, le avrebbe lasciato il cofanetto sul comodino da notte poco prima della partenza, questa sì era la più efficace risposta a tutti i calunniatori: questo bracciale d'oro dalla testa di vipera, in cui l'occhio era raffigurato da un rubino color sang de pigeon.

«Bello» ammise Edoardo, mentre il gioielliere si affrettava a complimentarsi per il suo buon gusto, e poi era l'ultimo grido, dopo il successo della Fougez che tutti cantavano.

A questo in verità non aveva pensato, ma non gli dispiacque, mentre usciva dal negozio con il suo acquisto, che quel regalo avesse anche un significato, un'allusione ai versi della canzonetta che lei avrebbe colto sicuramente. Così, di umore più disteso, decise di offrirsi un aperitivo nella solita pasticceria sull'angolo della piazza.

Si era appena trovato un posto quando si sentì interpellare da un giovanotto in impermeabile, fermo davanti al suo tavolino.

«Si ricorda di me? Sono Fanelli.»

Insomma frequentavano lo stesso locale, concluse il nuovo venuto mettendosi a sedere, e la sua stupenda signora come sta? ma un giorno o l'altro verrò anch'io a scegliermi una bella automobile; che cosa beve? domandò amabilmente Edoardo, improvvisamente colpito da quell'incontro ma senza sapere bene perché, Fanelli era un tipo che non gli piaceva, ma la coincidenza era troppo evidente, come se quella lettera anonima e un informatore della polizia potessero avere qualche oscura connessione, un punto di contatto che non gli era ancora ben chiaro, eppure soltanto per questo, obbedendo a un misterioso impulso, Edoardo fingeva tanto interesse mentre l'altro racconta che la settimana prossima, celebrandosi il terzo anniversario della Marcia su Roma ci sarà da sgobbare, cortei e festeggiamenti dappertutto; e perché sgobbare? chiese Edoardo; per tutti i sovversivi da tener d'occhio, rispose Fanelli ammiccante, in certi casi qualcuno lo mettiamo addirittura al fresco, per sicurezza; gli piaceva sfoggiare quel ruolo di poliziotto senza uniforme, quasi volesse invitare Edoardo a profittarne, tanto ingiustificata era quella confidenza, il suo tentativo di stabilire una complicità non richiesta, l'implicita possibilità di sollecitare un favore, magari un'informazione riservata, che un signore come D'Ors avrebbe saputo come compensare, al punto da sussurrare, vuotato d'un fiato il suo Martini: per qualunque cosa sono a sua disposizione.

L'istinto sarebbe stato di troncare con disprezzo un discorso così ambiguo. Invece, lasciando sul tavolino le monete della consumazione, Edoardo si trovò a rispondere in maniera del tutto opposta.

«Mi lasci il suo indirizzo.»

XX

La borsettina a tracolla sulla spalla, la mano appoggiata sopra, la punta di una scarpa sollevata come se si accingesse a far perno sul tacco in un eventuale dietrofront, Leonetta era di nuovo lì, nel riquadro della porta di casa, come la più leggiadra delle apparizioni. Rivedendola, ogni volta Diego poteva riscontrare che quel senso di ebrezza che la figura gli comunicava, quella specie di vitale letizia, non faceva che crescere, allo stesso modo in cui ci si rende conto che esiste davvero una cosa soltanto vagheggiata.

«È un'ora che suono. Dov'eri?»

Entrava da padrona, come spinta da una ventata, lasciandolo ammutolito.

«Sono senza autista: oggi guido io.»

Qualunque fosse, il programma di Diego veniva travolto con un'irruenza che non ammetteva repliche, anche se il tempo, come egli osservò andando alla finestra, non era così adatto a fare un giro in macchina, dato che prometteva pioggia; avanti, non fare storie, lei tagliò corto; e poi mi ero messo a lavorare, non sapevo che saresti venuta, lui cercò ancora di difendersi; bene, adesso lo sai, fatti la barba, su, finisci di vestirti.

E neanche desiderava essere abbracciata, avevano tempo fino a domani per quello, allora dormi qui? egli chiese incredulo; non l'avevi capito? no, lui rispose, non l'avevo capito; e non resistette alla tentazione di aggiungere: tuo marito è in viaggio d'affari?

Stava baloccandosi, Leonetta, con qualcosa che aveva trovato sul suo tavolo di lavoro, e ignorò la domanda.

«Come fai a scrivere con questa penna?»

La sua bocca a cuore esprimeva un infantile ribrezzo, all'idea che uno scrittore famoso potesse servirsi di una simile anticaglia, lei a Parigi ci aveva anche pensato, di regalargli una stilografica che aveva visto in una vetrina di rue de la Paix, ma poi pensandoci...

«Ma poi?» sollecitò Diego incuriosito; avrebbe voluto sentirlo ammettere da lei: che soltanto la presenza di Edoardo glielo aveva impedito. Invece era stata un'altra ragione: per superstizione, finì di spiegare Leonetta, unicamente per superstizione, la paura che quel regalo le rimanesse in mano se lui, al ritorno, non avesse più voluto rivederla.

Lo guardò e aggiunse: «Non mi credi?».

Si poteva non credere a quel bagliore che le si accendeva nel bianco degli occhi? Diego l'attirò contro di sé serrandola alla vita, toccato da un gesto che era rimasto intenzione, ma che tuttavia rivelava una tenerezza impensata, da ricompensare immediatamente con un lungo bacio nella scollatura, poi sul collo, e infine intorno alla bocca per non toglierle il rossetto.

«Oh, scusate!»

La porta si era aperta alle loro spalle, e Yvonne li stava fissando impietrita, senza decidersi a venire avanti né a retrocedere, vieni pure dentro, Yvonne, egli la incoraggiò sciogliendosi dall'abbraccio, sentendosi leggermente imbarazzato davanti a quell'intrusione, o meglio dal tono troppo disinvolto con cui aveva espresso il suo invito.

«Ecco, Leonetta, questa è la mia preziosa aiutante...»

«Buongiorno» fece lei, col tono di chi risponde a un saluto per la strada.

«Avevi bisogno?» s'informò Diego.

«No, ero venuta per vedere se c'era qualcosa da ricopiare» dichiarò la ragazza senza distogliere lo sguardo dalla bella signora che si era intanto seduta sul sofà. «Ma se non c'è niente, io vado...»

Richiuse la porta dietro di sé, lasciando tra loro un intervallo di silenzio che Diego sentì il dovere d'interrompere.

«È una bravissima dattilografa, sai.»

E poiché Leonetta non faceva alcun commento si premurò di spiegarle che Yvonne era stata utilissima, e lo era tuttora, nel ruolo di telefonista, un perfetto ufficiale di collegamento, oltre che una ragazza con degli interessi, che amava leggere...

«Dobbiamo parlarne ancora per molto?» lo interruppe sarcastica.

Lui reagì con un sorriso idiota, di compiaciuta vanità, ma che voleva sembrare comprensivo.

«Santo cielo, non sarai mica gelosa?»

Lo sguardo con cui gli rispose era più eloquente di qualsiasi frase: era un'occhiata di avvertimento a non eccedere e insieme di sdegno per ciò che era costretta ad ascoltare.

«Non si può dire che tu sia stata molto cordiale» egli seguitò imperterrito.

«Perché, avrei dovuto?»

Diego lo avrebbe imparato presto, che quando Leonetta si passava la punta della lingua sul labbro inferiore lo scontro era imminente.

«Ma con chi credi di avere a che fare?» lo apostrofò.

«E tu?»

Lei non rispose, limitandosi a misurare con le sue lunghe gambe lo spazio libero della stanza. Era questo tono sprezzante a mobilitare in Diego un'aggressività innaturale, un rancore che sentiva sopito e che di colpo si risvegliava, indomabile.

«La gran dama» recitò ironico, osservandola passeggiare avanti e indietro. «Cosa ti costava darle la mano?»

Con un gesto brusco lei tirò a sé la catenella della borsetta lasciata sul sommier.

«Dove vai adesso?» egli la fermò.

Sentiva che ormai il loro incontro era compromesso, la giornata andata in malora, e perduta una notte che doveva essere d'amore, soltanto per uno sciocco puntiglio, e nondimeno resisteva caparbiamente in lui l'esigenza di definire quella diversità profonda che li divideva, né era disposto a transigere, a mostrarsi tollerante o a minimizzare, poiché il sentimento di colpa che aveva provato all'irruzione di Yvonne si era trasformato in ostilità verso la donna che amava, e che ora ha già impugnato la maniglia.

«Sta piovendo» egli l'avvertì.

«Ho la macchina di sotto. Non ti preoccupare.»

Non ci aveva fatto caso, ma ora la vide, nell'attimo in cui Leonetta premeva sulla maniglia, la vipera che portava al polso e che splendeva col suo rubino rosso sull'oro del braccialetto, un gioiello che non aveva mai notato, acquistato sicuramente a Parigi, una cosa che lui non avrebbe mai potuto regalarle e che ora pareva sottolineare ancor meglio quella differenza di casta che lo mortificava.

«Bene» egli disse, sfidando il sorriso di lei.

Sarebbe servito, a quel punto, rimangiarsi le parole dette, tornare da capo a girare in altro modo tutta la scena, come fosse stata la scena di una pellicola? Tutto era lì, in bilico come sull'orlo di una voragine, la gioia, il piacere, la pienezza di una giornata da passare insieme, ma ciò che Diego avvertiva con più urgenza era l'imperativo a non arretrare, a non mostrarsi debole né impaurito, quasi fosse in gioco in quel confronto la sua dignità di uomo.

Così restò fermo, davanti alla porta spalancata, a vederla scendere le scale con la sua alterigia di sempre. Per un istante fu tentato di affacciarsi alla balaustra, di richiamarla, di raggiungerla prima che fosse troppo tardi, dilaniato tra orgoglio e bisogno, ma senza volerlo ammettere neppure a se stesso, mentre il rumore dei suoi tacchi si perdeva in fondo alle scale.

XXI

Cercò nel buio, a tentoni, la peretta della lampada da notte. Guardò l'orologio sul comodino: erano appena le tre, passate da poco, e lo prese un senso di sgomento poiché aveva sperato, svegliandosi, che fosse già mattina. Come sempre in questi casi, quel pensiero fisso gli abbreviava il sonno, lasciandolo a metà della notte in preda ai suoi fantasmi. Sicuramente Leonetta dormiva a quell'ora senza problemi. C'erano momenti, come questo, in cui Diego sentiva di odiarla con lo stesso impeto con cui l'avrebbe abbracciata.

Da qualche tempo si rendeva conto, con evidenza sempre maggiore, che lei assorbiva ogni sua energia, anche quella che egli aveva sempre dedicato al leggere, allo scrivere, ai problemi del suo lavoro come all'osservazione di fenomeni più generali. Ora ogni suo pensiero o considerazione sulla vita, appena prendevano forma finivano per riferirsi a lei, e questo lo faceva sentire ancora di più in suo potere e gli accendeva insieme alla paura un sentimento di ribellione. La paura, che con angoscia crescente stava realizzando, era dovuta al fatto che egli fosse preso da Leonetta proprio per le cose che più aveva detestato in una donna e che forse detestava ancora, quasi fossero i vizi anziché le virtù a ottenebrargli il giudizio critico, ad affascinarlo fino a renderlo schiavo di ciò che più gli ripugnava.

Allora si dedicava a decifrare i segni del comportamento di Leonetta, a cercare d'interpretare le leggi che governavano il suo capriccio in quell'altalena di dedizioni e di fughe, di ingannevoli offerte e di repentini voltafaccia che era divenuta ormai il contrassegno della loro passione.

Per una strana deformazione la vita appare a uno scrittore, nel bene come nel male, qualcosa da raccontare più che da vivere. O meglio, che se la vita ha un senso è di essere descritta, cantata, reinventata. Dunque per Diego ogni emozione diventava subito dopo materia di prosa, pagina di romanzo, spunto per una storia, anche quando poi non ne faceva nulla, come se lo scrivere fosse l'unica giustificazione del vivere. Perciò era normale che pensasse a restituire sulla carta tutto ciò che Leonetta gli faceva provare, tutto ciò che non sarebbe mai riuscito a scriverle, come se immagazzinasse nella sua mente ogni impulso di rabbia o di tenerezza.

Così quella notte, dopo essersi alzato e ritornato a letto infinite volte, fece qualcosa che non aveva mai fatto: prese carta e penna e cominciò a tradurre in parole scritte i pensieri che gli si affollavano nell'animo con una lucidità quasi dolorosa. Sentiva di dover placare in qualche modo la propria ansia, più che di poter trarre partito da quel malessere. L'idea di raccontare in un libro la storia di quell'innamoramento gli sarebbe venuta più tardi. Per il momento era soltanto volontà di capire, un artificio per ottenere dentro di sé un minimo di chiarezza. Certo, le sue durezze erano sempre dettate dall'orgoglio, da certe punte irriducibili del suo carattere, ma adesso cominciava a chiedersi se l'orgoglio non fosse, anziché forza, debolezza mascherata, anzi esattamente una maschera bell'e pronta da indossare. A che serviva pronunciare frasi sprezzanti, se poi a causa di queste doveva sentirsi sanguinare il cuore? Oppure trattarla in maniera sferzante, se non sapeva fare a meno di lei?

Diego se ne rendeva conto, ma si ripeteva una verità incontestabile: che si può accettare di essere vinti ma non umiliati. E le modalità del suo rapporto con lei erano fatte per umiliarlo, o almeno per sentirsi tale. C'era negli atteggiamenti di Leonetta una tale scontata sicurezza di essere amata, anzi di non poter essere abbandonata, che sollecitavano in lui la voglia di provarle il contrario. E dalla parte di lei, di rimando, il bisogno inconscio di chiamarlo alla sfida, forse di coglierlo in bluff, come se due innamorati non avessero altro fine che la sconfitta dell'altro, e una passione d'amore fosse un duello all'ultimo sangue.

Quando una sensazione si trasforma in certezza è difficile contrastarla. E Diego era arrivato a concludere che la propria dipendenza da Leonetta era dovuta alla capacità che lei gli dimostrava di saper soffrire più di lui. Dunque lo conosceva meglio di quanto lui stesso si conoscesse, s'intende nel peggio, cioè nelle debolezze, dato che le qualità erano date per acquisite. Ed era per questo che pareva non darsi mai pensiero di una rottura definitiva, poiché evidentemente era convinta di potersi riprendere Diego appena lo avesse voluto. La qual cosa suscitava in lui la voglia improvvisa di smentirla, anche se questa dimostrazione di forza costava poi a entrambi giornate amarissime.

In ogni piccolo atto quotidiano Leonetta, così prodiga a parole e ineguagliabile nelle promesse, era come trattenuta, impedita da mille fili misteriosi, era avara di slanci, che sapeva comunque commisurare agli effetti, e ciò le riusciva perché non rispondeva a un calcolo ma ad un istinto naturale, era una manifestazione di quell'eterno femminino di cui pareva possedere a fondo i segreti.

Che cosa poteva opporre lui a questi atteggiamenti, se non la disperazione di constatare che abbandonarsi alla tenerezza, come avrebbe voluto, lo avrebbe reso succubo per sempre, e che per farsi rispettare non esisteva altro modo che rispondere con durezza ancora maggiore? Il suo rapporto con lei era un'avventura quotidiana, carica delle stesse incognite del primo incontro ma anche dello stesso piacere bruciante. Contraddizione di cui Diego era consapevole e che tuttavia rifiutava, parendogli che l'avrebbe desiderata comunque, una donna come lei, anche se avesse avuto il più remissivo dei caratteri.

A questo punto lo smarrimento era totale. Se la propria libidine era sempre stata esaltata dalle femmine che gli sfuggivano, perché rammaricarsi che lo facesse ora Leonetta? E al contrario non era pur vero che donne coerenti e leali come Delfina, le donne su cui un uomo poteva contare, mai gli avevano acceso quel tipo di febbre?

La verità era ancora lontana, in quella notte di fine ottobre, ma annotando queste osservazioni, Diego aveva l'impressione di sentirsi meglio, come se rendendo oggettiva la propria pena, sciogliendo in parole quel magma di angosce e di furori che si portava dentro, potesse poi darne un sereno giudizio, come gli accadeva di fare con i personaggi dei suoi romanzi. Purtroppo qui non era lui il burattinaio che tirava i fili, bensì Leonetta, e a questo non era abituato, ma forse neppure lei, forse il destino che gliel'aveva mandata incontro passeggiando in quella lontana mattina. Dunque una fatalità. Ma arrendersi alla fatalità, per un intellettuale educato al materialismo storico, significava prendere atto di un'altra sconfitta, di un ulteriore avvilimento.

Anche Delfina, che l'altro giorno egli aveva condotto a pranzo a casa di Olga, come ai vecchi tempi – profittando dell'assenza di Amerigo convocato in federazione –

lo aveva esortato in quella direzione: a combattere un amore che lo faceva soffrire, a non perdersi, a non rendersi irriconoscibile agli amici che lo stimavano per la sua intransigenza.

Ecco dov'era il punto dolente: scoprire che davanti a Leonetta gli schemi, le ideologie, le convinzioni che si era formato in una vita erano armi spuntate, non servivano che a ribadire la sua inettitudine a risolvere il problema. Solamente a letto riusciva a domarla, per il semplice fatto che era quello che Leonetta voleva. Poi, appena rivestita, il duello ricominciava.

Il primo chiarore dell'alba cominciava a trasparire dietro gli scuri. Diego rilesse tutto ciò che aveva scritto di getto: l'impressione era di aver compilato un lugubre regesto. Dov'era finito l'entusiasmo, l'incosciente allegria del loro amore, quando si incontravano senza problemi e senza drammi? Spesso gli succedeva di ripensarci con nostalgia: la serata al Trianon, la gita a Monluè, i due giorni a Venezia, come episodi di una stagione irripetibile, ricordando a un tratto un frammento di dialogo rimasto impigliato nella memoria, proprio all'osteria di Monluè mentre mangiavano le rane.

Parlando del passato, lui si era lasciato andare a una dichiarazione di vanità, appena mistificata dall'ironia.

"Non voglio più convivere con nessuno" le aveva detto. "Devo cercare di capire."

"Capire cosa?" aveva chiesto Leonetta.

"Dov'è il guasto, se è dentro di me."

"Bene" lei aveva sorriso. "Ti manderò un meccanico!"

Ne avevano riso tutti e due. Questo Diego lo sapeva: che oggi non sarebbe più accaduto.

XXII

Ormai era questa la sua condizione: perderla e doverla rincorrere. Era una mattina da trascorrere sulle sue tracce, inseguirla da un negozio all'altro in modo che sembrasse per puro caso, un incontro fortuito anziché cercato con metodo, la signora D'Ors? stamattina non l'abbiamo vista, risposero dal coiffeur; no, è da tanto che non viene, avevano detto all'Accademia di Danza; fu la modista a metterlo sulla strada buona, perché un'ora prima Leonetta era passata dal negozio, dunque non poteva essere lontana, forse dalla crestaia forse in libreria ma anche dietro un paravento intenta a provare una combinaison adocchiata in vetrina, non si sarebbe troppo stupita di trovarselo davanti, di sicuro non avrebbe creduto a una coincidenza, però avrebbe apprezzato l'ostinazione. Comunque non poteva essere già rincasata, in un'ora così luminosa che invitava al passeggio in quell'ultimo ritaglio di sole autunnale o a impigrire nel déhors d'un caffè in mezzo all'andirivieni frettoloso dei passanti, preparato anche all'idea di vederla affiancata da uno spasimante incontrato per strada, cosa che le accadeva di frequente, e in tal caso egli si sarebbe astenuto dal comparire, rimandando la caccia a un momento migliore.

Alle cantonate erano affissi ancora i manifesti che avevano chiamato i "camerati" alla grande adunata del giorno prima. E sotto uno di questi, seduto sul suo sgabello, un impagliatore di sedie si era messo al lavoro. Diego rimase a osservarlo, finché alzando lo sguardo non la vide: l'Isotta Fraschini era ferma pochi metri più avanti, parcheggiata al marciapiede. Si avvicinò, Giacomo non era al volante. Allora giocò d'audacia. Non c'era luogo più adatto per aspettare Leonetta che a bordo della sua automobile. Aprì la portiera e si accomodò sul sedile posteriore. La capote non era abbassata, e dunque sarebbe stato visibile solo all'ultimo momento. Si appoggiò allo schienale, accavallò le gambe e si accinse pazientemente alla lettura del giornale.

Era ben consapevole che, se Edoardo avesse accompagnato la moglie per commissioni, avrebbe potuto sorprenderlo ritornando con lei alla macchina. Ma questo era un rischio che aveva messo nel conto: una simile evenienza si sarebbe comunque risolta a suo favore, inasprendo semmai i rapporti tra Leonetta e il marito, esasperando quella complicità su cui lei continuava a mantenere un alone di segretezza. Anzi, a pensarci bene, Diego si augurava quasi che succedesse, pur di uscire da uno stato di ambiguità e di subordinazione che lo faceva essere posseduto da lei senza che lei, in cambio, gli appartenesse per davvero.

Come sempre si verifica, quando all'inazione subentra un atto di volontà, Diego stava ritornando padrone di sé, e dunque in grado di padroneggiare il corso degli eventi, come di fischiettare nell'attesa un motivo d'operetta, luna tu, non sai dirmi perché, ma con il distacco necessario, gettando di tanto in tanto un'occhiata alla strada dove una cocottina d'alto bordo incedeva in quell'istante con un levriero al guinzaglio, seguita da un codazzo di sguardi maschili, e pregustando il moto di sorpresa con cui Leonetta si sarebbe presentata.

Invece fu lui ad essere sorpreso, perché interrompendo la lettura e girando il capo verso il finestrino, la scorse a due passi di distanza, immobile nell'atto di congedarsi da qualcuno che l'aveva accompagnata, il volto era nascosto e Diego non riconobbe subito Corrado Bini, soltanto quando lei si spostò su un tacco poté identificarlo, un sorriso melliflfuo dipinto sul labbro mentre lei era scoppiata a ridere; dietro i vetri della vettura non era possibile distinguere le loro voci, ma che lei rimanesse divertita ad ascoltare il suo ex amante gli sembrò di colpo intollerabile, ora avrebbe voluto scomparire, volatilizzarsi, ferito dalla risata di Leonetta più che se l'avesse colta in un abbraccio furtivo.

Che cosa ci faceva a spasso a quell'ora del mattino un uomo come Corrado, che avrebbe fatto meglio a badare ai suoi affari? Era credibile che si fossero incontrati casualmente? Se c'era un punto di vantaggio che Diego pensava di avere sulla maggior parte dei suoi rivali, era il tempo libero di cui disponeva, la capacità di potersi dedicare in qualunque occorrenza agli estri di Leonetta. Sentirsi minacciato anche su questo piano, lo esponeva improvvisamente a un nuovo tipo di insicurezza, e quello non era il momento più adatto per manifestarla, appena lei si fosse affacciata allo sportello, come si affacciò dopo un altro interminabile minuto, e avesse detto, come disse, più curiosa che stupita: «Ma cosa fai qui?»

«Passavo, e ho visto la tua macchina» Diego si provò a sorridere.

Lei non disse niente. Solo i suoi occhi esprimevano il piacere di quella sorpresa, quando fu seduta accanto a lui con la naturalezza che le era abituale.

«E adesso dove mi porti?»

«Possiamo pranzare al mio circolo» egli suggerì, trascurando ogni altra allusione.

«E poi?»

Quando era la femmina a sfidarlo, non sapeva resistere. L'attirò contro di sé, incurante dell'ora e del luogo, cercandole la bocca che lei sottrasse prima che Giacomo, carico di scatole e pacchettini, sopraggiungesse per mettersi alla guida.

«Ci lasci in via Meravigli» ordinò Leonetta. «Poi può tornare a casa, io rimango fuori.»

Salendo le scale del circolo, lei era ansante come se avesse corso trascinata per mano da lui, a causa di quella mano che durante il breve percorso non aveva smesso di tormentarla. Ora, ad ogni gradino, tornava incredula ad allisciarle i fianchi e la vita sottile in una continua carezza impaziente, come se volesse ribadire un possesso che era sfuggito, e insieme tenere a bada un desiderio incontenibile, che l'intervallo di colazione avrebbe attizzato invece che spegnere.

Trovarono un tavolo appartato, vicino alla finestra, e quando Leonetta fu seduta di fronte a lui, dopo un'occhiata distratta al menù, Diego non si trattenne più dal chiedere, con finta noncuranza: «Dove hai incontrato Corrado?».

Lei lasciò che le dita di lui si intrecciassero alle sue, sopra la tovaglia, prima di rispondere con la malizia di cui conosceva gli effetti.

«Chi ti dice che l'abbia incontrato? Magari avevamo un appuntamento...»

«Già» egli disse. «Non ci avevo pensato.»

«E magari abbiamo fatto l'amore» Leonetta rincarò. «Tu sei sparito per due giorni...»

«Certo. Ma allora perché saresti qui?»

«Per rifarlo con te, con più gusto ancora.»

Stava versandole da bere, e il polso ebbe un leggero tremito.

«Mi dispiace non aver potuto sentire quel che dicevate» fu il commento di Diego.

Cercava di recuperare con l'ironia, sull'eccitazione da cui si sentiva invadere. C'erano molti soci, quel giorno, al ristorante, ma ne ignorava deliberatamente le occhiate, intento com'era a decifrare la maschera impenetrabile di Leonetta.

«Non credo che ascoltare ti sarebbe piaciuto» lei disse, soffiando sul risotto appena servito.

«Sei una vera puttana» egli mormorò senza scomporsi.

«Non è per questo che ti piaccio?» rispose lei, serrando tra le ginocchia la gamba che lui aveva proteso verso di lei.

«Vorrei che tu lo sentissi» proseguì Diego. «Adesso.»

«Lo sento» fece lei, masticando adagio.

Il suo sguardo era quasi torvo, nell'intensità del desiderio. Ora aveva rinunciato alla sua impassibilità, ghermita da quel vortice che era lei stessa a scatenare, e che li fece alzare da tavola col fiato corto, senza terminare nemmeno il primo piatto, incapaci di trattenersi più a lungo, di rimandare ancora un piacere già troppo a lungo rimandato.

«Chiama un tassì, ti prego» disse lei.

XXIII

Gli ombrelli sgocciolavano copiosamente dentro il portombrelli accanto all'ingresso, sul marmo del pavimento erano sparse impronte di segatura, e starsene seduti sul divanetto di velluto di un caffè, in una giornata di temporali, sorbendo un punch al mandarino in compagnia di un amico poteva essere un motivo sufficiente per sentirsi in armonia col creato, non fosse stata l'inclinazione catastrofica che Nerio Novaresi non mancava mai di manifestare.

«Questo fallito attentato a Mussolini» stava commentando dietro il giornale aperto «non vorrei che fosse una messa in scena per dare un altro giro di vite...»

La sua idea era che il fascismo si sarebbe servito del complotto solitario di questo giovane Zaniboni "arrestato a Roma poche ore prima che mettesse in atto il suo criminale proposito" grazie alla soffiata di un delatore, per dare l'ultimo colpo alla democrazia, o a quel simulacro che ne restava, più di quanto non avesse fatto l'eliminazione violenta di Matteotti, vedrai, disse, che la libertà di stampa sarà la prima a farne le spese; del resto dicevano che al "Corriere della Sera" anche Albertini aveva i giorni contati, dunque c'era solo da prepararsi al peggio.

Quasi fosse, di Diego, la coscienza politica, Novaresi aveva il potere di resuscitargli preoccupazioni latenti e malesseri inesplorati, che un tempo gli erano stati di stimolo nella lotta alla dittatura, ma che ora sentiva lontani e sviliti, soppiantati da una passione ben diversa.

«Però a noi non ci metteranno in camicia nera» proclamò Nerio orgogliosamente.

Lo disse espressamente ad alta voce: un cameriere si girò verso di loro, divertito, e dai tavoli vicini si levarono sguardi inquieti.

«Forse non è il caso che lo fai sapere a tutti» fu il commento di Diego.

Trovava infantile quel suo conclamato antifascismo, come se fosse l'unica forma praticabile di opposizione, un giorno o l'altro gliel'avrebbero fatta pagare, come già era accaduto in passato; ti sbagli, ribatté Nerio, intorno a Turati si sta ricostituendo un gruppo di compagni decisi; ma decisi a cosa? fece Diego provocatorio.

Aveva aperto l'astuccio delle sigarette, strofinò uno zolfanello e aspirò una lunga boccata: ormai la partita era persa, tanto valeva rassegnarsi e salvare la dignità; ti sembra un programma sufficiente? interloquì l'amico; e tu ne hai uno migliore? sibilò Diego a bassa voce.

Novaresi si chinò verso di lui, l'espressione grave di chi si accinge a violare un segreto, perché questo è un compito che gli hanno affidato i compagni fuoriusciti: trovare a Milano una piccola tipografia indipendente disposta a stampare materiale da diffondere clandestinamente, ci sono sempre stati dei bravi tipografi nelle file socialiste, e questo sarebbe già un primo passo per sfuggire alla censura, visto chc i nostri giornali, aggiunse, vengono sequestrati sempre più spesso.

Diego aveva alzato lo sguardo alle tende ricamate del locale, fissava il punto in cui, tra l'una e l'altra, si vedeva l'acqua ruscellare sui vetri esterni, anche i tombini erano intasati di foglie morte, e la pioggia rifluiva in canali lungo il bordo dei marciapiedi.

«Tu, ad esempio, che conosci tanti editori, potresti...»

Stava pensando a tutt'altro, e lo interruppe per chiedere.

«Secondo te, sono mai stato veramente innamorato?»

«Ho capito, non ti è ancora passata» sorrise Nerio comprensivo. «Si vede che questa volta la malattia è grave.»

«Inguaribile» lo corresse Diego, finalmente interessato all'argomento. «Ti sorprenderà, ma sto pensando seriamente a cambiare la mia vita.»

«Cioè?»

«A vivere con lei.»

Nerio tamburellò con le dita, prima di pronunciarsi.

«È una femmina da letto. Tienila così.»

«Lo so, ma io l'amo.»

L'altro alzò appena un sopracciglio. Il brontolio del temporale rumoreggiò di nuovo in lontananza. Disse che una cosa l'esperienza gli aveva insegnato: che in quella materia era assolutamente inutile dare consigli.

«E poi chi ti dice che lascerà suo marito? È un uomo ricco, e lei è abituata a non farsi mancare nulla.»

«Lo so, ma per amore si può cambiare, non credi?»

«Una primadonna come Leonetta D'Ors? È troppo intelligente per non sapere che gli amori passano e i quattrini restano.»

Sebbene espressa con bonomìa, quella frase ridusse Diego senza labbra, come se le avesse ingoiate.

«Scusami la franchezza, ma sei stato tu a volerne parlare.»

«Ma sicuro» Diego disse. «Tu sei l'unico amico con cui ne parlo. E non ti chiedo di essere d'accordo.»

Fece segno al cameriere che portasse altri due punch. Il suo sguardo era rimasto impigliato al bordo del bicchiere, come se vi si agitassero tutti i problemi che lo assillavano.

«Invece credo che finirà per lasciarlo» parlò dopo una

lunga pausa. «Quel matrimonio non rappresenta più niente per lei.»

«Speriamo» assentì Nerio.

«Ne dubiti?»

«Non mi piace vederti soffrire. Tutto qui.»

Istintivamente, senza una ragione, Diego avvertì in quella risposta una specie di sotterranea reticenza.

«C'è qualcosa che non puoi dirmi? Oppure non vuoi?»

L'altro si passò una mano tra i capelli grigi con un gesto di stanchezza, come se stesse valutando l'opportunità di raccontare: una cosa da niente, poi, un piccolo particolare che probabilmente Diego non conosceva, di quel ménage così strano, che lui riteneva finito e che invece...

«Invece?»

«Sembra che non lo sia, dal momento che erano a cena insieme, l'altra sera.»

«Dove?»

«In casa Venosta, l'ho saputo per caso, e non pensavo di dirtelo...»

«Ma no, hai fatto bene» rispose Diego col poco fiato che gli era rimasto.

Guardò l'orologio. Il pomeriggio stava finendo senza che avesse scritto una sola riga dell'articolo che aveva promesso.

«Ricordati il diciotto dicembre» lo ammonì Nerio, alzandosi per primo. «Vedrai che è un'operetta divertente, belle musiche, bei costumi.»

«Allora dirigerai tu l'orchestra? Sono contento. Veramente. Dovresti pensare un po' di più al tuo lavoro.»

«E tu un po' meno alla tua amata» concluse Novaresi ritirando l'ombrello. «Guarda che ti aspetto alla prima. Con lei, naturalmente.»

Diego assentì appena, si calcò la tesa del cappello e uscì sotto la pioggia.

XXIV

Questo avrebbe dovuto scrivere, se un giorno ci fosse riuscito: quanto sia difficile distinguere dove stia il nostro bene, se non per effimere fiammate; e quanto arduo riconoscere il sentiero definitivo, se non per brevi folgorazioni. Un sentiero sempre perso e ritrovato, e alla fine cancellatosi per sazietà, per noia, per i dubbi espressi giorno per giorno dal nemico che ci portiamo dentro, sempre inappagato. Riuscire a dire la complessità del sentimento amoroso, e la sua mutevolezza, gli empiti e le bassezze così strettamente intrecciati da non saperne più vedere i contorni. E come la felicità sfugga di mano appena si comincia a credere di averla afferrata. Questo avrebbe dovuto: dar voce alla seconda voce che ininterrottamente ci parla, lusinghiera quando è imbeccata dalla vanità, o tormentosa quando la fragilità ha il sopravvento, comunque fallace perché incompleta, incapace di vedere a fondo la verità, di guardarla negli occhi senza paura. Certo era più facile assecondare l'istinto, abbandonarsi ai furori che lei gli accendeva, lasciarsi guidare unicamente dalla rabbia, agire invece di pensare, come Diego stava facendo varcando quel mattino, all'insaputa di lei, il suo portone.

«La signora dorme» lo ricevette Marianna.

Ma proprio per questo era venuto a quell'ora, per coglierla ancora addormentata, quasi senza difese, affinché fosse più efficace l'attacco che si proponeva di scatenare. Perciò, lasciando interdetta la cameriera, mosse da solo verso il corridoio, raggiunse l'uscio della stanza, bussò autoritario, ed entrò.

Leonetta stava coricata su un fianco, il viso rivolto alla finestra chiusa da cui proveniva un incerto chiarore. Osservandola in quella posizione, le belle braccia reclinate dietro la testa, ancora abbandonata al sonno, Diego sentì suo malgrado attenuarsi l'ira che lo aveva condotto ai piedi di quel letto, perché il suo volto appariva nel guanciale come circonfuso di innocenza. Così, quando Leonetta aprì gli occhi e lo vide, senza neppure un trasalimento, lui si rese conto che non doveva più avere indugi.

«Questa è l'ultima volta che mi vedi.»

«Cosa ti succede?» lei articolò a fatica.

Si sollevò a sedere sul letto, come se finalmente realizzasse che c'era qualcuno nella sua camera, e che costui stava rovesciando su di lei, in maniera torrenziale, accuse di ogni genere, espresse con una collera fredda che gli stravolgeva la faccia: altro che promesse di sincerità, lei era capace solo di fabbricare bugie, una dietro l'altra: ma di cosa parli? fece lei smarrita; lo sai bene di cosa parlo, mi avevi giurato che non saresti più uscita con tuo marito; infatti, tagliò corto lei recuperando la sua aggressività; infatti l'altra sera eri con lui a casa dei Venosta, sì o no?

Ora si sentiva meglio, sgravato di ciò che aveva da dire, mentre lei lo fissava di nuovo stordita, come se dovesse sforzarsi a ricordare un episodio lontano, comunque senza importanza.

«Di una bugiarda come te non so cosa farmene. Questo almeno lo capisci?»

Veniva adesso la parte più difficile: girare sui tacchi

e scomparire, lasciandola da sola a meditare sulla propria doppiezza.

Lei dovette sentirlo, perché il suo istinto l'avvertì che era bene tacere, lasciare che lui si sfogasse.

«Tu e lui, come ai bei tempi. E io come uno scemo che ti credevo...»

Un pallido sorriso fu la sua risposta.

«Vieni qui, siediti» fece lei, aprendo la mano sulla coperta di damasco, ma Diego seguitò ignorando l'invito.

«Dormirà in un'altra stanza, mi avevi promesso. Si vede com'è vero!» gridò puntando l'indice verso l'altro cuscino.

«Non alzare la voce, ti prego.»

«Cosa vuoi che me ne importi, della tua cameriera!» continuò sprezzante.

«Allora siediti, e dammi la mano.»

Diego obbedì a metà, sedendo con un lungo sospiro sul bordo del grande letto, ma nascondendo la faccia nelle mani.

«La colpa è mia, non avrei mai dovuto crederti, fin dal primo giorno.»

Una commedia, pensò. Una commedia di Sem Benelli: giuramenti, tradimenti, maschere, pugnali. E lui, con tutto il suo cinismo, preso in mezzo. Una cosa ridicola, vista da fuori, appena avesse trovato la forza di andarsene.

«Credo che si tratti proprio di un grande amore» lei disse, come parlando a se stessa.

Era straordinaria la sua capacità di trasformare un'imputazione in lusinga. Sul comodino, accanto a un bicchier d'acqua c'erano i gioielli che Leonetta si era sfilata prima di coricarsi. Diego notò il brillante che le aveva regalato, e lei ne approfittò per commentare che lo metteva sempre, che non se ne separava mai, e che avrebbe continuato a farlo anche quando lui sarebbe sparito per sempre, c'era una sola cosa che chiedeva: di essere accarezzata un'ultima volta, proprio in quel letto che egli detestava così tanto...

«Ma cosa stai dicendo?» egli pronunciò smarrito.

«Avanti» disse lei, rigettando con un gesto lenzuolo e coperta.

Sapeva di offrirgli qualcosa di irresistibile, ma lo fece con la grazia di una bambina che gioca mentre la nave affonda, spavalda e incosciente come sempre.

Fu un attimo: Diego vide lo spicchio di nudità che la camicia da notte aveva rivelato; fissò negli occhi la sua donna, e poi tornò a guardare, chinandosi infine a inebriarsi di quel sentore, del profumo della pelle, degli aromi della notte, di nuovo vinto, piegato, ma ad una condizione.

«Voglio farlo nel tuo letto.»

«No, oggi no.»

«Sì, invece.»

La mano avanzò lentamente verso l'interno, un approccio quasi riluttante, volutamente meditato, affinché la bocca potesse ripetere la sua richiesta, e Leonetta negarla di nuovo ma con voce già fioca, agonizzando: chiudi almeno la porta.

Poi gli indumenti abbandonati sullo scendiletto, fin quando Diego le fu sopra con un senso mai provato di fatalità, di un destino che si compiva, ma anche come la più giusta delle azioni.

«Adesso sei contento?»

Lo trattava come se fosse lui il ragazzo viziato, conscia del gusto infinito per quella profanazione, e alla fine travolta, dimentica di tutto, anche del tempo trascorso, finché un passo deciso risuonò nel corridoio.

«Edoardo, sei tu?» chiamò con voce dubbiosa.

«Non stai bene?» rispose la voce da dietro l'uscio.

«Non entrare» lei ordinò.

Erano ancora allacciati, e lei si sciolse dall'abbraccio per scendere dal letto e infilare una vestaglia.

«Sarà meglio che ti rivesti» disse senza alcuna ironia.

Prese una spazzola e si ravviò i capelli scomposti, si annodò la cintura della vestaglia e uscì dalla camera. Ma per rientrare pochi secondi dopo, raccattando da terra camicia e cravatta.

«Vieni, ti accompagno in ingresso.»

«Non sapevi che sarebbe rientrato?» fece Diego accigliato.

«Non sapevo che fosse mezzogiorno passato.»

Stranamente non dimostrava preoccupazione né ansia di sorta; solo un naturale disappunto, mentre Diego allacciava senza troppa fretta i bottoni del suo gilè. Forse per questo girò la faccia, quando lui le cercò la bocca per un ultimo saluto.

«Su, non perdiamo tempo.»

Nel corridoio Diego non incontrò nessuno, come se il resto dell'appartamento fosse disabitato.

Ritrovandosi per strada, alla fermata del tram, avrebbe potuto credere di aver semplicemente sognato.

XXV

«Ma tu verrai davvero?» le aveva detto.

La strada, le case, i segni del tempo che ogni facciata conserva, di un tempo irrecuperabile che sopravvive ai nostri errori, finestre, davanzali, balconi così indifferenti allo scorrere degli anni, muti testimoni di eventi transitori, contenitori di sentimenti svaniti nel nulla, come se la pietra fosse, nel suo durare, di gran lunga più vera di coloro che vi abitarono, dietro quei mattoni, al punto da polverizzare anche la tenue memoria del loro passaggio, davanti a un futuro che incalza ansioso di inghiottire ogni cosa, cancellare le ultime tracce, radere al suolo intere esistenze.

In quella casa era nato e aveva vissuto per più di dieci anni. Vederla demolire, i colpi di piccone, il grido dei muratori, i tonfi e il polverone procuravano a Diego una sensazione profonda di oltraggio, di perdita definitiva, come se andasse in pezzi una parte di sé che non sarebbe stata più sostituita, perché quel passato diventava d'ora in avanti simile a un sogno che non si è sicuri di aver sognato. E a questo sicuramente contribuiva lo stato delle cose con Leonetta, quella insicurezza del domani che ogni nuovo giorno rafforzava, anziché dissipare; la precarietà di un rapporto che qualunque pretesto poteva mandare in frantumi, allo stesso modo in cui, collegata una fune al cornicione, gli operai dal basso tiravano fino ad abbatterlo.

Ancora per qualche minuto Diego rimase a osservare la scena, in mezzo alla folla dei curiosi, come se volesse imprimersi nella memoria ogni particolare di quel vecchio caseggiato, che presto sarebbe stato rimpiazzato da un nuovo palazzo, poi riprese la strada verso il luogo dell'appuntamento.

«Non temere, che ci sarò» gli aveva assicurato.

E come accade quando il sentimento della storia ci aiuta a considerare con maggior distacco e tolleranza il presente, si rammaricò di essere stato nei giorni scorsi troppo brutale con Yvonne, pregandola di non salire più in casa di sua iniziativa. La ragazza se n'era adontata: "Si vede che non sono piaciuta alla signora" aveva concluso, sapendo benissimo che lo avrebbe a sua volta ferito nell'amor proprio, cioè in quell'indipendenza di giudizio che lui aveva sempre ostentato. Infatti non aveva ribattuto, lasciando che Yvonne se ne andasse con aria offesa, perché in verità una sola cosa gli stava a cuore: non creare con Leonetta altre occasioni di polemica, evitare ogni motivo di litigio.

Senza accorgersene, trasportato dal flusso dei suoi pensieri si trovò poco dopo all'ingresso del piccolo hotel. Appoggiate al muro, due maschiette lo fissarono con intenzione. Diego entrò e consegnò un documento d'identità: sì, la signora era già salita, secondo piano, stanza ventitré, è la più calda che abbiamo, aggiunse il portiere intascando la mancia. Una passatoia rossa piuttosto consunta, una pianta verde all'imbocco del corridoio, la maniglia della porta e poi lei.

Non la vide immediatamente perché Leonetta stava seduta su una poltrona d'angolo, lontana dal letto, fuori dal cono di luce della lampada da notte, incorniciata dalla pelliccia che si era tolta ma che teneva sulle spalle per non venire a contatto col tessuto della poltrona.

«Non ero molto sicuro di trovarti» egli disse come saluto.

«Devi essere più sicuro di me» lei replicò, sottraendosi a un abbraccio troppo immediato. Lo guardò appendere il soprabito e sedersi sul letto.

«È come ti immaginavi?» volle sapere Diego.

«Come mi immaginavo» pronunciò Leonetta col tono di un'allieva decisa a sbalordire il professore.

Si levò dalla poltrona e prese lentamente a spogliarsi.

«Dev'essere molto eccitante aspettare un cliente in un albergo a ore.»

«Peccato che io non sia un cliente» fece lui ironico.

«Questo lo vedremo.»

Era rimasta in sottoveste, in piedi davanti a lui. C'era uno specchio alle sue spalle, che ne rimandava la figura, ancora più regale in quell'arredamento sordido. Accese una sigaretta, aspirò dal bocchino e mosse qualche passo, come se recitasse una parte.

Diego la osservava estasiato. Non aveva mai visto nessuna come lei camminare in sottoveste come fosse in abito da sera, con lo stesso agio e la stessa eleganza, restando inguainata in quel raso di seta che le fasciava i fianchi appena accennati come dentro un'armatura luccicante, al lume dell'abat-jour il tessuto era di un biancore latteo, e il fremito del corpo si comunicava all'indumento come a una seconda pelle facendola vibrare di luci e ombre, con quelle esili spalline che a Diego pareva sempre di poter spezzare con le mani, tanto erano sottili, e che lei avrebbe abbassato in un gesto personalissimo, prima l'una poi l'altra, raccogliendosi nelle spalle e lasciandole scivolare, in un gesto che era di ritegno e di offerta, una specie di calcolato pudore con cui metteva a nudo le coppe minute dei seni, i capezzoli sbocciati in quell'istante come da un dipinto che si contempla per la prima volta, finché la sottoveste le cadeva ai piedi lasciandola circondata di candida seta.

«Questo cliente è troppo impaziente» lei si schermì.

In momenti simili non importava più chi si celasse dietro quelle apparenze. L'eterna domanda su chi fosse la vera Leonetta veniva rimandata di fronte a quella statuaria bellezza: fosse malvagia o dolcissima, quella visione lo ripagava sempre, e non chiedeva interpretazioni ma carezze, non più interrogativi ma strette appassionate.

«Mettiti gli occhiali» lei ordinò.

«Perché?»

Era inutile cercare di resisterle, se un capriccio si impadroniva di lei, perché quel gioco lo coinvolgeva, era l'inizio di un gorgo che cominciava a vorticare e si avvitava sempre più stretto, trascinandoli entrambi: perché così sembri un altro, uno sconosciuto che poi dovrà pagarmi; lo so, egli disse con voce soffocata, è questo che tu vorresti; però non mi devi far male, si raccomandò mentre lui si apprestava a penetrarla, pensa alla tua bambina, lei aggiunse, posseduta ora con furia ora con estrema cura; hai visto che sono tornato, è tornato il tuo cliente preferito, recitò lui con un sorriso, ormai piegato alle fantasie di lei, uscendo da lei e rientrando in una ricerca estenuante di perfezione, finché l'esplosione di un piacere intollerabile gettava Leonetta fuori di sé, in un grido prolungato che la lasciava quasi senza vita.

«Non muoverti» pregò, immobile sotto di lui.

«Volevo una sigaretta.»

«Te la prendo io, aspetta.»

Quando infine si alzò a cercare nella giacca il portasigarette, Diego non poté prevedere quello che sarebbe accaduto, perché insieme all'astuccio Leonetta sfilò dalla tasca un foglietto stampato.

«E questo cos'è?»

Sul viso di lui passò un'ombra di disagio.

«Niente, un biglietto ferroviario.»

Leonetta non resistette alla curiosità.

«Devi andare a Lugano? Non lo sapevo.»

«Sì, devo andarci. Uno di questi giorni.»

Voleva essere spontaneo, ma l'imbarazzo era evidente come se fosse stato colto in fallo.

«E come mai non me l'avevi detto?»

«Ma sì, te lo avrei detto.»

«E a fare che cosa?» volle sapere, ironica.

«Per lavoro.»

«Di solito mi chiedi di accompagnarti.»

Nei suoi occhi andava affiorando un'improvvisa durezza.

«Diego, tu mi nascondi qualcosa. E io lo sento, da un po' di tempo.»

«Nascondo?» egli ripeté, lusingato stavolta di avere anche lui dei segreti. Ma sbagliò a parlare, per vanità di maschio.

«Non sarai gelosa, spero.»

«Gelosa di chi?» fece lei sprezzante. Scrollò mestamente i riccioli biondi, prima di rimettersi, con un lungo sospiro, sotto le lenzuola. Ma non vi rimase che pochi secondi: si levò di scatto e raccolse i suoi indumenti.

«Non hai neanche il coraggio delle tue azioni.»

Per una lunga pausa, Diego la guardò dal letto mentre si rivestiva, deciso a non raccogliere quella provocazione, e tuttavia incredulo che il loro pomeriggio potesse avere un simile epilogo.

«Senti, calmati un momento.»

«Sono calmissima.»

«Allora dove vai?»

«Non ho più voglia di restare.»

Si capiva che le costava, quella gelida naturalezza, più di quanto lei non mostrasse.

«Non te ne ho parlato perché... questo viaggio a Lugano riguarda altre persone.»

«Oh povero Diego» fu il commento di lei mentre si fissava una calza.

«Anche tu, del resto, hai delle cose che non dici.»

Davanti allo specchio Leonetta si stava ravviando i capelli con furia, e rallentò il gesto, come colpita.

«Dio mio, che squallore!» rimediò.

«Non litighiamo, adesso, per una sciocchezza» tentò Diego conciliante.

«Hai detto bene: una sciocchezza.»

«Vieni qui, Leonetta. Ti ho detto la verità.»

Si era vestita in un baleno. Infilò la pelliccia, prese la borsetta e se ne andò sbattendo la porta, lasciandolo a meditare dietro il fumo della sigaretta.

XXVI

Di nuovo era guerra. L'ottovolante di emozioni a cui Diego era sottoposto, un giorno nella polvere un altro sugli altari, si concludeva puntualmente con uno scontro, come se un'oscura forza negativa congiurasse contro di loro.

Amarsi e combattersi stava diventando la regola. Di star seduto sopra un vulcano egli aveva preso coscienza da tempo, ma l'ultimo episodio rivelava un malessere ben più profondo, quasi l'alito di un disegno malvagio, un risultato che non era il frutto di semplici equivoci ma di una costruzione malefica che non cessava di agire. Intanto l'asprezza dello scontro aveva raggiunto un primo obiettivo, perché lei oggi non sarebbe arrivata per cenare insieme come avevano stabilito, e poi andare a teatro. Novaresi aveva già fornito gli inviti, ma alla première dell'operetta "Cincilà" Diego non avrebbe assistito con Leonetta, e anzi per ripicca era possibile che lei chiedesse al marito di accompagnarla, tanto per non venire meno al suo gusto della sfida.

Certo, doveva ammettere che con nessuno era mai stato costretto a tanti esami di coscienza, e a una così assidua auto-analisi, come da quando Leonetta era entrata nella sua vita. Ma anche ripensandoci, mentre il treno sobbalzava nel rallentare la sua corsa, di ritorno da Lugano, Diego doveva ammettere che la sua reticenza era stata necessaria, o quanto meno dettata da legittima prudenza.

Come avrebbe reagito una donna della sua classe sociale alla notizia che egli intendeva prendere contatto con una tipografia clandestina in territorio svizzero – la meta esatta era stato il paese di Capolago – al fine di prendere accordi per stampare un certo numero di opuscoli e volantini contro l'attuale sistema di governo?

Lei ne sarebbe stata sicuramente contrariata, e quella intenzione, che Diego aveva poi realizzato in nome dell'amicizia più che per vera convinzione politica, avrebbe contribuito a scavare ancora di più il fossato delle loro incomprensioni. Infine, un dovere di segretezza e di cautela verso i compagni lo aveva consigliato a tacere la verità. Semmai aveva sbagliato nel permettere a Leonetta di pensare altre cose, autorizzandola ad interpretazioni d'altro tipo. E di ciò Diego non poteva che dolersi, ancora una volta troppo tardi, e accusare la propria vanità di avervelo indotto.

Ma era stato davvero quell'ultimo litigio, l'effetto non voluto di un equivoco? Consapevolmente o no, lei si comportava da qualche tempo come se intendesse sottoporlo a una serie di prove, simili a quelle che gli eroi del mito dovevano superare prima di ottenere la mano della donna desiderata. Dunque era questa l'ultima prova? O altre lo aspettavano? Una passione ha il suo connotato principale nella fatalità. E anche quest'ultima occorrenza ne portava il segno, come se ormai non fosse più possibile sottrarvisi.

Qualunque cosa egli avesse fatto, sentiva che quella donna sarebbe rimasta insostituibile. Desiderare chi ti respinge, volere a tutti i costi chi ti sfugge: ecco la sua condanna. Allo stesso modo in cui lo era l'altra: di sentirsi sazio delle donne che si erano consegnate senza riserve, del sentire lontani il furore e il trasporto con cui le aveva desiderate. Dunque tra le due condanne, non gli restava che felicitarsi della prima, e accettare fino in fondo il suo tormento, dato che di Leonetta non si sarebbe mai stancato.

A conclusioni del genere si era già avvicinato in altre occasioni, e sempre se n'era ribellato, alla sola idea di essere sopraffatto da quel bisogno di dominio che in lei si manifestava nelle parole come negli atti, nelle ambizioni e nelle debolezze, e che si placava unicamente nel piacere dei sensi. Leonetta era stata per lui, nel continuo scambio di ruoli che l'eros impone, ora di vittima ora di carnefice, una volta succubo una volta trionfatore, l'incontro più straordinario ma anche il più pericoloso, una miniera inesauribile di rischiose eccitazioni, poiché tenerezza e aggressività vi erano distribuite in egual misura. Dunque – egli poteva chiedersi esaminando retrospettivamente quei comportamenti – erano questi eccessi a riflettersi negativamente sul loro rapporto, o era il loro rapporto a favorirli?

Diego non sapeva rispondersi, e questo non faceva che inasprire il suo orgoglio. Del resto, qualunque risposta si fosse dato, egli sapeva che non avrebbe mutato la natura della catena, cioè di un legame che a tratti gli appariva visibile, materializzato nel ferro di un'autentica catena. E poi molte cose erano cambiate, a cominciare dalle sue personali convinzioni. Aveva sempre creduto nell'efficacia della lontananza, teorizzato la bellezza dell'assenza, la pienezza della privazione, e adesso sentiva di voler dividere con lei ogni minuto delle sue giornate.

Ma era giusto abbandonarsi passivamente a queste constatazioni? E ritrovarsi questa sera stessa, davanti allo sguardo ironico di lei, seduto da solo in una poltrona di prima fila del teatro Dal Verme?

L'orgoglio è spesso un cattivo consigliere, ma la sua

voce è troppo perentoria per fingere di non udirla. Così Diego, senza attendere oltre, appena sceso dal treno decise che cos'avrebbe fatto. Prima di salire le scale di casa attraversò la corte. Quando si affacciò alla porta dell'ufficio Yvonne si voltò sulla sua seggiola girevole, quasi non credesse ai suoi occhi.

«Mettiti il vestito più bello che hai. Ti porto a teatro.»

Reagire, sottrarsi all'egemonia di quel pensiero fisso gli faceva l'effetto benefico di un calmante. Lo avvertì nuovamente con Yvonne stretta al suo braccio nel freddo invernale, mentre si dirigevano verso il teatro, illuso di passare una serata quanto meno piacevole, e che la presenza della ragazza riuscisse a distrarlo.

La platea era gremita, ma se Leonetta fosse venuta si sarebbe subito notata. Quanto a Yvonne era incantata, non era mai stata a una prima, e per giunta in prima fila, gli confidò mentre si spegnevano le luci di sala, e Novaresi sul podio alzava la bacchetta per dare il via al preludio.

«E non voglio più vederti triste» lei bisbigliò mentre il sipario si apriva su uno scenario di sapore orientale.

Lui rispose stringendole per un attimo le dita. Il libretto era insulso, ma la musica, quelle arie per metà svagate e per metà nostalgiche come in tutte le operette, gli procurò qualche dolorosa fitta allo stomaco.

Lasciando il teatro dopo l'ultimo bis, in mezzo agli applausi che ancora scrosciavano, dovette sforzarsi di non apparire immusonito. Yvonne per strada già ripeteva col suo vocino il leit-motiv dell'operetta.

«Oh Cin-ci-là, oh Cin-ci-là, mordi rosicchia divora...»

XXVII

Eppure ogni volta era pronto a riprenderla, a perdonarla senza porre condizioni, a non voler sapere altro, insomma a sorriderle, arreso e felice di ritrovarsela davanti in carne e ossa, anche adesso alle otto e mezza del mattino, strappato al tepore del letto dalla sua scampanellata imperiosa, arrivo arrivo! infilando la vestaglia sopra il pigiama per difendersi dal freddo delle stanze, solo che stamani il suo modo di rispondere all'abbraccio è diverso, quasi scostante.

«Il grande scrittore dormiva ancora?» esordì Leonetta.

Anche i suoi sarcasmi aveva finito per accettare, proprio perché nessuna donna aveva mai avuto una simile sfrontatezza: un traffico, aggiunse subito dopo, il centro è una baraonda di veicoli, si vede che manca una settimana a Natale, sembra che la gente non pensi ad altro; mi piace quando vieni senza preavviso, egli la interruppe radioso. Era un modo indiretto per spazzare via le scorie del loro ultimo scontro, ma subito dovette rendersi conto che resisteva in lei una malcelata animosità, già dal gelido sguardo con cui lo seguì mentre si infilava di nuovo nel letto, si vede che ti sei stancato stanotte, fu il suo commento; ma Diego non raccolse la provocazione, allungò invece una mano fino al bordo della pelliccia che Leonetta non si era ancora tolta.

«Potresti almeno raccontarmi. Non era questo il nostro accordo?» lei proseguì, umettandosi il labbro inferiore come le accadeva nei momenti di nervosismo.

«Raccontare cosa?» sorrise Diego divertito.

Lei lo apostrofò con una delle sue occhiate, sfilandosi finalmente il mantello e sedendo a un angolo del letto.

«Al tuo posto non farei troppo il furbo.»

Diego si sforzò a non perdere la calma. Avesse obbedito all'istinto avrebbe risposto in maniera altrettanto sferzante. Ora sentiva di avere di fronte una sconosciuta, una donna mossa da un sentimento ostile di cui non sapeva intravedere l'origine.

«Allora? Sei sicuro di non aver niente da dire?»

«Parli del mio viaggio a Lugano?»

«Parlo di tutto.»

Le pupille brune erano diventate due pietre aguzze, fisse su di lui, pronte a rintuzzare il minimo tentativo di pacificazione.

«Io non ti ho mai nascosto nulla, Leonetta.»

«Non è vero, anche se è una cosa così meschina che mi vergogno a parlarne.»

«Allora se sai già tutto, che cosa vuoi da me?»

«Voglio che tu confessi, parola per parola. Io debbo sapere con chi sto, che razza di uomo sei.»

A quelle parole Diego sembrò vacillare. Attaccare per prima era sempre stata la sua prerogativa, ma adesso egli vi presentiva qualcosa di più, un'intenzione diabolica di cui tuttavia non sapeva vedere il fine.

«Come vedi so tutto. Ma sono qui per sentire la tua versione.»

La sua protervia era tale da farle dimenticare che lei per prima continuava a custodire dei segreti, delle zone d'ombra che riguardavano il suo passato coniugale, e su cui Diego non aveva mai indagato; ma adesso stiamo parlando di te, Leonetta incalzò, su, un po' di coraggio.

Stava cambiando tattica, decisa a mostrarsi comprensiva, quasi tollerante, perché poi, una volta sputato il rospo non ci sarebbero più stati equivoci tra di loro, lei era pronta a perdonare, purché non si ostinasse a mentire.

«Va bene, ti aiuto io. Quando è cominciata questa storia?»

«Ma quale storia?» egli gridò, spazientito.

«Allora cominciamo dalla fine. Che cosa sei andato a fare a Lugano?»

Benché si stesse rendendo conto che non sarebbe uscito illeso da quell'interrogatorio, Diego era portato istintivamente a proteggere la segretezza della sua missione.

«Ho visto della gente, per lavoro.»

«Però non mi hai chiesto di accompagnarti.»

«È una questione delicata, cerca di capire. Ci sono di mezzo altre persone...»

«Altre persone? E chi sarebbero? Non vuoi dirlo? Te lo dico io: un'impiegatella che hai avuto il coraggio di portare anche a teatro!»

Ecco: un lampo finalmente aveva squarciato le tenebre, ma soltanto per lasciarle ancora più confuse.

«Oh Cristo» fu tutto quello che Diego riuscì a replicare, mentre lei si alzava e si tirava dietro il mantello. «Ma come puoi credere una cosa simile?»

«Te l'avevo detto, so tutto. Ma tu neanche adesso hai il coraggio di ammetterlo.»

Ci fu una pausa. Diego si sentiva la testa in fiamme, diviso tra la tentazione di una verità parziale e il bisogno di una sincerità definitiva.

«D'accordo. Ma Yvonne è stato un episodio, una cosa da niente. E comunque è finita.»

Lei sollevò la testa per fissarlo, lo sguardo di colpo velato dalle lacrime.

«Allora è proprio vero» disse, come se parlasse a se stessa.

«Siediti, cerca di calmarti. Non è successo niente di grave, non lo capisci?»

Ma la voce le si era rotta in pianto, mentre racconta che quel giorno, quando Yvonne era entrata all'improvviso, lei aveva capito subito che cosa c'era tra di loro, del resto lo aveva sempre sospettato, sperava solo che lui glie-l'avrebbe confidato, se era una cosa da nulla; invece era andato avanti tutto quel tempo a fare il doppio gioco.

Tolse un fazzolettino dalla borsetta e si avviò, col passo di una donna distrutta, verso il soggiorno, si appoggiò al tavolo ingombro di carte, quasi colpita da un mancamento.

«Ma come hai potuto» parlò desolata.

«Ti prego, amore, non fare così.»

Guardava le sue spalle ampie e il collo sottile e i riccio-li biondi scossi dai singulti senza riuscire a trovare una parola che la placasse, il pensiero che ritornava al loro ultimo incontro in quell'albergo a ore di piazza Santo Stefano, avevano fatto l'amore con cattiveria, senza tene-rezza, con un'aggressività che Leonetta si portava già dentro, e di cui solo ora anch'egli si capacitava.

«Quando mi hai mandato quella lettera io ti avevo creduto. E tu invece continuavi di nascosto...»

«Senti, lascia che ti spieghi.»

Le posò una mano sul braccio affinché si voltasse, ma lei ebbe uno scarto d'insofferenza, staccò una mano dal tavolo e con un gesto d'ira scaraventò per terra libri e manoscritti, facendo traballare la lampada.

«Stai tranquillo che non te la rompo la tua bella lam-pada.»

Diego era senza fiato, impietrito di rabbia e di avvilimento.

«Questa volta è finita» l'ascoltò singhiozzare.

Col viso inondato di lacrime Leonetta si diresse alla porta.

«Adesso sarai contento, che hai rovinato tutto.»

Non gli restava che fermarla nel solo modo che l'avrebbe persuasa, attirandola contro di sé, forzandola a un abbraccio, ma lei si svincolò dalla stretta, spalancò l'uscio e imboccò precipitosamente la scala, la testa reclinata sul petto a nascondere le lacrime.

«Vigliacco, vigliacco» furono le ultime parole.

XXVIII

Piazza del Duomo, in quel rigido mattino di fine d'anno, era formicolante di folla, e altra folla traboccava dai portici settentrionali fin sui binari del tram, costretti ad avanzare scampanellando. Un reparto di polizia faceva cordone, e grappoli di bandiere rosse spiccavano da lontano come fiammate sopra il mare agitato dei cappelli.

«È morta Anna Kuliscioff, mi ha pregato Nerio di avvisarti.»

La notizia gliel'aveva portata Delfina, e doveva essere volata di bocca in bocca se tanta gente stava accorrendo ai funerali, un numero insperato di cittadini che pareva quasi un plebiscito, una sfida alle vigenti disposizioni, niente discorsi celebrativi, niente musica dietro il feretro, come stava commentando un gruppo di compagni, giovani e dall'aria battagliera.

Giunto sotto il portico Diego dovette arrestarsi, tale era la ressa all'ingresso dell'abitazione. Ricordò che una volta c'era salito, in quella casa, per consegnare un articolo scritto per la rivista che in quel medesimo stabile aveva sede, e questo ricordo pacificò in parte quel senso di colpa che da qualche tempo provava nei confronti della sua trascorsa passione politica, ma anche gli rese più evidente il mutamento, o meglio il distacco, che aveva operato in lui la passione amorosa.

Certo era lì, era venuto, volti amici lo salutavano da lontano, ma dentro egli sentiva martellante la sua personale ossessione, quella mescolanza di sentimenti così controversi ed esasperati da non saper distinguere se vi avesse più spazio il risentimento o il rimorso, la rabbia o l'amarezza, dopo il più malinconico Natale che avesse mai vissuto, nell'ultimo giorno di un anno che si chiudeva in maniera sciagurata, dato che Leonetta era sparita di nuovo, partita sicuramente per uno dei suoi viaggi senza lasciargli modo di chiarire, di discutere le ragioni di un così grave malinteso, e senza aver risposto alle quattro lettere che, nei giorni successivi, le aveva spedito.

I cavalli del carro funebre scalpitavano infreddoliti sotto le gualdrappe, impazienti di avviarsi. Una donna, riconosciuto Diego, gli tirò in segno di solidarietà la manica del cappotto. C'erano corone di fiori, ai lati del portone, e un'illusoria fiducia, una specie di ritrovato ottimismo aleggiava sulle facce di umili compagni facendo sentire Diego ancora più a disagio nel suo tormento.

Ciò che gli riusciva più difficile da accettare era l'idea che Leonetta potesse davvero essersi sentita offesa da un episodio così insignificante, proprio lei che tante omissioni aveva da farsi perdonare. Dunque doveva dubitare della sincerità di quelle lacrime? Conosceva la sua abilità nel recitare, nell'inventare pretesti e nel credervi. Ma poteva una donna innamorata arrivare a tanto? E a quale scopo? Erano domande che non lo abbandonavano mai, e che persino ora premevano, in mezzo a quella folla venuta da ogni parte della città per l'ultimo omaggio alla grande rivoluzionaria.

E una volta di più egli era portato a domandarsi dove avesse sbagliato o se non fosse piuttosto un segno del destino che lo ammoniva a troncare definitivamente un rapporto costruito su basi così malsicure. Dunque quell'ultima scenata andava interpretata come una benedizione, come un'ultima occasione per mettersi in salvo? Diego non riusciva a capacitarsene, anche se un tale pensiero stava diventando ricorrente, anzi oggi non poteva più essere ignorato, davanti a quel feretro portato a spalle, il volto severo di Turati apparso in mezzo agli altri mentre la salma veniva issata sul carro, forse l'errore aveva origini più lontane, nella scelta sbagliata che egli aveva compiuto decidendo che fosse Leonetta la donna della sua vita, una donna di estrazione sociale troppo diversa, e soprattutto diversa per educazione e cultura, allevata come lei era stata alla scuola del privilegio, del capriccio, dell'arroganza: questo era l'errore che stava pagando, d'aver ignorato tutto ciò in nome di una felicità fisica, di un appagamento dei sensi che alla distanza si rivelava ingannevole, e che semmai una circostanza come quella presente evidenziava nella sua crudeltà, il loro sì che era stato un grande legame, quello tra Turati e la Kuliscioff, un sodalizio perfetto di mente e di cuore, uniti contro il mondo e in mezzo a persecuzioni e processi e galere, ma trionfanti sempre nella loro alleanza, nella fede alla comune ideologia, anche se – questo Diego non poteva impedirsi di pensarlo – forse non avevano conosciuto certi spasimi di voluttà né i tormenti di una passione come la sua.

Di una tale supposizione un tempo avrebbe provato vergogna. La sfera della politica non ammetteva intrusioni né contaminazioni con quella del sesso, così rigidamente separate dalla morale corrente. Ora Diego poteva rivendicarla, invece, come un'esperienza vitale, un dato di verità, una verità del sangue persino reazionaria perché opposta ad ogni schema ideologico, una verità schifosamente biologica, bassamente viscerale, ma incontestabile al punto da poter sembrare l'unica vera realtà tangibile in questa vita, proprio mentre decine di braccia intorno a lui si levavano a salutare a pugno chiuso la bara che passava e corone di fiori le facevano ala.

«Su marciam, l'ideale/nostro alfine sarà...»

Una giovane donna aveva intonato l'Internazionale ma fu subito zittita dai compagni. Un delegato di polizia era mescolato tra la folla: fissò la donna, fissò Diego e i compagni che lo circondavano come se volesse stamparsi nella mente i loro volti.

«Lasciatela cantare!» gridò uno di essi.

«Silenzio, fatela finita» ammonì un altro.

«Ma non possono impedirci di cantare!» si udì un'altra voce alle spalle.

Ci fu un breve subbuglio mentre le ruote del carro cominciavano faticosamente a muoversi in mezzo alla ressa e la folla di dietro si incolonnava in un corteo immenso, seguita a poca distanza dai gendarmi. Anche i tram lungo il rondò erano stati costretti a fermarsi, e Diego avanzava in processione come sospinto, ma senza liberarsi delle sue fantasticherie, dell'idea assurda che lei potesse scorgerlo, magari dalla finestra di una pellicceria al primo piano, nonostante il freddo c'era gente uscita sui balconi per seguire il funerale, riconoscerlo in quel corteo e raggiungerlo, così lui le avrebbe raccontato chi era stata, quella signora di origine russa che si era votata alla causa del proletariato italiano, e col suo carattere avrebbe ripreso lei il canto interrotto, magari solo per dispetto della forza pubblica, così li avrebbero arrestati tutti e due con grande scandalo per il suo ambiente, del resto c'era in Leonetta una tale inclinazione all'amore del gioco e non soltanto al gioco dell'amore da permetterle di immedesimarsi in qualunque parte le toccasse interpretare, una donna fantastica, sai, le avrebbe spiegato, non aveva mai voluto sposarlo il suo Filippo, preferendo convivere da compagna, e poteva a questo punto immaginarla sorridere: ma io adesso ho voglia, l'unica a sorridere in mezzo a quei volti burberi, a quelle barbe, a quei cravattoni neri che sfilavano solenni, che cos'aspetti a portarmi da te?

Non se ne andava la sua immagine, e chissà per quanto tempo sarebbe durata, se era tanto presente a un avvenimento che le era così estraneo. Del resto ogni finzione sua, se di finzione si trattava, finiva comunque per essere autentica negli effetti, cioè per coinvolgerlo senza riserve. Diego comprese che non poteva continuare. Il carro era diretto a Porta Volta, ma egli evitò di andarci. Si sentiva sopraffatto da una strana spossatezza, e buon per lui perché all'uscita del Cimitero Monumentale una squadraccia di fanatici sanguinari, tra cui suo cognato Amerigo, era in agguato sul piazzale col manganello in pugno.

Lo lesse il giorno dopo, sul giornale che riportava la cronaca del cruento pestaggio.

Parte terza

I

Passò il capodanno, passò una settimana, e poi tutto il mese. Per questo si dice che la vita è breve: perché non si fa in tempo a viverne un'altra nella quale potremmo essere diversi, dato che non c'è abbastanza tempo per mutare, per trasformarci davvero in un altro essere migliore di quello che ci è toccato in sorte.

Non che fosse questo il cruccio di Leonetta – si piaceva troppo com'era per desiderare di essere diversa – ma lo scorrere dei giorni uguali, il sentirsi restituita a un'esistenza programmata che già prima di incontrare Diego aveva ripudiato, le stavano creando una nuova inquietudine, la percezione poco gradevole non di vivere ma di essere vissuta, a cominciare dal rapporto con Edoardo che ormai sentiva irrimediabilmente compromesso. L'ambiente natalizio della casa, poi le vacanze, il viaggio e l'atmosfera dell'Egitto visitato insieme ai Venosta, l'avevano sulle prime distratta, forse illusa di poter chiudere senza rimpianti un periodo turbolento, pieno di emozioni ma anche di continuo travaglio, lacerata tra passione e affetto, tra il bisogno di Diego e la pena per Edoardo, ricattata dalla manifestazione di una devozione a oltranza quanto dai vantaggi economici che ne derivavano, al punto da non sapere lei stessa distinguere quale dei due aspetti fosse il più importante.

E a questa dicotomia un'altra se n'era aggiunta con cui Leonetta sapeva di dover fare i conti: la coscienza di aver vissuto fin allora con il sospetto che eros e matrimonio fossero incompatibili, che seguissero strade forzatamente divergenti che era impossibile riunire. Innamorarsi di Diego, l'essere andata così lontano in questa direzione era stata una svolta a cui non era preparata, e che comunque aveva pensato di poter governare. Ora per la prima volta scopriva che le due strade potevano essere ricongiunte, fuse in una sola persona, ma poiché la scelta comportava una rinuncia a tanti privilegi necessari, anche la nuova strada si rivelava, per ragioni opposte, impraticabile.

Fortunatamente la sorreggeva una sicurezza: che nell'istante in cui si fosse decisa avrebbe riconquistato Diego con un battito di ciglia, e questo l'aiutava a contrastare un vago sentimento d'inquietudine per il futuro che, dopo il rientro a Milano, aveva cominciato a insinuarsi nelle sue giornate. A volte, pensando al modo in cui lo aveva abbandonato, si sentiva investita da ondate di rancore, da un odio giustificato che riusciva benissimo a immaginare, ma che sapeva di poter dissipare appena di nuovo gli si fosse concessa, anzi c'erano momenti come adesso, rimosso a un angolo del letto il vassoio della piccola colazione, in cui si perdeva a pregustare ogni particolare: l'emozione che avrebbe letto sulla sua faccia, il tremito della mano nel sollevarle la sottoveste, lo sguardo cupo che lui avrebbe affondato di nuovo dentro di lei, e infine la percezione, già tante volte provata, di una fatalità che si compie, come se quella fessura, al primo istante in cui si sentiva penetrata, stesse per essere sigillata per sempre, ma questa volta sarebbe stato ancora più esaltante, poiché vi si sarebbe aggiunta per entrambi l'esigenza di un risarcimento totale, e questa sola idea le rimescolava le viscere mentre fissava, fuori dai vetri, i fiocchi di neve che vorticavano fitti nel riquadro delle tende.

Aveva cominciato nella notte a nevicare, e un tappeto di bambagia doveva essere già steso nelle strade perché i rumori del traffico giungevano ovattati, forse anche quello, lo spettacolo della neve, ora contribuiva ad acuirle la nostalgia dopo che, appena coricati, la sera prima Edoardo l'aveva cercata con una brutalità irragionevole, e infine posseduta in maniera quasi selvaggia, reso furioso dai suoi reiterati dinieghi. La colpa era sua, certo, che si era illusa durante quel mese di poterlo impunemente rifare; invece era arrivata a sentirsi una puttana, un corpo che godeva abbracciato a un estraneo, ecco l'atroce scoperta, una reazione che era pur prevedibile ma che lei aveva voluto comunque sperimentare per non lasciare nulla di intentato prima di arrendersi del tutto alla prepotenza di quell'altro sentimento, coltivato quasi per gioco e cresciuto a dismisura. E ora che anche Edoardo si era reso conto della gravità della loro crisi, e della sua impossibilità a colmare il vuoto lasciato da Diego, sebbene a parole cercasse di minimizzarla, Leonetta si sentiva molto meno tormentata, parendole di aver pagato in parte, con una rinuncia durata un mese, la colpevolezza che si portava dentro.

Durante il viaggio, su quel battello a ruote che costeggiava le due sponde del Nilo, e poi visitando ad ogni fermata templi e sculture, graffiti e muraglie, era riuscita ad allontanare dai suoi pensieri l'oggetto di tante tribolazioni. Poi una mattina a Luxor, uscita in vestaglia dalla cabina e affacciatasi sul ponte mentre tutti ancora dormivano, in quella trasparenza prodigiosa dell'aria, la mancanza di Diego l'aveva colpita di schianto: il suo viso, la sua voce erano lì, come se per tutto quel tempo egli avesse viaggiato con lei, materializzato in quel paesaggio di feluche e vele bianche sul fiume, e solo ora fosse comparso per riprenderla. Era durato un istante, sufficiente però per capire che non sarebbe rimasta più a lungo senza di lui, che quella febbre dei sensi ne nascondeva una ben più profonda, contro la quale era inutile combattere.

Non pensava di essere stata crudele nell'ignorare le lettere di spiegazione che Diego le aveva scritto, una dopo l'altra, prima che lei partisse. Ma era mai possibile che ne fosse uscito così amareggiato, così deluso, così ferito da averla cancellata per davvero? Semmai erano prove simili che garantivano della verità di un amore. E lei era disposta a perdonargli quella meschina avventura, che del resto era servita benissimo per legittimare la sua fuga. Perdonarlo, ma non subito. Il suo sesto senso le avrebbe suggerito il giorno adatto. Intanto, come sempre al rientro da un viaggio, c'erano moltissime incombenze che lei doveva sbrigare e che da alcuni giorni la stavano tenendo occupata.

Riccioli di neve continuavano a battere ai vetri. Il tetto del palazzo di fronte era sparito sotto la coltre bianca. Un'altra giornata cominciava, ma sotto un cielo diverso che pareva un segnale. Che fosse questa l'ora che lei aspettava? E Diego, cosa stava facendo? O meglio cosa stava pensando, come poteva resistere ancora senza cercarla?

La domanda era retorica, sarebbe bastato chiederglielo. Leonetta non esitò: prese il suo nécessaire di scrittura, ne tolse una carta intestata, e al centro del foglio, dopo aver barrato con un tratto di penna il proprio nome stampato in un bel corsivo inglese, scrisse la sola frase che il cuore le dettava:

"*Come puoi stare senza vedermi?*"

Giacomo la recapitò un'ora più tardi, molto risentito d'aver dovuto prendere il tram, perché una spanna di neve impediva alle auto di circolare.

«Il signore non c'era» riferì al suo ritorno. «Ho lasciato la busta sotto la porta, come mi ha detto lei, signora.»

II

Al Ponte della Chiusa, lungo la cerchia dei Navigli, Diego si fermò a prender fiato. Gli spalatori avevano lavorato anche di notte per tener sgombri i binari, ma la neve non aveva dato tregua, e in quel mattino di febbraio, sotto un cielo ancora opalescente, Milano appariva simile a un borgo, imbiancata dai comignoli ai paracarri, scomparsi i marciapiedi, ridotte le strade a sentieri pesticciati dai passanti.

Era uscito a piedi per godersi meglio lo spettacolo della città innevata, ma anche per scaricare in parte quella specie di gioiosa impazienza che animava i suoi passi, e che aveva provato dopo aver concordato al telefono con Leonetta, senza aggiungere altro, il luogo dell'appuntamento.

Ciò che adesso doveva tenere a bada era il proprio entusiasmo, visto che non aveva saputo resistere alla tentazione di chiamarla immediatamente. Mostrarsi cauto piuttosto che sollecito, avrebbe dovuto; dubitoso anziché trionfante. Invece, quando raggiunse il Ponte di San Celso, e poi da lontano la scorse venir su da corso Italia, pelliccia e cappellino di martora, il passo sicuro come sempre, fu preso dall'impulso di chiamarla e correrle incontro, di abbreviare anche di poco i pochi secondi che lo separavano da lei, da quel sorriso civettuolo, da quel fiato vaporoso che dice buongiorno come se si incontrassero per caso, o meglio come se fosse, la loro, una nuova conoscenza, poiché anche la neve concorreva a creare un insolito scenario: buongiorno rispose lui a sua volta, già rammaricato di essersi mostrato troppo impaziente, chissà perché si era figurato un incontro differente, in cui Leonetta gli avrebbe gettato subito le braccia al collo, forse avrebbe dovuto farla aspettare un giorno di più, esattamente come lei avrebbe fatto al posto suo, ma quella nevicata eccezionale gli era parsa una cornice impareggiabile, un richiamo ancora più pressante a rivedersi, avevo voglia anch'io di una passeggiata, lei disse avviandosi per prima lungo la sponda del canale, la leggera abbronzatura che risaltava in tutto quel bianco, lo immaginavo che avresti fatto un viaggio, fu il commento di Diego; sono stata in Egitto, disse lei nel tono più neutro possibile, lo stivaletto slittò sulla neve e si appoggiò a lui traballando; e ti sono piaciute le Piramidi? volle sapere, prendendola finalmente sottobraccio; adesso è così lontano, fece Leonetta; stavano costeggiando il Naviglio in un tratto dove si aprivano, sulla riva opposta, androni di artigiani, tettoie basse, fondaci, sostre di carbonai, qualche officina un tempo funzionante con le pale d'un mulino, che nella luce perlacea parevano ancora più bui, dalle finestre a specchio dell'acqua non pendevano festoni di panni stesi, tutto pareva raggelato, sottovetro, anche i rari passanti che lasciavano orme candide al centro della carreggiata dove Diego e Leonetta procedevano, il passo lento ma uniforme, sempre più avvinti, i volti che quasi si toccavano, ma senza dirsi nulla, presi da quell'atmosfera irreale; un laboratorio all'aperto di scalpellini era interamente ricoperto dalla coltre e i lastroni di granito sembravano tombe, ma dopo il ponte di Porta Romana dove la statua del Santo pareva un fantoccio di neve, il paesaggio si fece più disteso, oppure il cielo si era alleggerito perché il bianconero aveva ora sfumature di pastello: il nero dell'acqua era meno cupo in via Francesco Sforza e il bianco aveva un bagliore azzurrino, la spalletta di pietra era un merletto ricamato, persino i sottoponti parevano illeggiadriti, scacciati i mendicanti dai loro abituali giacigli, come se la nevicata avesse mondato ogni bruttura; sì, ho lavorato molto, le stava raccontando, ho scritto un po' di novelle; e un carretto sopraggiunto li obbligò a spostarsi verso il parapetto, e qui ristettero abbracciati a contemplare il canale, quell'acqua carampana, consunta ai bordi dal lento fluire, rotta da una cascatella in tanti zampilli, non lo credevo proprio che ci saremmo rivisti, sospirò Diego contro la sua bocca; io invece sì, rispose lei offrendogli le labbra, l'alito fumante nell'aria fredda, le mani guantate strette al bavero del suo cappotto.

In quel punto la balaustra era di ferro, e Diego vi si appoggiò per meglio avvolgere Leonetta nell'abbraccio, divorarle la gola dentro il collo della pelliccia, con una felicità che non poteva essere fondata soltanto sul piacere fisico ma proveniva da una dolcezza ritrovata, da una pienezza che forse mai sarebbe riuscito a descrivere in un libro; oh sì! lei affermò, invece devi riuscire a dirlo, voglio che tu scriva un grande romanzo, baciandogli ripetutamente la bocca come a convincerlo di quella necessità, fin quando ripresero insieme il cammino.

C'erano rampicanti, in quel tratto, poco prima del ponte della Ca' Granda, che la nevicata aveva trasformato in un reticolo di trine, i giardini Guastalla parevano una foresta nordica, Leonetta cominciava ad essere stanca, ma non voleva interrompere una passeggiata che sarebbe stata irripetibile con il traffico normale dei veicoli, e poi le piaceva che il momento sospirato si prolungasse, tanto più che Diego le stava spiegando che nemmeno lui sapeva che cosa fosse un grande romanzo, se non da lettore, quando leggi e non sai più che stai leggendo, dove sei, che ore sono, perché vivi dentro le pagine, ecco cos'era un grande romanzo.

Il glicine di casa Visconti era divenuto di zucchero filato, e altrettanto le sculture del parapetto. Sfilarono, senza imboccarlo, davanti al ponte delle Sirenette dove un gruppo di ragazzi si affrontava a palle di neve, oltrepassarono la cunetta di corso Monforte. Alle conche di via Senato i portelloni erano aperti, ma nessun barcone vi transitava, anche lo scroscio dell'acqua giungeva attutito, come se quel mattino l'intera città fosse stata colpita da un sortilegio e quella magia fosse stata approntata solo per loro, per potersi dire con naturalezza, senza infingimenti, ciò che ancora non erano riusciti a dirsi, un cavallo arrancava a fatica, pestando gli zoccoli sul tappeto di neve, e il carrettiere si accaniva a tirarlo per la cavezza.

«Stanno succedendo delle cose terribili» parlò Leonetta, la voce incrinata da un'improvvisa commozione.

«Di nuovo?» egli disse.

«Terribili» ripeté. «Tu non puoi immaginarti, amore mio.»

In quell'ora di cammino erano arrivati in piazza Cavour. Il campanile di San Marco apparve con la sua cuspide in lontananza, fiocchi vaganti ancora minacciavano neve.

«Fermiamoci qui. Andiamo a casa. Sarai intirizzita.»

«Sì, ma da te ho paura.»

Il fischio di un treno solcò l'aria, forse di una locomotiva che entrava in stazione. Diego si affacciò pensieroso alla pietra del parapetto, fissò l'acqua che scorreva sotto il ponte, buia, senza riflessi, la mente affollata da troppe domande.

«Questa mattina Edoardo non voleva farmi uscire. Gli

ho detto che intendo lasciarlo, gli ho detto che così non vado più avanti...»

«E lui?»

Di nuovo la voce le si spezzò nel dirlo.

«Mi ha picchiata, poi mi ha chiesto perdono in ginocchio.»

III

Sebbene Diego fosse stato, soprattutto in passato, gran frequentatore di caffè, in quel locale di piazza Cordusio non aveva mai avuto occasione di entrare, anche perché vi si ritrovavano soltanto uomini d'affari e funzionari di banca, grazie alla vicinanza del Palazzo della Borsa che si apriva proprio sull'angolo. Quando vi arrivò, con qualche minuto di anticipo sull'ora dell'appuntamento, scelse un tavolo lontano dall'ingresso, dove discorrere al riparo da orecchie indiscrete.

Al mattino, quando si era deciso a chiamare Edoardo D'Ors in ufficio, la voce di questi al telefono non aveva nascosto il suo stupore alla richiesta di un colloquio, ma senza tradire ostilità o imbarazzo, quasi fosse stato sollecitato ad affrontare una semplice seccatura. Diego invece, di fronte a tanta freddezza, avvertiva col passare dei minuti un'agitazione crescente.

Aveva fatto bene a provocare un incontro così rischioso? O meglio, lo aveva fatto davvero per intima convinzione, o per mostrare a Leonetta la sua determinazione nel volerla, dunque soltanto per il piacere di lusingarla? Probabilmente le due cose erano mescolate, e anzi da scrittore non poteva nascondersi che, se da un lato l'amor proprio lo aveva finora trattenuto dal ricorrere a una verifica così impudente, dall'altro vi era spinto dal legittimo desiderio di conoscere chi fosse, in realtà, l'uomo che era causa di tutte le ambasce di Leonetta e, di riflesso, delle sue.

Comunque si fosse risolto il colloquio, Diego era certo che a qualcosa sarebbe servito, anche se in quel momento non avrebbe saputo dire a che cosa: forse ad avvicinarsi a quella oscura verità che soltanto loro due conoscevano, forse a intuire di che natura fosse il legame che li univa così tenacemente, e che Leonetta si ostinava a non volergli rivelare.

Pareva che Edoardo lo facesse apposta, di arrivare in ritardo, per dargli tempo di cambiare idea e di allontanarsi indisturbato; in ogni caso di tenerlo sulle spine, secondo una buona regola degli affari che consiglia di mettere l'avversario in condizioni psicologiche malsicure. Oppure aveva avuto un ripensamento all'ultimo istante? Un marito di quello stampo, capace di chiudere gli occhi per tanto tempo sulla condotta della propria moglie, non doveva essere un campione di coraggio. Invece Diego, appena formulato questo pensiero, fu subito smentito.

«Lei voleva parlarmi?» fece Edoardo, gettando il cappello sulla sedia accanto.

Pronunciò quelle parole con degnazione, senza porgere la mano e senza sbottonarsi il cappotto, a significare che gli avrebbe concesso solo qualche minuto.

Diego non lo ricordava di così alta statura, né dotato di una fermezza con cui presto avrebbe fatto i conti. Dovette fare appello a tutta la sua impetuosità per entrare subito in argomento, appena Edoardo, senza aggiungere altro, si fu seduto di fronte a lui.

«Le sarà sembrato molto strano, signor D'Ors, che io abbia voluto parlarle.»

L'altro ascoltava, apparentemente imperturbabile, rendendo il prologo ancora più imbarazzante: la necessità, seguitò Diego, di assecondare la felicità di una donna che a entrambi sta a cuore, sia pure in modi diversi, e l'esigenza di affrontare una situazione che ormai ha bisogno di un chiarimento, anche dal punto di vista legale...

Lo sguardo di Edoardo D'Ors si fece gelido, ma il volto restava impenetrabile, di fronte a enunciazioni che dovevano colpirlo come tante frecce.

«E poiché Leonetta desidera vivere con me e Lei sa che non si tratta di un'avventura, io ho sentito il dovere di parlarle, come si parlerebbe a...»

«A un padre?» suggerì ironico Edoardo.

«E dirle che non intendo rinunciare a quella che io ritengo...»

Certo Diego non avrebbe mai creduto di arrivare un giorno a pronunciarlo con tanta sicurezza.

«La donna della mia vita.»

Il suo interlocutore ebbe una smorfia di compiacimento prima di commentare.

«Parole da scrittore!» E aggiunse, guardandolo con distacco: «E Lei come pensa di poter provvedere ai bisogni di Leonetta? Lei sa che è una donna molto costosa. Glielo domando come lo domanderebbe un padre.»

Osso duro, pensò Diego. Improvvisamente si sentì ridicolo, prigioniero di una situazione grottesca, e non lo esaltava più l'idea che lei fosse presente ad ascoltarlo, a udirlo ribadire lucidamente le ragioni di una passione.

Un aquilotto d'argento troneggiava in vetta al cilindro della macchina espresso, l'andirivieni dei camerieri si era infittito, avventori entravano e uscivano in continuazione. Non era facile spiegare in quella cornice, che per amore, un amore che si è aspettato da sempre, si può anche rinunciare a dei privilegi, quando una donna sia davvero innamorata, ma l'altro lo precedette, ritenendo superata la risposta al suo quesito, e assumendo d'un tratto il tono con cui si parla a un subalterno.

«La donna della sua vita è mia moglie. E io credo di essere stato fin troppo paziente.»

«Cosa intende dire?»

«Che userò qualunque mezzo per tenerla.»

«Cioè?»

«Servirmi della Legge, ad esempio.»

«La vostra legge borghese» fece Diego sarcastico, ma subito pentito di essersi lasciato andare a un commento così retorico. «Adesso capisco tante cose.»

«Guardi, c'è una sola cosa che Lei dovrebbe capire.» Puntò l'indice come se fosse un'arma. «Io amo Leonetta, e lei non mi lascerà mai!»

«Oh!» sorrise Diego, arretrando istintivamente la sedia.

«E visto che sono qui le dò un avvertimento: non conti ancora per molto sulla mia tolleranza.»

«Va bene: mandi pure le guardie a casa mia, la prima notte in cui Leonetta dormirà con me. Io non ho paura di uno scandalo.»

L'altro prese il cappello e si alzò.

«Me l'immaginavo. Gente come Lei non ha niente da perdere.»

Diego si alzò di scatto, i pugni contratti sul tavolo. Non si sentiva offeso quanto dominato da una rabbiosa impotenza, come davanti a una porta chiusa.

«Questa conversazione è assurda» concluse Edoardo, di nuovo glaciale. «Leonetta è una donna libera. È lei che deve scegliere, no?»

«Leonetta ha già scelto» fece Diego con impeto, ma il signor D'Ors gli aveva già voltato la schiena.

IV

Pareva vuota, quella stanza, senza il pianoforte che da sempre l'aveva riempita, più di quanto apparisse già spoglia, priva di quadri e di suppellettili.

«Era una buona marca, eppure ho preso una miseria» lamentò Nerio osservando lo spazio che il pianoforte aveva occupato.

«Ma senti, ci hai pensato bene?» disse Diego.

Novaresi assentì gravemente: se lo sentiva da tempo, che l'unica cosa da fare era riparare all'estero, ma il colpo di grazia glielo aveva dato lo scontro coi fascisti al Cimitero, dopo i funerali di Anna Kuliscioff, quando in tre lo avevano aggredito sotto gli occhi dei gendarmi, pestandolo a sangue.

«Ma non era meglio denunciarli? Potevamo cercare un buon avvocato, un compagno...»

«Tu sei un illuso, Diego. Oggi non ti può difendere più nessuno contro gli squadristi, anche i tribunali sono dalla loro parte. Dicono che Mussolini stia pensando delle leggi speciali contro di noi. Non c'è più niente da fare, Diego. Dovresti andartene anche tu...»

Due valigie erano aperte, sul pavimento, riempite a metà di vestiario. Nerio prese il fascio degli spartiti e lo sistemò accanto a una pila di biancheria.

«Questi sono la mia unica salvezza. I compagni dicono

che a Parigi mi aiuteranno a trovare un lavoro. Per un musicista non dovrebbe essere difficile.»

Si chinò dentro l'armadio spalancato per toglierne delle vecchie scarpe che v'erano rimaste, mentre spiegava d'aver affidato a Delfina l'incarico di liquidare tutto il resto, che vendesse o regalasse a suo piacimento, del resto mobili preziosi non ne aveva mai avuti, e poi senza Delfina non avrebbe saputo come fare a organizzare una partenza come questa, senza ritorno, decisa all'ultimo momento prima che la polizia gli ritirasse il passaporto.

«Mi vedi, a suonare il piano in un varieté?» sorrise davanti all'espressione accorata dell'amico.

Stranamente pareva ringiovanito, come se quella imprevista svolta nella sua vita gli avesse restituito forza e gioventù. Seduto per l'ultima volta sul canapé, dove per tanti anni lo aveva ascoltato suonare, Diego seguiva i gesti di Novaresi in preda a sentimenti confusi di rincrescimento e di ammirazione, di invidia e di colpa, senza poter riconoscere quale di essi fosse prevalente.

«Mi fai sentire un reprobo» disse, dopo un lungo silenzio.

«Sei ancora in tempo.»

«Sai che verrei con te. Ma non posso rinunciare a Leonetta.»

Si alzò, accese una sigaretta e ne aspirò lunghe boccate, quasi a riempire il vuoto di tutto ciò che non riusciva a dire, lo sguardo sperso sui tetti che apparivano dietro i vetri della mansarda come sbiaditi nell'aria invernale.

«Non riesco a crederci, Nerio. Mi ero affezionato a questa stanza.»

«Anch'io.»

«E non ti mancherà Milano?»

«Mi mancheranno tante cose: Milano, gli amici. Ma

credo che se rimanessi mi mancherebbe ancora di più la libertà.»

Interruppe il suo andirivieni dall'armadio alle valigie per mostrargli un pacco di stampati che aveva nascosto sotto il letto.

«Sono un po' di copie del nostro giornale clandestino» annunciò a bassa voce, gli occhi che brillavano d'ingenuo orgoglio. «Me le hanno portate una settimana fa da distribuire. Non è un destino? Nemmeno in questo siamo riusciti. Peccato, il tuo tipografo lavorava bene.»

Diego prese uno dei fogli e lesse: "Sotto il barbaro dominio fascista" stampato in grandi caratteri sopra il testo di un lungo articolo.

«Puoi tenerli tu, se vuoi.»

«Meglio di no, Nerio.»

«Hai paura?»

«Non mi fido. La polizia potrebbe trovarmeli in casa...»

«La polizia?»

«Ho appena avuto uno scontro con Edoardo D'Ors. E se dovesse dar seguito alle sue minacce...»

«Vuole denunciarti?»

«Temo di sì. Se i carabinieri mi sorprendono a letto con una signora sposata, ci arrestano tutti e due per adulterio, questa è la legge.»

«Sei arrivato a questo punto?» fece l'amico, con una smorfia di disgusto che mortificò Diego più di quanto non fosse già, impotente ad offrire a Nerio un'ultima dimostrazione di amicizia.

«Anche una passione ha i suoi rischi» cercò di giustificarsi. «Anche se la passione amorosa è molto diversa dalla passione politica.»

«Già. Ecco un romanzo che dovresti scrivere» fece Nerio, sardonico.

E un trillo di campanello li scosse come un segnale di pericolo. Nerio guardò allarmato verso la porta, indeciso per qualche secondo prima di chiedere.

«Chi è?»

Con sollievo udirono rispondere la voce di Delfina. Era carica di pacchetti, compere dell'ultima ora – Nerio se n'era dimenticato – compresa una gran sciarpa di lana per l'esule; un esule molto viziato, scherzò Diego tratto d'impaccio da quell'irruzione; questo è vero, ammise Novaresi, non so come avrei fatto senza Delfina, sei una vera compagna, lo sai?

Lei non disse niente: andò verso la tavola e depose i suoi acquisti. Si capiva che era contenta di avere trovato Diego, in una circostanza come quella che li riuniva tutti e tre, ricostituendo sia pure per un istante una perduta unità di affetti, e insieme, di mostrare proprio a lui il valore intatto di una solidarietà a cui non era mai venuta meno, senza immaginare quanto lui invece si sentisse lontano, ormai incamminato su una strada diversa, perché quella partenza chiudeva definitivamente un capitolo della sua vita.

«Verrò a salutarti alla stazione» disse, apprestandosi a uscire.

«No, salutiamoci qui. Ci sono spie dappertutto.»

«E questi giornali? Posso tenerli io?» domandò Delfina.

«Non voglio che corri altri rischi» Nerio rispose.

«Allora chi prenderà il tuo posto?»

Un mesto sorriso increspò il labbro del maestro.

«Godetevi la vita, figlioli. Io non ci sono riuscito» disse accompagnando sulle scale l'amico.

Entrambi, abbracciandosi, sapevano che non si sarebbero più riveduti.

V

Qualcuno stava parlando, sotto il grande lampadario a gocce, stava parlando lontano da loro, dopo un colpo di martello alla campana per zittire il bisbiglio dei commensali, probabilmente era il presidente del circolo, al centro di quella lunga tavolata disposta a ferro di cavallo, c'era un bouquet di fiori davanti al piatto che Leonetta fissava con aria accigliata, non pentita di essere venuta quanto incapace di mistificare la sua scontentezza, quasi per togliere a Diego ciò che gli aveva concesso acconsentendo a intervenire al pranzo sociale del suo circolo, tra professionisti di mezza tacca e mogli ingioiellate di parvenus, forse gli aveva detto di sì con troppa leggerezza, solo perché sapeva quanto lui ci tenesse ad averla al suo fianco in simili occasioni, ti guardano tutti, le ha appena detto sottovoce, e lei ha avuto un moto di fastidio: che oltretutto lui fosse raggiante e soddisfatto a quel modo, senza accorgersi di come stava, di quel che c'era dietro la sua immagine perfetta, dietro quella maschera ineccepibile e persino frivola che si porta in giro, in mezzo alla gente così pronta a giudicare, ormai poteva immaginarselo quello che dicevano di lei queste *demi-chaussettes*, lo si capiva dalle occhiate che rivolgevano a lei, scandalo vivente, personificazione del peccato, seduttrice arrogante, e tra un po' sarebbe toccato a Diego di alzarsi dalla sedia e prendere la parola, poi altri brindisi e altri discorsi, invece di portarla via subito, invece di placare nell'unico modo possibile il malumore da cui non riusciva a liberarsi.

«Quanto durerà questo bel convivio?»

La sentiva crescere dentro, quell'inquietudine, fino al punto da non saperla più dominare, anzi più si sforzava di reprimerla e più trovava spunti per rinfocolarla, e Diego la fissò, subito allarmato dall'accento di ostilità che aveva riconosciuto, appena servono il caffè ce ne andiamo, mormorò rassicurante, mentre l'oratore proseguiva la sua chiacchierata, fino all'ultimo aveva tremato all'idea che Leonetta non venisse, e adesso che era qui, sfolgorante nel suo velluto nero, pareva decisa a guastargli la serata, ogni volta con lei tutto si svolgeva sotto il segno dell'imprevedibile, del mutamento arbitrario, come se volesse sperimentare il grado di resistenza di Diego, il suo limite di rottura, dato che ancora una volta egli appariva del tutto insensibile a ciò che lei stava passando, chissà se quei fiori erano veri o finti, per sincerarsene Leonetta avrebbe dovuto allungare una mano di un altro palmo sulla tovaglia, invece non riusciva nemmeno a seguire le parole dell'oratore perché vi si era sovrapposta la voce di Edoardo, fuori di sé poco prima in camera da letto, urlante mentre lei si vestiva che quella storia doveva finire, furibondo per aver ricevuto a distanza di cinque mesi una seconda lettera anonima, ancora più insultante della prima, ma adesso anche lei era esasperata da tutta quella gentucola che metteva il naso e fomentava zizzania, dall'odio che sentiva attorno a sé, da una ragnatela di invidie e rancori, chiunque fosse l'autore di quelle missive senza firma, Yvonne oppure Delfina o Diego stesso, o chissà chi, come se la sua esistenza, dal giorno in cui Diego era comparso all'orizzonte, fosse entrata in collisione con un altro mondo, un mondo di istinti plebei, un sottomondo di meschine cupidigie che si estendevano al pari di un contagio, sporcavano, contaminavano alla fine sentimenti e progetti.

«Tra dieci minuti io me ne vado.»

«Ti prego» egli disse.

Negli occhi di Leonetta c'erano due pallottole di piombo, pronte a fulminarlo alla prima parola sbagliata, al primo scatto di ribellione che lei avesse ravvisato, anche se le belle mani, la sinistra inanellata del brillante di Diego, la destra adorna del bracciale a forma di vipera, stavano posate quietamente sulla tovaglia, ai due lati del piatto che i camerieri non avevano ancora sparecchiato.

Un applauso, a cui Leonetta si unì stancamente, sigillò la fine del discorso.

«Cosa ti sta succedendo?»

Lei si limitò ad alzare le spalle. Tolse lo specchio dalla borsetta e si aggiustò un ricciolo sull'orecchio. Ciò che le stava succedendo era qualcosa di orribilmente nuovo: l'impressione di vivere dentro una prospettiva sempre più angusta, in un orizzonte che si restringeva progressivamente fino a sentirsi incanalata dentro un tunnel buio di cui non intravedeva l'uscita. Cessata l'esaltazione che il piacere amoroso le procurava, cadeva in preda a uno spaventoso stato di incertezza, il futuro con Diego le appariva irrealizzabile, il presente con Edoardo non più sostenibile, ma senza trovare la forza per compiere una scelta, quasi che, arrivata sull'orlo di un abisso, se ne ritraesse atterrita di essere giunta fino a quel punto. Allora una improvvisa stanchezza si impadroniva di lei, le saliva dalle gambe alla schiena mentre una mano di ferro le agguantava le viscere e cominciava a torcerle, fino a indurirle le pupille in una espressione dolorosa, erano fitte che l'aggredivano nei momenti più impensati, come se l'aria le mancasse di colpo, un bisogno immediato di essere altrove, di fuggirsene lontano, dove? non avrebbe saputo dirlo, in qualche luogo al riparo dalle sue angosce, dove prendere le distanze e riflettere.

Questo avrebbe dovuto dirgli, se il suo cattivo carattere non glielo avesse impedito.

«Mi accompagni a casa?» disse brusca, rimuovendo la sedia.

«Aspetta. Adesso c'è il mio discorso.»

Se n'era dimenticata, ma aveva poca importanza. Forse era quello che aspettava per dar sfogo alla sua rabbia. Era per giungere a questo che aveva dovuto subire l'ennesima scenata di Edoardo? Per questo si era vestita, truccata, profumata? Per compiacere alla vanità di lui nell'esibirla in pubblico? Da qualche tempo sentiva agitarsi dentro di lei una collera irragionevole, un furore pronto ad esplodere al minimo dissidio. Poteva mai essere Diego l'uomo che l'avrebbe fatta felice? Poteva quell'ambiente mediocre diventare il suo?

Diego si era girato di nuovo verso la signora che gli sedeva accanto e che per tutto il pranzo lo aveva sequestrato con le sue domande di accanita lettrice. Preferiva non insistere, quando Leonetta ostentava una freddezza così ostinata, e concedersi invece all'interesse dei commensali, gratificati dall'averlo finalmente tra loro, quel socio così importante che non si faceva mai vedere, in grado di spiegargli con la dovuta competenza il problema dell'interlocutore in letteratura, tema costantemente dibattuto e mai risolto, anche perché lo scrittore per primo si sentiva incapace di darvi una risposta ma semmai una testimonianza di incertezza, come Diego accalorandosi stava sostenendo, di un eterno compromesso tra ispirazione e prodotto, tra arbitrio creativo e mercato, perché nel raccontare una storia, egli aggiunse sorseggiando il suo bicchiere di vino, ci sono molte pagine che io ad esempio salterei volentieri, farei a meno di scrivere se non sapessi che servono di collegamento al lettore, per fargli capire ciò che succede; avete ragione, si associò un anziano signore che sedeva dirimpetto, in questo modo si asseconda il cattivo gusto del pubblico; ma allora perché stampare? intervenne una brunetta desiderosa di comparire, se si pubblica è per comunicare; brava, fece eco la signora, felice di poter esprimere una citazione, ricordo una frase di Tolstoj...

Leonetta aveva ascoltato immobile, lo sguardo sempre fisso ai fiori che aveva davanti.

«Scusami, ma non mi sento bene» fece d'un tratto alzandosi.

Incredulo davanti a una tale risoluzione Diego si levò a sua volta, la seguì nel vestibolo.

«Hai litigato con Edoardo, vero?»

«Non mi va di parlarne» rispose lei con sufficienza.

Ritirò al guardaroba il mantello e lo indossò senza aspettare che lui l'aiutasse.

«Ho giù la macchina, non ti disturbare.»

«E ti sembra normale, comportarti così?»

«Fai pure il tuo discorso, ti aspettano» sorrise risentita.

«Senti, Leonetta...»

Sfidò lo sguardo ostile di lei trattenendola per le spalle.

«Lasciami andare.»

«Possiamo parlarne domani?»

«Lasciami andare, ti ho detto.»

VI

Erano le quattro del mattino, e ancora Diego si rigirava nel letto. Si era addormentato a fatica, appena rincasato, finché in capo a qualche ora si era ritrovato con gli occhi aperti nel buio, aggredito dalle sue eterne riflessioni.

C'erano momenti in cui gli sembrava di dover impazzire, anzi forse era questo l'inconscio proposito di Leonetta: di vederlo, al pari di Edoardo, uscire di senno prima o poi. Un tempo almeno pensava a liberarsi di lei come a una via d'uscita ai suoi tormenti. Ora doveva concludere che con quei tormenti doveva imparare a convivere, dal momento che di Leonetta non si sarebbe mai liberato, visto che qualunque situazione era comunque preferibile a stare senza di lei, conclusione a cui suo marito doveva essere giunto prima di lui. Dunque da qualunque parte la esaminasse, la condizione in cui era costretto gli pareva assurda e intollerabile, anche senza fare appello ai risarcimenti imposti dall'orgoglio. In nottate come queste egli cercava di vedere con distacco, come avrebbe fatto un estraneo, il rapporto che si era sviluppato tra loro, nella speranza di capire meglio il percorso fatto e le tappe che restavano da fare in quella che entrambi non potevano fare a meno di considerare una lunga marcia di avvicinamento alla felicità. Ora quel percorso si rivelava, esaminato a ritroso, come poteva fare un romanziere con la propria materia narrativa, punteggiato di slanci e di arretramenti, di certezze e di inganni. Errori ne avevano commessi ambedue, ma Diego era fermamente determinato a non commetterne altri.

Allora chi era responsabile di tante incomprensioni, di quella perenne condizione di stallo? Se Diego rinunciava a inevitabili semplificazioni, doveva ammettere che il problema stava nei tempi diversi della rispettiva maturazione. Per lui era avvenuta in una notte, quando aveva messo a fuoco una verità che si era sempre nascosto: la sua personale dicotomia tra sessualità ed etica, tra la sfera fisiologica e quella intellettuale, che soltanto in Leonetta trovava ricongiunte, e che negli amori precedenti si era illuso di riuscire a tener separate.

Lei invece procedeva con un altro passo: consapevole che Diego rappresentava il futuro, ma attanagliata da un passato che non intendeva confessare. Chiedeva tutto senza rinunciare a nulla, con la stessa infantile ingordigia con cui reclamava per sé ogni privilegio, con cui assaporava ogni piacere della vita. Su questo egli non aveva dubbi. Ma se, scavando più a fondo, si sforzava di individuare quale fosse il vero punto di resistenza, che cosa la trattenesse dall'abbandonare un marito che non amava più in cambio di una pienezza mai conosciuta prima, allora Diego poteva solo formulare delle ipotesi. Forse Leonetta era stata sedotta da quella sua prima lettera, conquistata all'idea di essere voluta per la vita anziché desiderata soltanto come amante. Ma forse continuava ad aver paura, forse temeva che in una nuova convivenza entrambi si sarebbero spenti, come fatalmente si spegne ogni passione che non sia alimentata dalla volontà di durare. Oppure la sua capacità di mentire era giunta a tal segno da non sapere più distinguere il falso dal vero?

C'erano momenti in cui Diego disperava di vincere quella battaglia, poiché aveva l'impressione di non conoscerne più i termini reali, come se lo scopo di quella lotta fosse andato perduto, e adesso non fosse che un puro esercizio d'antagonismo, dove da una parte l'amor proprio e dall'altra la protervia fossero gli unici protagonisti, e loro stessi a rimorchio di quei sentimenti. In ogni caso, fosse per calcolo, per egoismo, o per debolezza, scegliendo di non scegliere Leonetta gli imponeva una mortificazione continua, di cui non pareva neppure rendersi conto pienamente, concentrata com'era su se stessa, ma non per veder chiaro quanto piuttosto per sentirsi coccolata, chiusa nel suo guscio, spargendo fatalmente sugli altri l'effetto della sua sofferenza.

Solo così, pensò Diego, si spiegava la sua incapacità a comprendere che la pietà per Edoardo non faceva che prolungargli l'agonia, e che un taglio netto avrebbe risparmiato a tutti e tre inutili patimenti. Invece di coronare il suo sogno — dopo averlo così faticosamente individuato — Diego ne subiva il logorio, frustrato dalla consapevolezza che, se le avesse posto un ultimatum, avrebbe comunque perduto perché Leonetta non l'avrebbe rispettato. Non restava che attendere, sperare che Leonetta compisse la sua maturazione e intanto imparasse a controllare i suoi istinti distruttivi, a ridurre i pretesti con cui cercava pervicacemente il litigio e la rottura, solo per convincersi che faceva bene ad essere cauta...

Quando imboccava questi sentieri Diego si smarriva, incerto che portassero a qualche verità. L'unica verità che poteva attestare era la sensazione di essere espropriato, dominato senza scampo da quel temperamento rapace, da una donna imperiosa che sapeva essere fragilissima, un giorno crudele un giorno traboccante, in un gioco in cui era impossibile prevedere le mosse.

L'orologio sul comodino da notte segnava le sei, la camera era piena di fumo di sigarette, un'altra giornata stava per cominciare. Lei sarebbe arrivata, a suo capriccio, per riprenderselo con la sicurezza di sempre, sbriciolando in pochi secondi una sua eventuale linea di fermezza, anzi trovando in essa un motivo in più di eccitazione: tu è questo che devi fare, gli avrebbe detto ancora una volta, tu sei nato per questo, per farlo con me, trattandolo come se fosse lui la femmina, pronta però a girargli le spalle in un repentino sbalzo d'umore, perché no, gli aveva risposto una volta, adesso non ne ho più voglia; sapeva che lo avrebbe scatenato confessandoglielo: perché adesso ho voglia di un altro, tradirti per poi raccontartelo, non è questo che vuoi?

Erano giochi perversi, di cui Diego avvertiva tutta la pericolosità, ma che non sapeva scoraggiare mentre accadevano, preso nello stesso vortice, gareggiando a chi osava di più, procurandosi a vicenda spasimi di un piacere atroce. Ieri pomeriggio, diceva, sono andata con un altro. Udendola pronunciare frasi come queste Diego si chiedeva come potesse esprimerle con tanta disinvoltura, come se fossero vere, al punto da non sapere lui stesso cogliere sulla sua faccia un segno anche minimo di falsità.

Ma poteva essere lei a quell'ora del mattino? Sobbalzò, sebbene avesse udito i passi, al campanello che stava suonando, e poi al ripetuto bussare contro la porta.

«Chi è?» gridò senza muoversi dal letto.

«Polizia, aprite.»

Diego respirò di sollievo, all'idea di quella irruzione andata a vuoto. Ma dovette ricredersi davanti alle manette che il maresciallo tolse di tasca, appena entrato con le due guardie.

«Deve venire con noi, lei è in arresto.»

«Che cosa?» fece lui incredulo.

«Motivi politici» rispose il maresciallo. «Si vesta, e prenda qualche maglia pesante.»

292

VII

Lo scrivano passò il foglio al commissario, questi diede un'occhiata al verbale e lo ripassò a Diego.

«Firmi qui sotto» ordinò.

Nel rileggere le sue risposte all'interrogatorio Diego constatò che era riuscito a parlare molto senza dire nulla: si era limitato a confermare la sua passata militanza socialista, ma quella non si era mai curato di occultarla, anzi era nota a tutti. Semmai al momento dell'arresto aveva temuto che fossero stati scoperti i fogli clandestini custoditi da Delfina, e che da quelli fossero risaliti a lui, magari al suo viaggio a Lugano. Invece finora non c'erano capi d'imputazione precisi, eccetto il suo professato antifascismo, e l'essere stato notato ai funerali della Kuliscioff.

«Riportalo dentro» disse il commissario alla guardia che aspettava sull'uscio.

Percorrendo il corridoio e poi giù per le scale, Diego si sentiva scendere i pantaloni, non solo perché insieme alla cravatta e alle stringhe gli avevano portato via la cintura, ma anche perché era digiuno dal giorno prima. Come sempre, anche stavolta mentre montava sul cellulare che lo avrebbe portato in Questura, il suo primo pensiero era stato per Leonetta, per come sarebbe rimasta non trovandolo più a casa, e poi apprendendo del suo arresto dalla custode, unica testimone del fatto. Dunque poteva bastare a incriminarlo per "cospirazione politica" l'essere stato in amicizia con il maestro Novaresi? Sicuramente la sua fuga doveva averli indispettiti, se adesso i poliziotti se la prendevano con lui. Comunque qualcuno doveva averli messi sulla pista. Ma chi poteva essere l'autore della spiata?

C'è un piacere nel vendersi, nel prostituirsi come nell'essere delatori, che non può capire chi non è puttana o ruffiano: il piacere di sentire che, cedendo, si conquista. L'abiezione si trasforma così in compiacimento, in bieca soddisfazione di sé. C'era qualcuno, nella cerchia dei conoscenti di Diego, in grado di provare questo tipo di piacere? Da ventiquattr'ore, chiuso nel fetore della camera di sicurezza, egli si arrovellava intorno a questo quesito, passando in rassegna le ipotesi più illogiche e le persone meno sospettabili, a cominciare da Leonetta. Forse poteva essersi lasciata sfuggire qualche confidenza con Edoardo, e costui averne profittato per denunciarlo senza coinvolgere la moglie, cosa che avrebbe rischiato in una denuncia d'adulterio. Oppure suo cognato Amerigo, che quel giorno a pranzo lo aveva così apertamente minacciato? Tra loro non era mai corso buon sangue, e quella poteva essere un'occasione per lui di menar vanto tra gli squadristi.

Se Diego aveva commesso un errore, pur muovendosi con prudenza, era stato di sottovalutare le indicazioni di Nerio. Del resto gli ultimi discorsi di Mussolini parlavano chiaro: ogni oppositore doveva essere eliminato. E Novaresi aveva aggiunto: questo Paese diventerà un enorme carcere per chi non la pensa come loro, e sai che quel delinquente non scherza. Non scherzava davvero, e poi chi avrebbe saputo del suo arresto? Quel tipo di notizie non uscivano sui giornali. Dunque toccava a lui informare qualcuno del sopruso che stava subendo, qualcuno che potesse aiutarlo, prima di essere tradotto a San Vittore in attesa di un processo che si sarebbe celebrato chissà quando.

E se invece Edoardo, nell'intento di raccogliere contro di lui del materiale d'accusa da produrre in un eventuale giudizio, avesse incaricato qualcuno di pedinarlo, e si fosse trovato tra le mani una documentazione diversa e più compromettente? Oppure un suo commento sarcastico pronunciato in pubblico aveva messo sull'avviso qualche benpensante? Ormai l'intera borghesia si era allineata al fascismo, pronta a chiudere un occhio su certi sistemi in cambio della stabilità politica che Mussolini garantiva. E inoltre un intellettuale era visto per sua natura con sospetto, come un possibile cospiratore.

Disteso supino sul ripiano inclinato, l'abito pesto e la barba incolta, Diego si sentiva avvelenato da una profonda amarezza, da un disgusto persino di sé, che è il più insopportabile dei sentimenti. Non era la prima volta che assaggiava il tavolaccio di una cella. Gli era capitato alla scuola ufficiali, per avere risposto con insolenza a un superiore, e poi durante l'insurrezione popolare del Novantotto, quando i soldati di Bava Beccaris lo avevano catturato dietro una barricata di Porta Garibaldi, e spedito con altri rivoltosi nelle carceri del Castello. Ma allora, con la baldanza dei vent'anni, gli era parsa un'esperienza gloriosa.

Adesso quell'empito era esaurito, un lontano ricordo che paragonato al presente lo immiseriva più di quanto egli stesso non avesse fatto con la sua cauta condotta e una mansuetudine ai limiti della viltà. E anche questa scoperta era deprimente: il constatare quanto il bisogno di Leonetta lo avesse mutato, come se la sua fierezza l'avesse spesa tutta nel tenerle testa. Sapeva che le prove a suo carico erano inesistenti, ma lo preoccupava quel che poteva esserci dietro, l'oscura macchinazione che intuiva, e di cui Edoardo si sarebbe comunque servito per staccare Leonetta, perché questa di lei, più che della libertà, era la vera privazione, anzi quelle mura ne idealizzavano ancora di più l'immagine, spingendolo a formulare nella solitudine della reclusione supposizioni lancinanti circa la sua fedeltà, la possibilità di un suo abbandono a qualche spasimante, fosse anche per semplice desiderio di reagire.

E se fosse stato uno di loro, uno come Corrado Bini, che non gli aveva mai perdonato di aver preso il suo posto e di avere sottratto Leonetta al loro ambiente? Ma anche, poteva essere, una vendetta di Yvonne per averla dimenticata, per essersi servito di lei e poi averla ignorata del tutto. Ogni congettura, in quelle condizioni trovava fondamento e alimentava il suo affanno, come se la ragione si fosse inceppata e non riuscisse più a funzionare. Doveva uscire al più presto, riabbracciare Leonetta, per non soccombere sotto il peso delle proprie angosce.

Aveva chiesto di poter vedere il suo avvocato, ma quel che serviva adesso era qualcuno che gli spianasse la strada facendolo liberare immediatamente. Ricordò che il conte Negroni, suo estimatore, aveva in Questura conoscenze altolocate. Ecco cosa doveva fare: scrivergli subito, spiegargli d'essere vittima di un equivoco. Forse il conte sarebbe intervenuto, avrebbe garantito della sua innocenza, o quanto meno della sua buona fede...

Attraverso l'inferriata posta ad angolo con il soffitto della cella, la musica di un organetto filtrava dalla strada. Diego si sollevò per ascoltare meglio, investito di colpo da una ventata di nostalgia alle note martellanti di "Cara piccina".

Chi era oggi a mandarglielo, quel tremolo di pianola legato a un mattino di illusoria felicità?

VIII

Uscendo dal portone di piazza San Fedele, dopo quattro giorni passati in camera di sicurezza, Diego rimase abbagliato alla luce violenta del sole pomeridiano, come se, non ancora sveglio, gli avessero spalancato di colpo le imposte, e l'esperienza della reclusione fosse stata soltanto un brutto sogno.

In ogni caso l'incubo era finito. Era stato risolutivo l'intervento del conte Negroni, o l'inconsistenza delle accuse? Per il momento Diego non se lo chiedeva, soddisfatto della libertà riottenuta e del pericolo scampato. Raggiunse un tassì fermo al posteggio e si fece condurre a casa. Si sentiva le ossa rotte e aveva bisogno di un bagno ristoratore, ma l'ansia che lo spingeva era di avere al più presto notizie di lei. Ciò che più temeva era che Edoardo, informato di tutto, l'avesse convinta a seguirlo in uno dei suoi viaggi. Ed essendo ormai condizionato a prevedere il peggio, egli sentiva che non avrebbe tollerato una simile eventualità, nel caso si fosse verificata, anche a costo di scomparire lui per sempre, di raggiungere Nerio a Parigi. E già, mentre l'auto procedeva lungo la via Dante, si figurava di esservi, galoppando con la fantasia dentro nuovi sviluppi drammatici, immaginando i successivi capitoli come se egli fosse non più l'autore ma il personaggio di una trama, in un romanzo di cui non conosceva il finale.

Così, appena fu a casa e scorse la busta che Giacomo aveva infilato sotto la porta, dovette sedersi e prendere fiato prima di decidersi ad aprire la lettera.

Il letto era sfatto, le chicchere ancora sporche di caffè: tutto era rimasto come al momento in cui gli agenti lo avevano sorpreso. Nel timore di qualche spiacevole conseguenza, la custode non era più salita a rigovernare. Del resto, vedendolo apparire dietro il vetro della portineria, la donna aveva subito imboccato le scale della cantina. E un altro, un inquilino dello stesso piano, aveva finto di non vederlo. Dunque la notizia si era sparsa, e questi ne erano evidentemente gli effetti, in quel regime di terrore che Nerio non si era sbagliato a pronosticare.

Ci sono verità che nelle ore decisive vengono a galla, e se Diego andava a fondo nell'interrogarsi aveva motivo di dubitare che Leonetta sarebbe stata al suo fianco, anzi di fronte a un bivio drammatico la sua scelta di campo sarebbe stata inevitabilmente quella della classe a cui apparteneva. Forse era venuta la resa dei conti, l'occasione per dissipare tante illusioni da una parte e dall'altra, e con questi sentimenti che lo agitavano, Diego lacerò la busta, seduto sul sofà col cappotto ancora indosso, e cominciò a leggere, sforzandosi di mantenere la calma.

Leonetta riferiva, con la consueta brevità ma con sincera commozione, di essere venuta da lui il pomeriggio del suo arresto, di aver passato una notte insonne, e di essere pronta a fare "qualsiasi cosa sia necessaria a riottenere la libertà" senza voler sapere se egli fosse colpevole o innocente.

Rilesse più volte quelle righe, dapprima con incredulità, poi con un sollievo crescente: c'era nella prosa essenziale di Leonetta un calore, una decisione che non aveva mai percepito, come se, per una strada diversa dalla sua, anche lei fosse giunta a un bivio, a un punto da cui era impossibile tornare indietro.

Si spogliò, e poco dopo, immerso nella vasca, si sentì invadere da un benessere fisico che era il frutto di quelle parole. Ora i giorni di prigione gli apparivano benedetti, se erano serviti a far luce, a comprendere che invece di combattersi potevano impiegare la stessa energia nel darsi amore, aiutarsi, realizzare insieme quel progetto di vita per un attimo intravisto e poi sfumato, ma che tornava a proporsi quanto più sembrava essersi allontanato, anche se finalmente Diego sapeva di non doversi illudere di aver vinto la battaglia finché Leonetta non avesse superato la sua con Edoardo, ma adesso almeno i contorni del quadro gli erano più chiari, come se tutte le dolorose esperienze passate non fossero servite che a preparare questa rivelazione finale.

Non c'è nulla di più esaltante che la certezza di un sentimento uscito allo scoperto, non più inquinato dal dubbio o tenuto a freno dalla prudenza. E come se un'interna voce gli dettasse ciò che andava fatto, Diego uscì dalla vasca, si asciugò, si rivestì con calma, preparandosi a un appuntamento che non aveva, ma che sentiva non gli sarebbe sfuggito.

Quando, poco prima dell'ora di cena, giunse in corso Italia e chiese di lei, dalla portineria risposero che i signori D'Ors erano stati visti uscire da poco. Questa era già una buona notizia, che lei non fosse partita, che fosse rimasta a Milano, anche se ora Diego doveva sottoporsi a un'attesa chissà quanto lunga. Intanto, per sottrarsi al freddo della strada, sarebbe entrato nel bar sull'angolo dove già una volta l'aveva aspettata, e da cui poteva vigilare l'accesso al palazzo.

Con nessuna delle donne che aveva amato si era mai sottoposto a prove così ardue, non era la prima volta che gli accadeva di pensarlo, ma in quella sera ogni suo passo pareva aver assunto la forma della necessità. Aspettarla senza conoscere l'ora del rientro equivaleva ad aspettarla all'infinito, non era più un segno di debolezza ma di devozione, anzi di decisione a oltranza, un gesto che sfidava qualsiasi ostacolo.

Nella strada il traffico si era rarefatto, gli ultimi passanti sfilavano frettolosi nel buio, solo i tram arrancavano col loro fanale giallo. Appena il grande portone del palazzo venne sprangato, Diego prese una sedia e si mise in osservazione dietro i vetri del locale, pronto a uscire appena avesse avvistato la vettura. Poteva dirsi fortunato che non fosse una notte nebbiosa. E con la sensibilità che solo gli amanti possiedono era sicuro che Leonetta doveva sentire di essere aspettata, talmente forte era il flusso del suo desiderio, e dunque non avrebbe tardato a rientrare.

Non provava neppure appetito, invece ingoiò un altro punch per giustificare la sua permanenza e riscaldarsi le membra in previsione di un'ulteriore attesa sul marciapiede.

«Io devo chiudere, signore» lo avvertì poco dopo il barista, che per tutto quel tempo lo aveva osservato con diffidenza.

Diego fu quasi contento di uscire a respirare il freddo della notte, come se quello, a due passi dal portone di Leonetta, fosse il suo vero posto di combattimento. Erano venute le undici, e se i D'Ors non si trovavano a un ballo – come induceva a pensare l'orario della loro uscita – il pranzo sarebbe terminato prima di mezzanotte.

Camminando in su e in giù a ridosso del muro, voltandosi a ogni rombo di motore alle sue spalle, cresceva col passare dei minuti il piacere tormentoso di vederla arrivare, come chi avverte che è vicino il premio di una lunga fatica.

All'arrivo di un tassì che rallentava, ebbe un soprassalto. Invece ne scese un anziano signore, ma Diego ne approfittò per fermare la macchina e introdursi al suo posto. Spiegò al conducente che aspettava una persona ma che poteva fin d'ora azionare il tassametro.

«Vuole che facciamo un giro?»

«No, non si deve muovere da qui.»

A tratti, benché avesse i piedi congelati, smontava per osservare la strada, come se dal limitato osservatorio del finestrino, qualcosa potesse sfuggirgli.

Era trascorsa un'altra mezz'ora quando Diego, con un tuffo al cuore, vide finalmente spuntare dal buio la sagoma bianca della Isotta Fraschini. Allora si portò accanto al portoncino d'ingresso e vi rimase immobile, guardando Edoardo smontare per primo, poi Giacomo aprire la portiera alla signora, e infine Leonetta con un cappello di velluto nero che la rendeva pallidissima alla luce del lampione, avvicinarsi al braccio del marito alla soglia di casa.

Fu lei a scorgerlo per prima, in un lampo di incredula esultanza. Edoardo gli rivolse solo un'occhiata di fastidio, come se avesse visto uno scarafaggio tagliargli la strada.

Nessuno disse una parola. Poi il portoncino si richiuse alle loro spalle. Diego cercò nel panciotto l'orologio. Tutto questo era normale. Ora doveva verificarsi il miracolo, e perché accadesse potevano essere sufficienti dieci minuti, quindici al massimo.

Ne bastarono sette, il tempo di salire e di ridiscendere con l'ascensore.

Neppure quando Leonetta riapparve, ed ebbe preso posto con lui sull'autopubblica, neppure allora disse qualcosa.

Sotto la pelliccia le scoppiava il cuore.

IX

Qualcosa di inesprimibile, di impossibile da trasmettere in altri modi, e che solo il linguaggio del corpo sa dire con quella prepotenza, quando le parole si rivelano incomplete, incapaci di dar voce a ciò che prorompe da dentro, se non rotti bisbigli, frasi smozzicate, suoni inarticolati: questo era ciò che provavano ogni volta, la verità profonda che ad ogni incontro avevano costruito senza saperlo, parole e sospiri che si rincorrono in un crescendo che entrambi dovevano curarsi di tenere a freno per non esserne travolti anzitempo, come se eseguissero uno spartito, una serie di movimenti rigorosi, un adagio spasmodico alternato a un allegro sfrenato, poi di nuovo un movimento maestoso, l'a solo di un violino, una carezza insostenibile che la mano di Diego doveva interrompere.

In quei momenti di tregua, appena riprendevano l'uso della parola, una nuova concitazione si aggiungeva a quella del sangue, appena essi davano libero sfogo al desiderio represso, alle fantasie più dissolute che nei giorni di separazione la mente aveva formulato e che ora chiedeva di incarnare in gesti, in parole, senza porre nessun argine, nessuna censura, non era più di Diego quella camera, né suo quel letto, ma solo gli arredi necessari al compiersi di una rivelazione.

Allora lo sguardo di Leonetta si faceva cupo, sprofondava in quello di lui come terrorizzato davanti all'irrompere di un piacere così smodato, gli incisivi le brillavano nell'offrire la bocca, il suo darsi e ritrarsi pareva obbedire a un feroce capriccio.

Mi piace provocarti, diceva. Mi piace provocarlo e poi dipendere da lui. Mi piace darti degli ordini e rimanere in attesa. Mi piace per come lo fai, un po' con riguardo e un po' con furia, questa tenerezza e questa violenza che mi sono così necessarie. Sentire che sei fatto per me e che nessun altro potrebbe farmi tutto questo a questo modo, il tuo cazzo e la tua testa, tutto quello che sei e che mi appartiene. Sapere che tutto l'amore che hai fatto nella tua vita non aveva altro scopo che di prepararti per me.

È vero, Diego si limitava a rispondere senza smettere di toccarla, quasi a volersi convincere ogni volta che era di Leonetta quel corpo che gli si apriva senza pudore, finalmente spoglio dei suoi altezzosi indumenti, ma guàrdati, guarda che cosa sei, non faceva che ripeterle come se idealmente la conducesse davanti a uno specchio.

Non c'era nessun calcolo e nessun ritegno nell'abbandonarsi a quelle confessioni, ed era forse questa la maggiore delle conquiste che insieme avevano ottenuto: sapere che non esisteva nulla che non potesse essere detto, nulla che si dovessero tacere, poiché ogni figura, ogni fantasia rivelata non faceva che rinfocolare il desiderio, e il desiderio stimolare nuovo piacere, come se attingessero a una fonte inesauribile di sensazioni, impersonando i ruoli più eccitanti ma senza mai perdere di vista chi fosse in realtà ciascuno dei due.

Un giorno, in un pomeriggio come questo di pioggia, che pareva fatto per dedicarsi ai giochi più sfrenati, Diego le aveva mostrato al suo arrivo dei disegni di Von Bayros che illustravano un libro tedesco. Leonetta aveva ancora il renard sulle spalle, e si era messa a sfogliare con apparente noncuranza quei disegni di donne discinte, incorniciate da morbidi tendaggi, da pizzi, da motivi floreali, ma poi era tornata più lentamente a osservare le figure, lo sguardo più assorto e vagamente turbato, interrogando con gli occhi i particolari più osceni. Ti piacciono? le aveva bisbigliato. Non ne avevo mai visti, aveva risposto Leonetta sottovoce, eludendo la domanda ma con un tono smorzato che suonava come un preludio, con un accento, un'emissione di voce così ambigua che sarebbe stato, da allora, il segnale di ogni loro amplesso.

Sulle loro labbra le parole più spudorate, i termini più volgari avevano vibrazioni non comuni, ora ironiche ora appassionate, ora aggressive ora affettuose, e quanto più erano inverecende tanto più erano intrise di tenerezza. Anche quando, in qualche occasione, avevano fatto l'amore con cattiveria, come avversari impegnati a sopraffarsi, alla fine quella dolcezza era prevalsa, vittoriosa sul rancore che si portavano dentro.

Si può fare l'amore per tante ragioni: per allegria, per noia, per ottimismo, per pessimismo. Quasi sempre per catturare un briciolo di eternità in un presente che è già passato mentre lo si vive. Per Diego era stata l'illusione di un momento che durasse, da tener vivo nella memoria; uno sberleffo alla morte in qualche caso; oppure l'istinto a lasciare un graffio nel tessuto opaco dell'esistenza. Per Leonetta era smania di vita, rito di seduzione, celebrazione del corpo. Adesso per entrambi, dopo un anno speso a combattersi e a divorarsi, fare l'amore era divenuto semplicemente l'istante della verità, un incantesimo da riconfermare, un sortilegio in cui ogni orpello cadeva, ogni finzione si sfaldava, ed essi non solo nel corpo rimanevano nudi, ma nudi di fronte a se stessi, di fronte all'estasi che li lasciava spossati, e poi subito dopo di fronte al grande smarrimento che li attendeva non appena si sarebbero separati.

Che ora la verità si manifestasse attraverso la forma del desiderio — anche quella del piacere può essere una via di perfezione — poteva sembrare un tranello teso dalla natura: ma ambedue sentivano che al di là di esso si stava realizzando una comunione di sentimenti quale nessuno dei due aveva mai vissuto.

E soprattutto aumentava in loro — inclini com'erano stati a saziarsene presto — lo stupore che quel piacere così intenso si ripetesse, che non soltanto quel prodigio non subisse flessioni, non risultasse mai ripetitivo, ma che anzi crescesse su se stesso, quasi fosse nutrito dagli ostacoli che vi si frapponevano.

C'è un momento, nella sequenza dei fotogrammi, di una pregnanza particolare, destinato a fissarsi al punto che in seguito esso assurge nella memoria al livello di immagine simbolica, riassuntiva d'ogni altra, uno stereotipo a cui Diego era spesso ricorso nelle fasi di forzata lontananza, alla ricerca di una eccitazione che gli era parsa ineguagliabile. Quel fotogramma apparteneva al film di una lontana gita a Monluè, nella camera disadorna di una locanda, ma gli si era radicato nel cervello in mezzo a tutte le altre figurazioni, alle immagini ossessive che accompagnano una storia, ed era il primo piano delle unghie di Leonetta laccate di rosso, intenta ad accarezzarsi davanti a lui con innocente premeditazione.

Adesso quell'immagine non era più dominante, poiché ogni loro incontro ne forniva altre egualmente memorabili, segno che Leonetta aveva davvero sconvolto i meccanismi del suo erotismo, come se solo da poco egli avesse iniziato con lei un apprendistato definitivo.

Ed era questo legame, che essi sentivano unico e insostituibile, a suscitare in Diego un appagamento sempre illusorio, poiché subito dopo si profilava il rischio che si spezzasse, un rischio che la condotta di Leonetta favoriva, persino nell'istante stesso in cui cominciava a rivestirsi, quasi volesse prendere le distanze dalla donna intemperante che era stata poco prima. Qualche volta egli aveva avuto l'impressione che Leonetta si inducesse a quegli eccessi nella inconfessata speranza di stancarsene, come se, oltrepassata una certa soglia, potesse finalmente liberarsi di lui e dalle angosce che quel vincolo le creava.

«Ti ho fatto una domanda» egli ripeté, mentre lei rimetteva gli orecchini davanti allo specchio del bagno.

«Ho sentito» rispose lei, la voce già spoglia di tenerezza.

«Allora vieni a teatro, sabato sera? Io ci devo andare, lo sai.»

Lei finì di abbigliarsi, cercò i guanti e il cappello, infilò la pelliccia, raccolse la borsetta quasi di furia.

«Adesso si è messo in mente di portarmi in Svizzera, a vedere le gare di slitta. Mi sta angosciando da una settimana, e tu mi chiedi...»

«Io ti chiedo di prendere la tua roba e di vivere con me!» gridò Diego esasperato.

Si era alzato dal letto e la scuoteva per le braccia come se fosse uscita di senno.

«Tu non sai niente, non capisci niente» parlò Leonetta reprimendo una commozione improvvisa, finché si abbandonò ai singhiozzi contro la sua spalla.

«Aiutami, Diego, non ce la faccio più.»

Lui si limitò a stringerla con più forza contro di sé.

«Devo scoprire chi è stato, la canaglia che mi ha fatto arrestare...»

X

Come succede dopo che si è scampati a una minaccia, Diego tralasciò nei giorni successivi di approfondire da quale parte provenisse. Non che avesse deciso di perdonare al delatore, ma gli eventi lo trascinavano di nuovo nello stesso gorgo, come chi, sceso in mezzo al fiume, sia portato dalla corrente nell'unica direzione possibile.

Era libero, e tanto bastava. Chiunque fosse stato a denunciarlo, il suo proposito era comunque fallito. Dunque non doveva distrarsi, affrontare altri problemi che parevano fatti apposta per sviarlo, ma stringere i tempi e forzare Leonetta a fare l'ultimo passo. Anzi l'aver superato anche quell'ultimo ostacolo gli pareva adesso un segno di benevolenza del destino, la prova che finalmente la barriera stava cedendo.

Invece, passati i primi giorni di ritrovato fervore, adempiuto all'obbligo di ringraziare per lettera il conte Negroni, artefice della sua scarcerazione, Diego si ritrovò nuovamente alle prese con l'angoscioso balletto delle incertezze e delle promesse, degli slanci e delle assenze a cui la condotta di Leonetta lo costringeva.

Probabilmente aveva sbagliato l'ultima volta, facendola sentire sola nell'istante in cui Leonetta gli chiedeva aiuto, anteponendo un suo personale problema a quello di lei. Ma Diego provava, di fronte a quella richiesta, un'impotenza che lo umiliava. Che cos'altro poteva mettere sul piatto, più di quanto non avesse già fatto? Tutto sommato, era lui la punta più debole del triangolo, e non Edoardo. Era lui che non poteva contare su alcuna complicità, su un vero affetto, mentre lei e suo marito continuavano ad essere, paradossalmente, alleati nonostante tutto, e dunque alleati contro di lui, se fosse stato necessario.

Ne ebbe la percezione precisa la sera in cui Leonetta lo accompagnò a teatro. Era arrivata all'appuntamento più nervosa che mai, dopo uno scontro violentissimo. Edoardo – raccontò appena si fu rimessa dall'agitazione – si era imbestialito di fronte al suo ennesimo rifiuto di una vacanza a Saint Moritz, su cui evidentemente contava. Eppure questa vittoria sembrava turbare Leonetta più che se fosse uscita sconfitta. Per tutta la serata era stata intrattabile, dissipando subito in Diego la soddisfazione per quel gesto di forza.

«Ma che diavolo pretende ancora?» si era lasciato sfuggire a muso duro, appena seduti nelle poltrone di platea.

«È ancora mio marito, se non ti dispiace» era stata la risposta sferzante di lei.

Lo difendeva, come se fosse dalla sua parte, questo era l'assurdo. Come se lo amasse, ma fosse travolta da un potere malefico.

Per tutta la durata dello spettacolo Diego aveva faticato a seguire lo svolgersi della commedia, preso com'era dal proprio dramma personale, da una storia che non gli concedeva un attimo di respiro, e di cui non riusciva a intravedere il finale. O almeno non il finale che egli avrebbe desiderato. Pensieri e conclusioni gli si affollavano nella mente insieme alle battute degli attori, che Leonetta pareva seguire con grande distacco. Erano i primi di marzo, un anno esatto era trascorso dal mattino in cui l'aveva notata per strada. Se ne sarebbe innamorato a tal punto, se lei fosse stata diversa? Cioè soltanto dolce, comprensiva, generosa? Diego doveva concludere di no. E il suo corpo, la sua figura, il suo incedere, tutto ciò che lei rappresentava sarebbero stati altrettanto desiderabili se non gli fossero stati tante volte sottratti dalla imprevedibilità di un carattere così mutevole e tiranno?

Riconoscerlo voleva dire rassegnarsi, accettare una volta per tutte quella condizione, e Diego non se ne sentiva capace, illuso di poter ancora dominare gli eventi. Semmai il prendere atto di una tale verità lo costringeva ad andare più a fondo, oltrepassare quella soglia della conoscenza di sé dove per prudenza non ci si avventura. Ciò che in passato aveva intuito di sfuggita, adesso era lampante: il problema con cui aveva dovuto fare i conti era sempre stato quello di un equilibrio mai raggiunto tra sfera sessuale e sfera intellettuale, tra carnalità ed etica, una dissociazione che aveva sempre vissuto come insanabile, e che soltanto Leonetta era riuscita a riconciliare, certo non per suo merito soltanto, ma per pura complementarietà di elementi dentro un gioco combinatorio che non si sarebbe più ripetuto. Ogni volta, possedendola, si era sentito posseduto, e con una ricchezza di significati contrastanti da mettere in crisi tutte le sue certezze.

Soltanto in virtù di queste considerazioni egli si era trattenuto dal risponderle come avrebbe voluto: che se lo tenesse quel marito per il resto dei suoi giorni, visto che non avrebbe mai trovato il coraggio di abbandonarlo.

Che cos'era a trattenere ancora Leonetta dal recidere il suo vincolo matrimoniale? Affetto o calcolo? Nemmeno lei, confessava, era in grado di dirlo.

«Quello che so è che ormai non potrei più fare a meno di te...»

Era sempre stata bravissima nel gratificarlo, e infatti quelle enunciazioni procuravano a Diego un conforto

311

immancabile, benché passeggero, inducendolo a concludere che non doveva avere troppa fretta, e che l'importanza della posta in gioco valeva sicuramente una lunga attesa. Finché il giorno seguente qualcosa – una frase o un gesto di lei – lo obbligavano a dubitare, o addirittura a ricredersi.

Ci sono sempre dei segnali che si dovrebbero cogliere; ma il fastidio che ci provocano al momento ce li fa scartare al pari di insetti molesti, anziché prestarvi l'attenzione dovuta. Ad esempio, egli ricordava che un pomeriggio, nella pausa di un amplesso, Leonetta aveva chiesto senza motivo, come una domanda qualunque: «Tu non pensi mai di tornare con Delfina?».

Vi avesse fatto attenzione subito, quella domanda conteneva già una specie di premonizione, era la domanda che Leonetta rivolgeva forse a se stessa quando si sentiva schiacciata da forze troppo grandi, quasi fosse tentata di rinunciare a causa di troppi condizionamenti, in una società che accettava l'adulterio ma non la separazione, specie se a volerla era una donna, e meno che mai la convivenza sfrontata di due amanti.

Per Diego invece era proprio questo che si era prefisso come obiettivo: sfidare il mondo vivendo con lei. Aveva messo del tempo prima di riconoscere in Leonetta la sua felicità, dopo averla scambiata a lungo per la sua dannazione, e ora la voleva con tutte le sue forze. Sebbene non si nascondesse le difficoltà di natura pratica che sarebbero sorte in una vita divisa giorno per giorno, di cui peraltro aveva conosciuto personalmente le insidie, si sentiva come non mai preparato ad affrontarne i rischi, esaltato all'idea di dimostrare a se stesso e agli altri, a tutti coloro che giudicavano temeraria la loro unione, che una donna del rango di Leonetta aveva finalmente fatto la sua scelta, rinunciato ai suoi privilegi, sprezzato il conformismo del suo ambiente, e tutto questo in nome dell'amore. Come in un romanzo, avrebbero detto, e questo appariva a Diego più esaltante di ogni libro che avesse scritto.

In via Mascheroni, a poca distanza da dove abitava, stavano togliendo i ponteggi di due fabbricati recenti. Una mattina era entrato a chiedere informazioni, aveva visitato qualche appartamento, poi ne aveva riferito con entusiasmo a Leonetta. L'aveva vista accendersi, gettargli le braccia al collo quasi incredula, come se ancora dubitasse delle sue reali intenzioni, ma subito dopo lei aveva cambiato discorso e non ne aveva più riparlato.

C'erano, a suo dire, problemi più urgenti da risolvere: come la separazione legale di cui Edoardo non voleva a nessun costo discutere, ma che lei era sicura di potergli imporre anche contro la sua volontà, purché si scegliesse il momento più adatto.

«E quando sarebbe questo momento?»

Lei gli aveva risposto con un lungo sospiro, a significare il suo stato di sfinimento, prima di spiegargli pazientemente che la settimana prossima, dopo l'inaugurazione del Salone di Londra dove Edoardo avrebbe esposto le sue vetture...

«Ma chi vuoi prendere in giro? Credi che io aspetti all'infinito?»

«No, ti chiedo solo una settimana. Voglio trovare il momento per parlargliene, prima di andare da un avvocato.»

«Dall'avvocato ci andrai domani, se hai intenzione davvero di farlo. Oppure non ci vediamo più.»

In un'altra occasione gli avrebbe risposto per le rime. Invece un lampo di smarrimento era passato nei suoi occhi, prima che Leonetta si piegasse a dire.

«D'accordo. Ci vado domani. Come vuoi tu, amore mio.»

XI

Che la fortuna avesse, anche negli avvenimenti storici, una così grande rilevanza, Diego non lo avrebbe creduto se non fosse stato stampato a chiare lettere sul giornale che aveva davanti: perché la pallottola sparata dalla signora Violet Gibson aveva soltanto sfiorato, colpendolo di striscio al naso, il volto del capo del Governo. Insomma ancora una volta Mussolini era uscito indenne da un attentato che poteva mutare il corso degli eventi, ridimensionato invece a semplice incidente dalla mira difettosa di una fanatica irlandese.

Nerio aveva davvero visto lontano nel decidere di espatriare, perché ora la ritorsione del fascismo sarebbe stata inevitabile, finalmente legittimata. Del resto, per misura cautelativa, a Diego non era stato ancora restituito il passaporto, sequestratogli al momento dell'arresto, segno che in qualche modo la sua condotta era sotto controllo, e che nuove minacce potevano sempre profilarsi all'orizzonte. Lì per lì non se n'era neppure ricordato, in preda a ben altri bisogni, ma adesso doveva intervenire e farsi ridare il suo prezioso documento, se non voleva vedersi sbarrata una possibile via d'uscita con Leonetta, cioè l'ipotesi romantica di trasferirsi con lei a Parigi, tagliando di netto ogni rispettivo legame con il passato, via tutto, liberarsi degli ultimi vincoli e addio, ricominciare daccapo una vita nuova, loro due da soli...

Ripiegato il giornale, Diego si appoggiò del tutto allo schienale della panchina. Il sole era uscito di nuovo dalle nuvole, già caldo in quella mattina d'aprile, quasi a esprimere un invito all'ottimismo nell'istante in cui Leonetta, salita nello studio di un avvocato, stava decidendo del proprio futuro. L'aveva accompagnata fino al portone, poi era andato ad aspettarla ai Giardini Pubblici, a poca distanza dallo studio legale. Poiché l'avvocato trattava abitualmente gli affari del marito, Leonetta aveva preferito entrare da sola per non irritare maggiormente Edoardo, e questa saggia decisione aveva convinto Diego di essere finalmente di fronte a un evento decisivo.

Fino a ieri, nell'altalena degli umori di Leonetta e dei comportamenti che ne conseguivano, egli si era trovato sempre a dover trarre conclusioni differenti. Quando un ostacolo imprevisto o un'ulteriore rottura si verificava, Diego vi si adattava come a una fatalità, anzi vi ravvisava un monito, una conferma ai suoi dubbi, la riprova di una passione senza sbocchi, fino a sentirsi salvato da una mano invisibile sull'orlo del precipizio.

Oggi invece non era più disposto a rassegnarsi ai mutamenti di rotta, che il caso oppure Leonetta oppure entrambi gli imponevano. Aveva identificato la sua strada e intendeva percorrerla fino in fondo, quasi attratto dai rischi che lo attendevano, mentre al contrario senza di lei non gli riusciva possibile d'immaginare un avvenire che non fosse sbiadito, scialbo, incolore. Persino le difficoltà economiche che per Leonetta avrebbe dovuto affrontare gli apparivano un incentivo a lavorare meglio, a produrre di più, perché la continua presenza di lei gli avrebbe raddoppiato l'ispirazione e la voglia di scrivere, trasformando quella che era stata una lotta fra di loro in una lotta contro il mondo.

Ma può essere confortato dallo stesso entusiasmo chi sa, in nome della libertà, di avere tutto da perdere? Diego se lo domandava, mentre i minuti scorrevano lentissimi. C'erano cose, particolari del suo matrimonio, che lei non aveva mai voluto confidargli, ma che forse ora potevano agire con la forza esplosiva dei segreti inconfessabili, nella eventualità di una separazione per colpa, di cui sicuramente l'avvocato stava illustrando i numerosi svantaggi, anche se Leonetta non era donna da lasciarsi intimidire.

Per questo, conoscendola, avrebbe voluto esserle accanto in un momento così delicato: per sostenerla con il suo sguardo, comunicarle fiducia, difenderla dalla arida contabilità dei numeri quanto dalle prospettive disastrose che lei avrebbe dovuto esorcizzare da sola, e con questo stato d'animo si alzò dalla panchina per andarle incontro, appena la vide arrivare dal fondo del viale alberato col suo passo sicuro, e le labbra ancora tese in una smorfia di cattivo umore.

Non era il caso di chiederle subito com'era andato il colloquio, ma piuttosto di distrarla offrendole, ad esempio, di fare colazione in campagna, cercare una trattoria con pergolato come usavano fare i primi tempi.

Lei alzò le spalle, annoiata, continuando a fissare davanti a sé un immaginario bersaglio.

«Semmai avrei un'altra voglia.»

Diego ne era sempre colpito, quando gliela comunicava in quel tono sfrontato.

«Allora andiamo subito a casa.»

La prese sottobraccio, avviandosi verso il cancello d'uscita, ma dopo pochi passi fu costretto a fermarsi.

«Oggi però voglio che mi paghi.»

La fissò, come se non avesse udito bene.

«Cos'hai detto?» sorrise ironico.

«Voglio che mi paghi» lei ripeté con distacco, come se parlasse del tempo. «Solo per oggi, non spaventarti.»

«Oh Cristo!» egli disse, lo sdegno subentrato all'ironia.

«Allora, quanto mi dai?»

«Stai scherzando, vero?» egli provò di nuovo.

«Sai quanti uomini sarebbero disposti a pagarmi?»

Il braccio di Diego era rimasto allacciato a quello di lei, ma senza nessuna speranza di smuoverla dal punto in cui si erano fermati, non lontano dal lago dei cigni, ma allontanati di colpo su due sponde opposte.

«Ti sembra giusto, che io non debba costarti proprio niente?»

«Mi sembra pazzesco che ne parliamo» ribatté Diego rinunciando a discutere.

«Come vuoi. Allora salutiamoci qui.»

Quante volte, riconoscendo quel tono punitivo, si era detto che era giusto non cedere, e che comunque non gli sarebbe mancata, non l'avrebbe certo rimpianta se finiva a quel modo. Ora sentì che qualcosa franava, dentro di lui, dapprima lentamente poi con forza sempre maggiore, qualcosa che rovinava, come trascinato da una slavina, e che era impossibile fermare.

Lei sembrò leggerglielo negli occhi, tutto lo smarrimento che provava, perché aggiunse.

«Sei proprio sicuro di non volerlo fare?»

«Ho sempre fatto quello che mi hai chiesto, quello che era giusto fare, ma adesso...»

«Sarebbe una cosa simbolica, questo almeno lo capisci?»

«Già, ma non siamo a letto. O credi che la tua richiesta sia eccitante?»

«Sei tu, semmai, che dovresti eccitarmi» fece lei con sarcasmo.

«E come? Tirando fuori dei soldi?»

«Per carità, tieniteli stretti i tuoi soldi.»

Diego era ammutolito: si limitò a scuotere il capo, prima di stravolgersi in una smorfia dolorosa.

«Vorrei vederti sprofondare, Leonetta. Vederti scomparire veramente...»

«È quello che farò» concluse lei trionfalmente.

Gli voltò le spalle e si allontanò, ma come se si aspettasse d'essere raggiunta nel breve percorso che la separava dal cancello d'uscita, perché il suo passo sembrò farsi più esitante.

Invece Diego non si mosse. Stava rotolando giù da un pendìo e aveva bisogno di tenersi forte. Quando uscì a sua volta dai Giardini fu preso da una necessità immediata di agire, o forse fu un presentimento ad attraversargli la mente e a guidare i suoi passi verso il palazzo di corso Venezia da cui Leonetta era uscita poco prima.

Lo studio dell'avvocato era al primo piano, come informava la targa sul portone. Diego salì senza fretta, deciso ad appurare di persona quale difficoltà imprevista, nella pratica di separazione dal marito, poteva aver generato in lei un desiderio così distruttivo.

Privo di appuntamento, dovette fare anticamera per più di mezz'ora, prima di essere ricevuto dall'avvocato. E anche di questo, di arrivare ad esporsi a tal punto, non si sarebbe mai creduto capace. Si augurava soltanto che il legale scelto da Leonetta avesse abbastanza pratica mondana da intuire le ragioni della sua curiosità.

Si trovò invece di fronte a un signore anziano, dal tratto signorile ma poco cordiale. Lo invitò a scegliere una delle due poltrone dirimpetto alla scrivania, ma Diego non ebbe il tempo di accomodarsi.

«Sono un amico della signora D'Ors. So che è stata da Lei pochi minuti fa...»

«Lei si sbaglia» lo interruppe l'avvocato. «Non conosco la signora D'Ors, e nessuna signora è venuta da me.»

XII

Ciò che distingue una passione da un comune sentimento amoroso è la sua inestinguibile carica distruttiva.

In più occasioni Diego aveva dovuto fare i conti con essa, sperimentandone gli effetti sulla propria pelle ma anche attingendo qualche dubbio fecondo su se stesso, quasi oltrepassasse una soglia che in passato si era preclusa. Attraverso le incessanti domande che era costretto a farsi intorno a Leonetta, egli poteva intanto cominciare a chiedersi com'era possibile che un uomo, giunto alla maturità e alla fama, e dunque a una doverosa conoscenza di sé, potesse essere attratto a quel modo da debolezze, come la menzogna, che non aveva mai tollerato e che tuttora ripugnavano alla sua coscienza.

Nel caso recente, la scoperta su cui si trovava a meditare era che per Leonetta mentire non equivaleva a violare un principio di lealtà. Mentire era semplicemente sostituire una realtà con un'altra. Era una difesa, uno schermo, un peccato tutto sommato veniale, anzi giocoso non appena venisse smascherato.

"Ma tu dovevi capirlo che era una bugia" gli avrebbe spiegato con irresistibile candore, disarmandolo già adesso, mentre se l'immagina davanti a lui a discolparsi, per nulla vergognosa di quella messa in scena, tanto, lei avrebbe aggiunto, prima o poi da un avvocato doveva andarci per davvero...

Soprattutto, mentire faceva parte del gioco dell'amore, era una delle voci salienti del suo dizionario, come poeti e musicisti insegnavano. Dunque non doveva suscitare nessuno scandalo, se in nome dell'amore veniva detta una bugia.

E come contraddirla? Per farlo, Diego si vedeva obbligato a far ricorso a giustificazioni morali che egli stesso sentiva vacillare. Quando si costringeva a decifrare meccanismi così diversi dai suoi, finiva spesso per smarrirsi in un labirinto, in ragionamenti che risultavano capziosi ma che per lei erano naturali come il respiro, come se ci fosse in Leonetta un flusso vitale, anzi animale, così forte da surclassare ciò che si chiama una comune scala di valori: una forza a sé, che si imponeva fino a sostituirsi all'etica e alle leggi.

Forse era stata, questa, una delle componenti che lo avevano ammaliato: come se Leonetta appartenesse a un limbo, a un luogo privilegiato dove il bene e il male avevano altre risonanze; dove infine quei valori avevano importanza – la sincerità e la falsità – solo se servivano gli interessi dell'eros, di questo fiore così mostruosamente cresciuto.

Su questo terreno doveva convenire di non aver mai avuto remore morali, anzi di averla lui per primo incoraggiata a trasgredire tabù e pregiudizi sociali con l'immaginazione, sicché ora avrebbe dovuto stupirsi se a quella scuola di sfrenatezza fosse mancata l'arte di mentire. Egli stesso aveva contribuito a fare di Leonetta ciò che era, incrementando di lei quella parte sensuale e istintiva che lo aveva sedotto. Dunque, doveva concludere analizzando con lucidità le componenti del loro erotismo, erano stati quegli eccessi a riflettersi negativamente sulla lealtà del loro rapporto, o era stato il loro rapporto a favorirli?

Adesso serviva a poco sapervi rispondere. L'apparizione di Leonetta aveva stravolto ogni schema collaudato, e indicato senza volerlo altri orizzonti. Diego si rendeva conto della contraddizione: si era innamorato di una creatura infedele ma ora la voleva tutta per sé, trasformata all'occorrenza in una sposa esemplare. Non sarebbe stato più saggio, invece, che gli istinti e le bugie di Leonetta continuassero ad esercitarsi al livello di amante? E quante altre menzogne lo aspettavano al varco in futuro?

Ogni volta che Diego riceveva una delusione cocente, qualcosa gli si ribellava dentro, lo induceva a chiedere una rivincita, a esigere una riparazione. Leonetta gli aveva mostrato il volto peggiore della sua persona. Ora l'avrebbe costretta a mostrargli l'altro. Questo era sicuro. Nessuno dei due ce l'avrebbe fatta a rinunciare all'altro, perciò non aveva senso sottoporsi a una nuova prova di resistenza. Quando Leonetta, consapevole o no del suo errore, pentita oppure no, tra qualche giorno si sarebbe fatta viva, Diego non avrebbe saputo rispondere che prendendola tra le braccia. Dunque se erano fatti l'uno per l'altra, non aveva senso pazientare e sprecare altre giornate. Se questo era lo stato dei fatti c'era una sola cosa da fare, e subito.

Diego rimosse le carte e gli appunti che aveva davanti a sé, si alzò dal tavolo e infilò la giacca, con la quieta determinazione di chi va a regolare l'ultimo conto.

Sapeva che di domenica — una domenica di primavera per giunta — era inutile telefonare perché nessuno avrebbe risposto. Ricordava però che Leonetta aveva accennato a un torneo di tennis organizzato dal club di Edoardo. Ecco dove l'avrebbe trovata, perché dopo ogni loro litigio, lei era pronta ad accompagnare il marito.

Quando vi giunse erano quasi le quattro, ed era iniziata la seconda partita del primo incontro. Per avere accesso alla tribunetta dovette presentarsi come giornalista, in quel circolo esclusivo dove uno scelto pubblico occupava tutti i posti a sedere. Il tennista inglese era in vantaggio per quattro a due sull'italiano, al quale aveva appena strappato il servizio, ma Diego non seguiva ciò che stava avvenendo sul campo, intento a percorrere con lo sguardo i visi allineati degli spettatori, che alternatamente si volgevano da una parte e dall'altra per seguire la palla.

E fu alla fine di uno di questi movimenti, mentre il pubblico applaudiva una volée vincente dell'italiano, che egli la riconobbe da lontano sotto un ampio cappello di paglia, gli occhi bruni sfavillanti sopra il bianco di una sciarpa che portava al collo, e che una leggera brezza increspava.

Ne provò, come sempre, un'emozione indicibile: che fosse sua quella gran dama vestita di bianco, mescolata ma insieme estranea a quella folla; sua e non dell'uomo che le sedeva accanto, impegnato, lui sì, a seguire ogni gesto dei giocatori in pantaloni bianchi, dai risvolti maculati di terra rossa, ignaro della minaccia che lo sovrastava, dal momento che Diego sentiva questa volta di essere giunto per sferrare il colpo definitivo.

Aspettò che il secondo set avesse termine e che il pubblico si levasse in piedi, per guadagnare lo spazio che lo separava dalla gradinata. Poi si tolse il cappello e lo agitò due tre volte per attrarre l'attenzione distratta di lei.

Dall'alto Leonetta lo scorse, ma non diede segno di riconoscerlo subito. Non era da lei rispondergli con un gesto, se non alzandosi in piedi a sua volta, offrirgli la schiena per un lunghissimo minuto, e infine abbandonare da sola la tribuna durante l'intervallo del match.

Quando fu davanti a lui e vide la sua faccia, capì che Diego non era venuto per scherzare, tuttavia non rinunciò al suo stile.

«Non sapevo che ti piacesse il tennis» sorrise a mezza bocca.

Con un moto del capo lui le ordinò di seguirlo: uscirono dal piccolo stadio e si fermarono al bar del circolo, in quel momento deserto.

«Mi offri da bere? Ho una gran sete» lei disse.

«Tu adesso vieni via. E a casa non ci torni più. È chiaro?»

Leonetta portò la mano alla gola, come se volesse difendersi premendovi contro il foulard, stava rendendosi conto di non avere scampo, e reagiva a quell'ultimatum come dinanzi a una dichiarazione d'amore finalmente espressa con la dovuta convinzione.

«Ma tu ci hai pensato bene?» si limitò a domandare con un filo di voce.

Era impossibile coglierla di sorpresa. Ora pareva che quell'incontro lo avesse preparato lei, e che fosse lei a portarselo via per sempre, lei a rompere gli indugi con un atto decisivo.

«Domani prendo i miei vestiti e vengo da te...»

«No» Diego scandì rabbioso. «Non ci sei andata dall'avvocato, ma volevi farmelo credere. Adesso non voglio sentire altre bugie!»

«Abbassa la voce, ti prego.»

Una coppia di amici salutò Leonetta, la campana del terzo set stava richiamando il pubblico in tribuna.

«D'accordo ti ho mentito, ma ti giuro che...»

«Tu non giuri più niente. Tu vieni a stare con me, e basta.»

«Ma così, in questo modo?»

Cercava di tergiversare, ma era già arresa al suo impeto.

«Proprio così» egli disse. «Andiamo.»

XIII

C'erano stati troppi momenti che non gli erano appartenuti, di cui anzi si era sentito defraudato: quando Leonetta si abbandonava al sonno; quando si risvegliava al mattino; quando si vestiva; quando sceglieva gli orecchini provandoli davanti allo specchio del bagno, e adesso Diego poteva finalmente appropriarsene, dividerli finalmente con lei, come se un bisogno segreto lo spingesse a sincerarsi di quale essenza fosse costituita quella femminilità adorata e temuta, a viverne gli umori e gli odori, ad aspirare di nascosto il profumo delle sue combinaisons, a guardare nell'armadio i pochi abiti che stavano in una valigia e che Giacomo le ha portato da casa, adesso appesi lì come trofei, accanto ai vestiti di lui – sono i piaceri della quotidianità a sedurre gli amanti – dopo una settimana esaltante di vita in comune, l'orecchio teso ogni notte ai passi sul pianerottolo, atterriti dall'eventualità di essere colti in flagrante da due gendarmi.

Quella paura, che nel silenzio notturno agiva da afrodisiaco, svaniva poi alla luce del mattino, quando si riabbracciavano sollevati, ma lasciava in Leonetta una traccia sempre più visibile di inquietudine.

«Scusami» si sforzava di sorridere «ma devo abituarmi...»

Per un tacito accordo il nome di Edoardo non era

più stato pronunciato, come se non esistesse o fosse scomparso, ma il suo fantasma era presente tra di loro, anche se Diego fingeva di ignorarlo. Da Parigi una lettera di Nerio portò proprio in quei giorni una prospettiva nuova: i rifugiati politici trovavano appoggio, e anche per Diego c'erano possibilità di lavoro, purché lui si decidesse a fare il gran passo.

«Andiamo insieme dal mio avvocato» aveva proposto Diego entusiasta. «Tu chiederai la separazione, e poi ce ne andremo.»

Lei non aveva fatto obiezioni. Ne avevano parlato ancora a letto, al buio, con quel fervore dei particolari che solo gli innamorati conoscono. Ma il mattino dopo il viso di Leonetta era di pietra, lo sguardo perso nel vuoto, il profilo indurito delle giornate peggiori. A nulla era servito prenderla fra le braccia, e poi cercare di rassicurarla.

Allora Diego si alzò, si fece la barba, preparò il caffè, deciso a non drammatizzare ma già contagiato dal malumore di lei, che a letto immobile, rigida come una statua, fissava con ostilità i vetri della finestra, e poi le prime gocce di un temporale in arrivo.

«Guarda che il caffè si raffredda» egli l'ammonì con eccessiva durezza.

Dalla faccia sempre girata sul guanciale rispose un singhiozzo soffocato, finché la voce intrisa di pianto disse a se stessa.

«Cosa starà passando quell'uomo?»

Ci fu una lunga pausa. Qualunque cosa Diego avesse obiettato sentiva che sarebbe stata inutile, com'era inutile il suo sospiro spazientito davanti alle lacrime di colpevolezza che Leonetta non riusciva più a trattenere.

«Adesso basta» egli intimò. «Sono stufo di queste sceneggiate!»

Leonetta si sollevò di scatto. Aveva gli occhi arrossati dal pianto, ma lo sguardo che gli rivolse era carico di odio.

«Le chiami sceneggiate, tu. È una settimana che mi distruggo, ma tu fai finta di niente, non vuoi capire, tu pensi solo a te stesso!»

«Non urlare, per favore.»

«Io urlo quanto voglio!» gridò ancora più forte.

Si levò dal letto con irruenza, rigettando coperte e lenzuolo. Infilò la sua vestaglia di seta e prese a camminare nervosa dalla camera al soggiorno. Adesso era lei, pensò Diego, più di quanto fosse stata nei sei giorni di idillio: una principessa rapita che misurava lo spazio della sua cella.

«Lui è stufo, il signorino. Lui vorrebbe che una donna come me rimanesse qui felice e beata... Ma io non sono del genere a cui sei abituato!»

«Cosa vuoi dire?» fece Diego freddamente.

«Quelle mezze calze che ti portavi a letto.»

Ecco, non l'aveva mai sopportata quella superbia, espressa in quel modo protervo.

«Allora che cosa sei venuta a fare qui?»

«Tu mi ci hai costretto» lo fulminò Leonetta con un'occhiata.

«E allora vattene, Cristo! Nessuno ti tiene!»

Lei si era appoggiata di schiena contro il ripiano del tavolo, tra la lampada e i libri che vi erano ammucchiati.

«Cos'hai detto?» sibilò minacciosa.

Ormai era chiaro che cosa cercava, ma Diego non era tipo da arretrare. Sentiva montare dentro di sé la rabbia di chi assiste a un crollo totale, impotente a intervenire.

«Prova a ripeterlo, se hai il coraggio. Mi hai goduto

per una settimana e adesso mi dici vattene?» ripeté Leonetta.

Aveva afferrato un libro e lo soppesava tra le mani minacciosamente.

«Non ti rispondo neanche» egli disse. «E abbassa la voce.»

Vide la sua bocca contratta dal dispetto, e poi il libro volargli addosso, urtare lo stipite dell'uscio e ricadere sfasciato sul pavimento.

«Raccogli quel libro» comandò, l'indice puntato a terra.

«Non ci penso nemmeno» fece lei, col tono più irridente che conosceva.

«Ah sì?» disse Diego avanzando verso di lei. L'agguantò per un braccio, cominciando a trascinarla, e lei reagì con uno schiaffo.

Fu un attimo, quasi un riflesso condizionato, e un manrovescio secco le squassò la guancia, strappandole un grido di sorpresa.

«Adesso raccogli il libro» egli ripeté, gelido.

Lei si reggeva ancora la guancia percossa: staccò la mano e spinse deliberatamente la lampada giù dal tavolo. Ci fu come uno sparo, perché la cupola era esplosa in mille pezzi.

«La tua bella Tiffany» commentò sprezzante.

«Tu sei pazza» ansimò Diego davanti al disastro.

E un secondo schiaffo, più forte, la raggiunse, e di nuovo Leonetta urlò come una belva ferita, divincolandosi, scalciando in preda a un furore che ormai non sarebbe più riuscita a contenere: vigliacco, farabutto! singhiozzò piegata in due, poi di colpo si riscosse, sembrò riaversi, si diresse di corsa verso la parete e con tutta la forza strappò un quadro dal chiodo facendolo rovinare.

Un altro schianto, e il vetro della cornice volò in frantumi. Diego le fu addosso con un balzo, ma troppo tardi per impedirglielo, io ti sfascio tutto, gridava ora Leonetta fuori di senno, agitando i pugni mentre lui la serrava contro di sé, la spingeva fuori dalla stanza cosparsa di schegge, questa casa la distruggo, schiumò furibonda, ma non ebbe il tempo di continuare perché una spinta violenta la mandò a sbattere distesa sul letto.

«Io ti ammazzo se ci provi ancora» ansimò Diego, talmente fuori di sé da non riconoscere la propria voce, obbligato a fermare con altre botte quella furia belluina, staccandole a forza le mani dal viso che lei cercava disperatamente di proteggere, ti prego, lo implorava Leonetta, non sulla faccia! ma Diego aveva perso ogni controllo, incurante del sangue che ora stava imbrattando cuscini e lenzuola, sangue che le colava dal naso, dal labbro, da uno zigomo, perché picchiandola sentiva di colpire tutto ciò che aveva sempre detestato, l'arroganza che lo aveva affascinato e che adesso vedeva umiliata, come se avesse atteso quel momento per vendicarsi delle sofferenze che per amore aveva patito, come se gli uscisse dalle mani tutto il rancore che aveva accumulato.

Quando Leonetta smise di contorcersi, dando segno di essersi arresa, Diego si staccò da lei completamente stordito. Un pianto d'agonia le usciva dalla gola facendola sussultare. Nella lotta la vestaglia le era salita fino alle reni. Singhiozzava, bocconi sul letto, offerta in tutto lo splendore del suo corpo, come se fosse consapevole di essere lei, ancora una volta, vittoriosa.

Guardandola, Diego provò una profonda pietà, di lei e di se stesso e della loro storia materializzata in quei frantumi che coprivano la stanza. Barcollando raggiunse il soggiorno.

Il pianto continuava, più sommesso ma percettibile

più della pioggia, quasi che il mondo intero si fosse ristretto a quelle quattro mura. Diego si sentiva annichilito, come se davvero l'avesse uccisa, e tutto fosse ormai perduto, irrimediabile.

Andò al grammofono, lo caricò e mise un disco. L'onda lunga di un boston si levò a coprire ogni altro suono, e a quelle note carezzevoli Diego si lasciò cadere sul sofà e vi rimase inerte, incapace di trattenere i singhiozzi.

Leonetta dovette udirli, appena il disco fu giunto alla fine, perché debolmente chiamò.

«Vieni qui.»

Schegge di vetri crepitavano ad ogni passo. Il viso di Leonetta era una maschera, uno zigomo attraversato da un livido sanguinante, ma una mano era protesa in cerca di aiuto.

«Appena sto meglio vado via» lei disse con un filo di voce.

La mano di Diego, seduto sul bordo del letto, si intrecciò alla sua. Un tuono andava rotolando in lontananza, del temporale che ormai si era consumato. A lungo rimasero in silenzio. Poi Diego si abbatté, esausto, accanto a lei, i respiri di nuovo mescolati, perché ora sapevano, giunti in fondo al gorgo, che quella passione non avrebbe mai avuto fine.

Indice

Oscar narrativa
Periodicità: 6 numeri alla settimana
n. 263 del 3/5/1990
Direttore responsabile: Alcide Paolini
Registr. Trib. di Milano n. 109 del 7/2/1989